陈总编爱车热线书系

汽车为什么会跑
图解汽车构造与原理
精装典藏版
第5版

陈新亚 编著

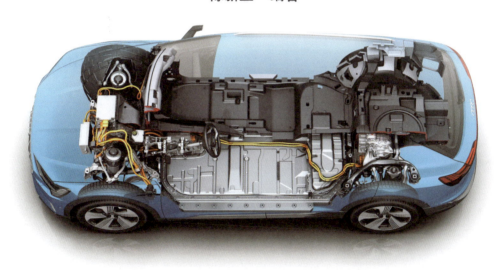

机械工业出版社
CHINA MACHINE PRESS

《汽车为什么会跑：图解汽车构造与原理（精装典藏版）》（第5版）采用一问一答的形式，结合大量精美汽车图片、通俗文字说明、中英文注释，以及86个动画视频，精准地介绍了燃油汽车、电动汽车、智能汽车各个总成部件的构造、原理及最新的汽车技术与配置等，并对动力电池、驱动电机、电控系统、电动汽车、自动驾驶、智能座舱、智能汽车等相关新鲜内容进行重点介绍，也将车身、悬架、转向、制动、安全、智能网联等所有类型汽车通用技术做统一介绍。

《汽车为什么会跑：图解汽车构造与原理（精装典藏版）》（第5版）非常适合汽车爱好者、车主和相关汽车从业人员阅读使用。

图书在版编目（CIP）数据

汽车为什么会跑：图解汽车构造与原理：精装典藏版 / 陈新亚编著. — 5版. — 北京：机械工业出版社，2023.2（2024.10重印）
（陈总编爱车热线书系）
ISBN 978-7-111-72504-6

Ⅰ.①汽⋯ Ⅱ.①陈⋯ Ⅲ.①汽车-构造-图解
Ⅳ.① U463-64

中国国家版本馆CIP数据核字（2023）第010238号

机械工业出版社（北京市百万庄大街22号　邮政编码100037）
策划编辑：李　军　　　　　责任编辑：李　军
责任校对：李小宝　李　婷　责任印制：李　昂
北京瑞禾彩色印刷有限公司印刷

2024年10月第5版第4次印刷
184mm×260mm・15印张・2插页・448千字
标准书号：ISBN 978-7-111-72504-6
定价：99.00元

电话服务　　　　　　　　网络服务
客服电话：010-88361066　机 工 官 网：www.cmpbook.com
　　　　　010-88379833　机 工 官 博：weibo.com/cmp1952
　　　　　010-68326294　金 书 网：www.golden-book.com
封底无防伪标均为盗版　机工教育服务网：www.cmpedu.com

前　言

"汽车"已被重新定义

随着人工智能、移动通信、大数据等新一代信息技术的突破，在电动化、智能化、网联化趋势的推动下，"汽车"概念正在不断得到更新、升级和重新定义，汽车产业生态正在急速变革和重构中。

客观上看，我国主导了一场波澜壮阔的全球汽车革命。我国在新能源汽车赛道上已取得主导和领跑地位，智能网联汽车发展也驶入了快车道。新能源汽车与智能网联汽车已经成为我国汽车产业发展的"双轮驱动"。新能源汽车正拉动汽车产业持续高质量发展，助力"双碳"战略目标实现，巩固我国汽车制造大国的地位；智能网联汽车则正推动我国驶向汽车制造强国地位，引领我们进入智慧交通新时代。

作为曾获得"全国十大科普图书""中国机械工业科学技术奖""中国书刊发行协会全行业优秀畅销书""2022年度十佳汽车图书"等荣誉称号的《汽车为什么会跑：图解汽车构造与原理》，在修订出版时，当然也要与时俱进，引领汽车图书出版潮流，将动力电池、驱动电机、电控系统、电动汽车、自动驾驶、智能座舱、智能汽车等相关新鲜内容补充进来并重点介绍。

与前4版不同的是，新版中的"汽车"已被重新定义，包含燃油汽车、电动汽车和智能汽车等，并不只是指传统意义上的燃油汽车。在内容结构安排上，新版也将车身、悬架、转向、制动、安全、智能网联等所有汽车共享的内容做统一介绍。

扫描本码观看
配套全部视频

270963083@qq.com

2023年3月于北京

目 录

前言 "汽车"已被重新定义

第1章 汽车总体结构布置 001

1.1 整车总体结构组成 001
汽车由哪几大部分组成? 001
一辆轿车有多少个零部件? 002
汽车底盘由哪些主要部件组成? 004

1.2 纯燃油汽车总体结构布置 006
汽车都有哪些传动形式? 006
什么是前置发动机、前轮驱动车型? 007
什么是前置发动机、四轮驱动车型? 007
什么是前置发动机、后轮驱动车型? 008
什么是后置发动机、后轮驱动车型? 008
什么是前纵置发动机、四轮驱动车型? 009
什么是后中置发动机、四轮驱动车型? 009
什么是前中置发动机、后轮驱动车型? 010

1.3 插电混动汽车总体结构布置 012
1.4 纯电动汽车总体结构布置 014
1.5 燃料电池汽车总体结构布置 016

第2章 燃油汽车发动机 017

2.1 发动机整体构造 017
发动机共有多少个部件? 018
燃油汽车动力从哪里来? 020
气缸数为什么不能太多? 020

2.2 气缸排列形式 022
发动机的气缸有哪几种排列形式? 022
什么是内燃机和外燃机? 023
为什么说水平对置发动机更有个性? 024

2.3 发动机工作过程 025
为什么说发动机动力来自爆炸? 025
为什么动力与排量大小有关? 025

2.4 发动机燃烧原理 026
为什么发动机需要吸入大量的空气? 026
汽油蕴含巨大能量 026

2.5 发动机工作循环 027
为什么发动机会发出有节奏的声音? 027
为什么发动机的动力能够源源不断? 028

2.6 进气和排气系统 030
为什么发动机要进气和排气? 030
节气门起什么作用? 031
什么是理想空燃比? 032
为什么进气歧管长度可以变化? 033
为什么排气歧管奇形怪状? 034
氧传感器起什么作用? 035

2.7 气门和气门正时 036
进气门为什么比排气门大? 036
气门数为什么不能太多? 037
为什么说凸轮轴像是指挥棒? 038
什么是顶置凸轮轴和双顶置凸轮轴? 039
为什么发动机需要正时? 039

2.8 可变气门技术 040
可变气门有什么优点? 040
宝马Valvetronic电子气门是怎样工作的? 041
奥迪AVS可变气门是怎么回事? 042
本田VTEC可变气门是怎么回事? 043

2.9 可变气缸 044
可变气缸和可变排量是怎么回事? 044
奥迪气缸按需运行系统(COD) 044

2.10 涡轮增压器 045
涡轮增压器如何增压? 045
为什么要配备增压器? 045
为什么涡轮增压器还要使用中冷器? 046
为什么排气会有动力? 046
双涡管单涡轮增压器是怎么回事? 047
4缸双涡管单涡轮增压器怎样工作? 047

2.11 机械增压器 048
机械增压器是怎样工作的? 048

2.12 燃油供给系统 050
缸内直喷和缸外喷射有什么不同? 050
什么是"双喷"发动机? 051

IV

目录

怎样控制喷油时刻和喷油量?	052
什么是高压油轨?	052
燃油是怎样供给到发动机的?	053
炭罐起什么作用?	053
燃油箱是怎样布置的?	054

2.13 点火起动系统 ... 055
为什么说火花塞像闪电? ... 055
发动机是怎样起动的? ... 056
起动机是怎样工作的? ... 058
为什么不能再用"接线法"起动汽车了? ... 058
蓄电池的作用是什么? ... 059
为什么发动机起动需要飞轮? ... 060
发动机制动是怎么回事? ... 061

2.14 发动机主运动部件 ... 062
活塞的直线运动怎样变成旋转运动? ... 062
为什么说活塞是心脏中的心脏? ... 064
1马力代表1匹马的力量吗? ... 065
怎样理解转矩的概念? ... 065
什么是曲轴、曲拐、曲柄? ... 066
为什么说曲轴是中心轴? ... 067
为什么需要平衡重和平衡轴? ... 067

2.15 冷却系统 ... 068
发动机都有哪些冷却方式? ... 068
散热器是怎样散热的? ... 068
发动机内部温度有多高? ... 069
为什么发动机不能过热或过冷? ... 069

2.16 润滑系统 ... 070
机油在发动机内是怎样流动的? ... 070
为什么机油能起润滑作用? ... 071
为什么要使用机油滤清器? ... 072
湿式油底壳和干式油底壳有什么不同? ... 073
为什么水平对置发动机的润滑系统更复杂? ... 073

2.17 柴油发动机 ... 074
为什么柴油发动机没有点火系统? ... 075
柴油发动机是怎样工作的? ... 075

2.18 转子发动机 ... 076
转子发动机是怎样产生动力的? ... 076

第3章 燃油汽车变速器 ... 078

3.1 变速器及原理 ... 078
什么是齿轮传动比? ... 078
为什么汽车需要变速器? ... 078
为什么变速器中要使用很多齿轮? ... 079

3.2 手动变速器 ... 080
手动变速器是怎样变速的? ... 080

3.3 同步器 ... 081
为什么手动变速器需要同步器? ... 081
同步器是怎样工作的? ... 082

3.4 自动变速器(AT) ... 083
为什么自动变速器没有离合器? ... 083

3.5 液力变矩器 ... 084
液力变矩器是怎样工作的? ... 084

3.6 行星齿轮变速系统 ... 086
自动变速器是怎样利用行星齿轮变速的? ... 086
行星齿轮是怎样实现变速的? ... 086
锁止离合器起什么作用? ... 088
自动变速器最多档位数是多少? ... 089

3.7 无级变速器(CVT) ... 090
无级变速器是如何实现无级变速的? ... 090

3.8 双离合变速器(DCT) ... 092
双离合变速器是怎样变速的? ... 092

3.9 序列式变速器(SMG) ... 094
序列式变速器是怎样变速的? ... 094

3.10 自动离合变速器(AMT) ... 095
自动离合变速器是怎样变速的? ... 095

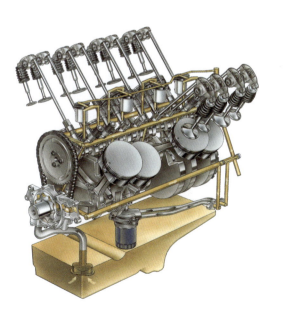

第 4 章　燃油汽车传动系统 096

4.1　传动形式 096
发动机的动力是怎样传递到车轮上的? 096
前置前驱（FF）有什么特点? 098
前置后驱（FR）有什么特点? 099
后置后驱（RR）有什么特点? 100
中置后驱（MR）有什么特点? 101

4.2　离合器 102
为什么说离合器是动力开关? 102

4.3　传动轴和半轴 104
传动轴和半轴起什么作用? 104

4.4　差速器 105
为什么汽车需要差速器? 105
差速器是怎样差速的? 105

4.5　差速限制器 106
为什么差速器会导致车轮打滑? 106
什么是差速限制器? 106
什么是限滑差速器? 106

4.6　差速器锁 107
为什么越野型汽车要配差速器锁? 107

4.7　四轮驱动 108
什么是分时四轮驱动? 108
什么是全时四轮驱动? 108
什么是适时四轮驱动? 108

4.8　中央差速器 109
为什么四驱汽车需要中央差速器? 109

4.9　电控多片离合器 110
电控多片离合器是怎样工作的? 110

4.10　取力器 112
取力器起什么作用? 112

4.11　分动器 113
分动器起什么作用? 113

第 5 章　电动汽车动力电池 114

5.1　电池的构成与原理 114
动力电池是怎样由电芯组成的? 114
锂离子电池结构是怎样的? 116
锂离子电池工作原理是怎样的? 117
什么是正极、负极、阳极、阴极? 117

5.2　电池的管理与安全 118
为什么锂离子电池要配热管理系统? 118
动力电池热管理系统是怎样工作的? 120
动力电池管理系统起什么作用? 121
BMS怎样保护人身安全? 121

第 6 章　电动汽车驱动电机 122

6.1　电机类型与构造 122
电机是怎样分类的? 122
电动汽车为什么都用交流电机驱动? 123

6.2　交流电机构造与原理 124
交流电机构造是怎样的? 124
异步电机是怎样工作的? 126
永磁同步电机是怎样工作的? 128

第 7 章　电动汽车控制系统 130

7.1　电机的控制与调速 130
为什么电机一起动就能达到最大转矩呢? 130
电机转速是怎样调节的? 132
变频器是怎样工作的? 134
为什么说IGBT是控制器的最核心? 134
转换器起什么作用? 136
电动汽车是怎样奔跑的? 138

7.2　控制器的工作原理 140
为什么说数据总线是汽车的中枢神经? 140
为什么说整车控制器是电动汽车的"大脑"? 142
控制器是怎样工作的? 143
整车控制器有哪些工作模式? 144

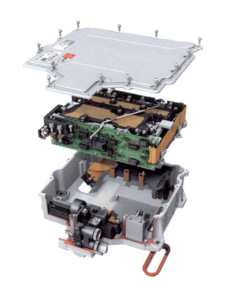

7.3　电动汽车热管理系统 146
电动汽车有哪些热量来源？ 146
为什么热泵空调制冷又制热？ 148
PTC加热器是怎样工作的？ 150

第 8 章　插电混合动力系统 151

8.1　串联插电混合动力（增程式电动）...... 151
串联式插电混动（增程式电动）汽车
是怎样工作的？ 151

8.2　并联插电混合动力 152
并联式插电混动汽车是怎样工作的？ 152

8.3　混联插电混合动力 154
混联式插电混动汽车是怎样工作的？ 154

第 9 章　燃料电池动力系统 156

9.1　燃料电池汽车构造 156
为什么说燃料电池汽车边跑边发电？ 156
燃料电池混动汽车的结构是怎样的？ 157
燃料电池汽车为什么还要装备蓄电装置？ 157

9.2　燃料电池发电原理 158
燃料电池是怎样产生电能的？ 158

9.3　燃料电池动力系统图解 159

第 10 章　悬架系统 160

10.1　悬架的作用和构造 160
悬架起什么作用？ 160
悬架由哪些部件构成？ 161
为什么液压减振器能减振？ 161
减振弹簧是怎样起减振作用的？ 162

10.2　悬架形式 163
什么是独立悬架和非独立悬架？ 163
什么是麦弗逊式悬架？ 165
什么是扭转梁悬架？ 166
什么是双叉臂式悬架？ 167
什么是多连杆式悬架？ 168
稳定杆起什么作用？ 168
什么是空气悬架？ 169
空气悬架是怎样调节性能的？ 170
什么是电磁减振器？ 171
什么是瓦特连杆悬架？ 172

什么是自适应减振器？ 172

10.3　悬架性能 173
为什么说簧下质量对悬架性能影响较大？ 173
为什么说悬架都是妥协设计？ 173

第 11 章　转向系统 174

11.1　转向形式 174
转向机都有哪些形式？ 174
什么是齿轮齿条式转向？ 174
可变齿比转向是怎么回事？ 175
什么是循环球式转向？ 175

11.2　转向助力 176
为什么转向需要助力？ 176
电动随速助力转向系统有什么优势？ 177
电动随速助力转向系统是怎样工作的？ 178

11.3　四轮转向 179
四轮转向有什么优点？ 179

第 12 章　制动系统 180

12.1　制动系统形式 180
什么是鼓式制动？ 180
什么是盘式制动？ 181
为什么通风盘式制动性能更好？ 182

12.2　驻车制动 183
驻车制动系统装置在哪里？ 183
电子驻车制动是怎样工作的？ 183
为什么一踩制动踏板制动灯就会亮？ 184

12.3　陶瓷复合制动盘 185
陶瓷复合制动盘有什么特点？ 185

12.4　制动助力器 186
真空制动助力器是怎样帮助制动的？ 186

第 13 章　电气系统 187

13.1　灯光照明 187
什么是卤素灯？ 187
氙气灯是怎样发光照明的？ 187
随动转向前照灯有什么优点？ 188
什么是矩阵LED前照灯？ 189
采用日间行车灯有什么好处？ 190
什么是全天候灯？它有什么特点？ 190

激光前照灯有什么优势? ………………… 191
自动前照灯是怎样工作的? ……………… 192
雨感刮水器是怎样感应雨水的? ………… 192

13.2 空调 ………………………………… 193
汽车空调制冷的原理是什么? …………… 193
汽车空调是怎样制冷的? ………………… 193

13.3 主动安全系统 ……………………… 194
防抱死制动系统（ABS）起什么作用? … 194
电子制动力分配（EBD）起什么作用? … 194
什么是牵引力控制系统（TCS）? ……… 195
ESP是怎样起作用的? …………………… 196
制动力辅助起什么作用? ………………… 197

13.4 被动安全系统 ……………………… 198
预紧式安全带是怎样工作的? …………… 198
安全气囊是怎样工作的? ………………… 199

第 14 章　智能网联汽车 …………………… 200

14.1 谁是智能网联汽车 ………………… 200
智能网联汽车有哪三大关键技术? ……… 200
自动驾驶级别是怎样划分的? …………… 201

14.2 自动驾驶技术 ……………………… 202
自动驾驶系统是怎样工作的? …………… 202
为什么说感知系统像是智能汽车的"眼睛"? …204
纯视觉与多传感器融合各有什么特点? … 207
定速巡航系统是怎样工作的? …………… 208
定速巡航系统工作过程 …………………… 208
高级驾驶辅助系统（ADAS）是怎样工作的? …209

14.3 智能座舱 ……………………………… 212
什么是智能座舱? ………………………… 212
远程升级（OTA）是怎么回事? ………… 213
抬头显示（HUD）是怎样工作的? ……… 214

14.4 车联网 ………………………………… 215
车联网能帮助汽车实现什么功能? ……… 215
车路协同是怎么回事? …………………… 215

第 15 章　车身构造与设计 ………………… 216

15.1 车身构造 ……………………………… 216
为什么车身要由面板和骨架组成? ……… 216
什么是承载式车身和非承载式车身? …… 217
为什么说车门防撞杠非常重要? ………… 218
什么是NVH特性? ………………………… 219

15.2 车身材料 ……………………………… 220
什么是车身刚性? ………………………… 220
怎样减轻车身重量? ……………………… 221

15.3 车身空气动力学设计 ………………… 222
为什么说汽车行驶时是穿过一个洞? …… 222
什么是空气动力学? ……………………… 223
什么是风洞测试? ………………………… 224
怎样测量空气阻力系数? ………………… 225
为什么汽车行驶时会受到升力? ………… 226
扰流板起什么作用? ……………………… 227
为什么两厢车要装后刮水器? …………… 228

第 16 章　车轮和轮胎 ……………………… 229

16.1 轮胎造型 ……………………………… 229
轮胎胎块和沟槽分别起什么作用? ……… 229
轮胎噪声是怎样产生的? ………………… 229

16.2 轮胎构造 ……………………………… 230
为什么轮胎里会有许多钢丝? …………… 230

16.3 轮胎性能 ……………………………… 231
轮胎的接地面积有多大? ………………… 231
为什么不同的车辆要采用不同花纹的轮胎? …231

第1章 汽车总体结构布置

1.1 整车总体结构组成

汽车由哪几大部分组成？

汽车由车身与底盘两大部分组成，也可以分成车身、动力系统、底盘和电气电子系统四大部分。燃油汽车的动力系统由发动机和变速器组成；电动汽车的动力系统由电机、电控和动力电池组成；插电式混合动力汽车的动力系统由发动机、变速器、电机、电控和动力电池组成。

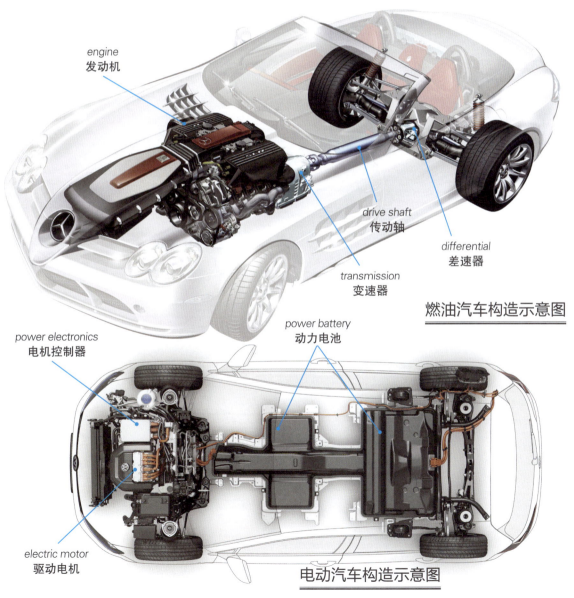

燃油汽车构造示意图

电动汽车构造示意图

一辆轿车有多少个零部件？

　　这个问题没有标准答案。据估计，一辆燃油轿车约由 2 万个不可拆解的独立零部件组成，包括所有电气和机械零部件。根据汽车大小和复杂程度，其零部件数量有所不同。

　　电动汽车的构造相对燃油汽车虽然简单，但由于其动力电池可能是由数千个电芯组合而成，如特斯拉的动力电池就是由 7 000 多个柱状电池组成，因此电动汽车的零部件数量并不比燃油汽车的少。

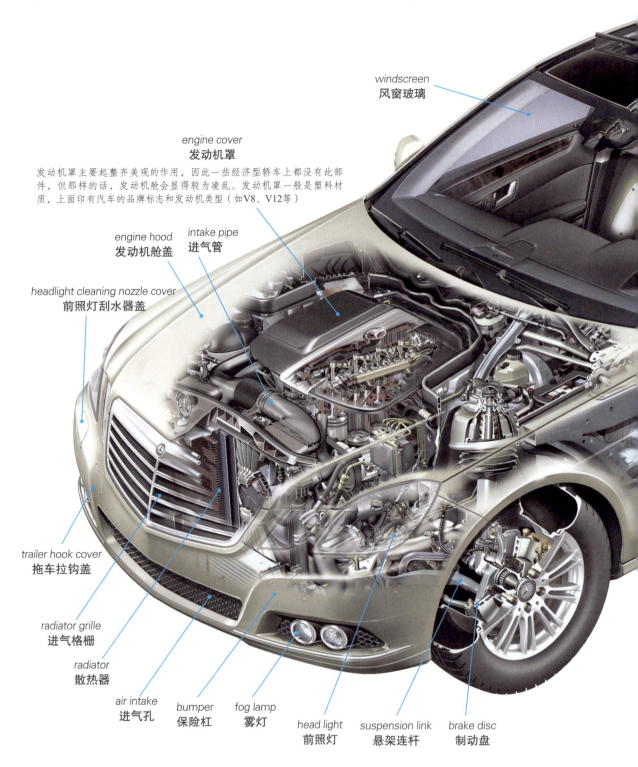

engine cover 发动机罩
发动机罩主要起整齐美观的作用，因此一些经济型轿车上都没有此部件，但那样的话，发动机舱会显得较为凌乱。发动机罩一般是塑料材质，上面印有汽车的品牌标志和发动机类型（如V8、V12等）

windscreen 风窗玻璃
engine hood 发动机舱盖
intake pipe 进气管
headlight cleaning nozzle cover 前照灯刮水器盖
trailer hook cover 拖车拉钩盖
radiator grille 进气格栅
radiator 散热器
air intake 进气孔
bumper 保险杠
fog lamp 雾灯
head light 前照灯
suspension link 悬架连杆
brake disc 制动盘

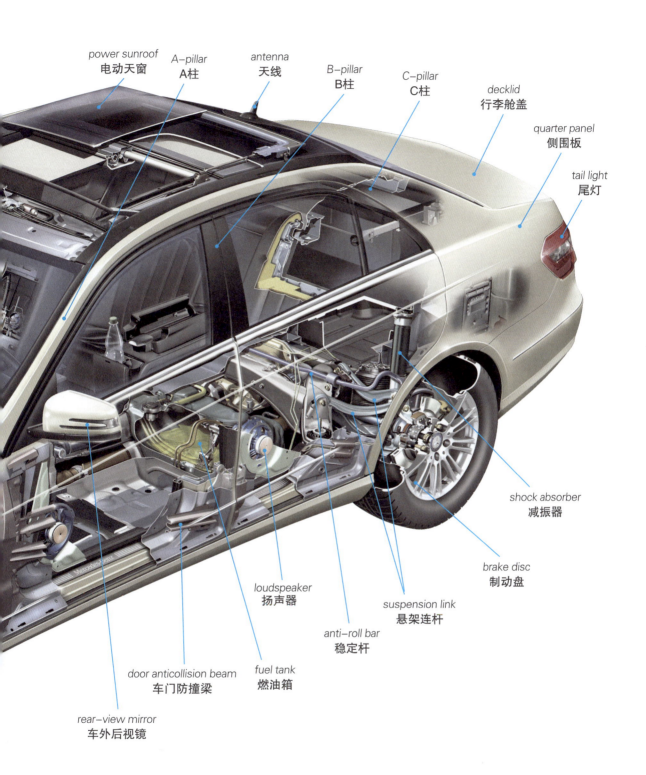

汽车主要部件构造图

汽车底盘由哪些主要部件组成？

汽车底盘主要由传动和行驶两大系统组成。其中，传动系统包括离合器、变速器、传动轴、差速器和半轴等；行驶系统由悬架系统、转向系统、制动系统、车轮和轮胎等组成。

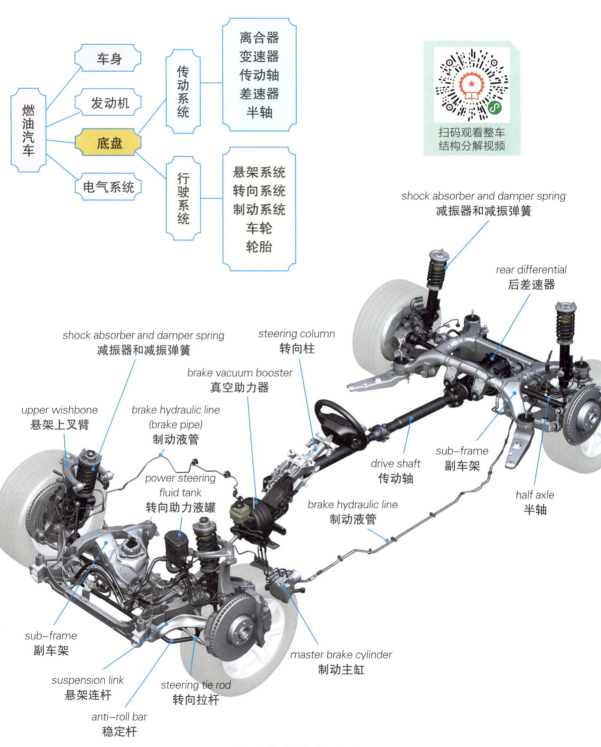

燃油汽车底盘构造

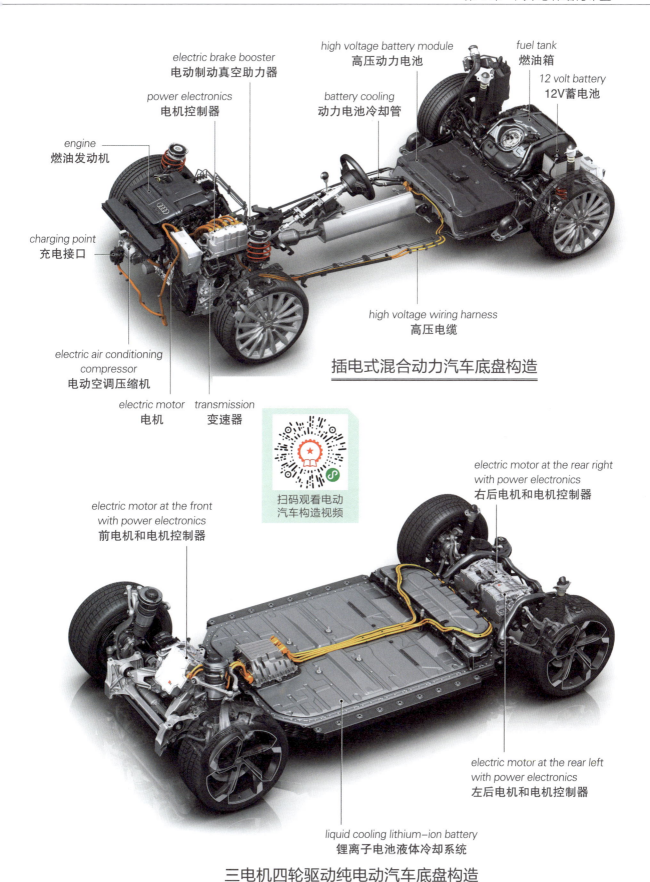

插电式混合动力汽车底盘构造

三电机四轮驱动纯电动汽车底盘构造

1.2 纯燃油汽车总体结构布置

汽车都有哪些传动形式？

动力系统的选择及驱动形式的设计，对汽车前后重量分配比、车内空间安排、车身造型比例等都会产生重大的影响。

前置发动机、前轮驱动车型（FF）对车内空间安排比较有利，发动机、变速器、传动机构都整合在车头部位，甚至都在前车轴上方，这样可以从容安排驾乘舱空间和行李舱空间。但是，这种驱动形式会造成车头过重，在制动时易出现"点头"现象。

前置发动机、后轮驱动车型（FR）拥有较佳的加速性能，但它的传动轴需要从前面的发动机一直连接到后车轴，往往会在后排中间形成一个较大的凸起。

前置发动机、四轮驱动布置（4WD）使汽车的行驶性能比较理想，但它会增加重量、制造成本和油耗。

相对而言，超级跑车的驱动形式选择要简单些，一般都会采用后中置发动机、后轮驱动形式（MR），更有个别车型采用后置发动机、后轮驱动形式（RR）。它们主要考虑加速性能和操控性能，而对车内空间、油耗和噪声等并不在乎，一切都要为加速性和操控性让步。

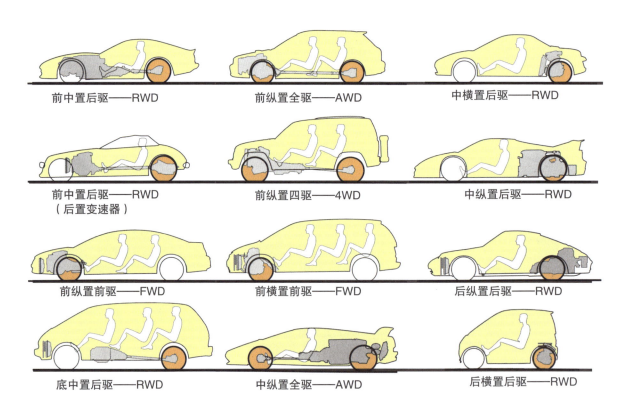

发动机放置方式和传动形式示意图

什么是前置发动机、前轮驱动车型？

将发动机放置在前部，而且一般都是横置，并采用前轮驱动，就是前置前驱（简称FF）。这种传动方式简单、紧凑、传动效率高、制造和维修成本低。

<u>前横置发动机前轮驱动车型构造图</u>

什么是前置发动机、四轮驱动车型？

前置发动机、四轮驱动是小型SUV最常见的布局方式。小型车的发动机舱较小，如果要在原来前驱车的基础上再塞进四轮驱动系统，就只能按原来的样子将发动机横向放置。虽然这样要将发动机输出的动力方向转90°才能向后传递动力，但这也是迫不得已的办法。许多以前置前驱车为基础的SUV基本采用这种传动形式。

<u>前横置发动机四轮驱动车型构造图</u>

什么是前置发动机、后轮驱动车型？

发动机放置在前部，两个后轮为驱动轮，这种布局方式称为前置后驱（简称FR）。豪华汽车一般采用这种前置后驱方式，因为它们通常采用大排量发动机，发动机体积较大。如果把发动机和传动系统都放置在汽车前部，不仅布置困难，而且还会造成"一头沉"，影响汽车的操控性和安全性。

前置后驱车型构造图

什么是后置发动机、后轮驱动车型？

将发动机放置在后轴后方并采用后轮驱动，称为后置后驱（简称RR）。现在，这种布局方式只有保时捷汽车采用。

后置后驱车型构造图

什么是前纵置发动机、四轮驱动车型？

大排量发动机的四驱车型，一般都是从前纵置发动机、后驱车型改造来的。它的发动机采用前纵置方式，动力经变速器后由分动器一分为二，分别传递给后轴和前轴。

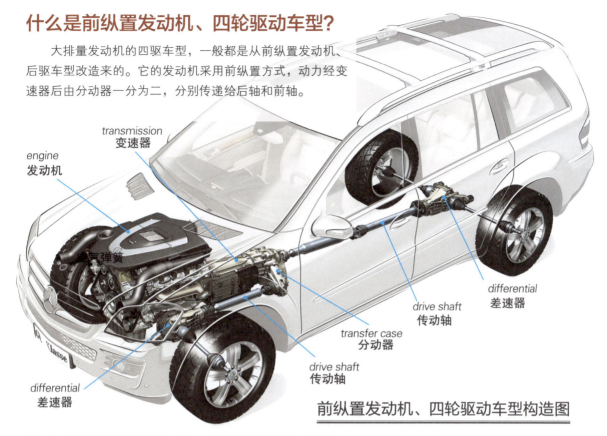

前纵置发动机、四轮驱动车型构造图

什么是后中置发动机、四轮驱动车型？

将发动机放置在后轴前端并采用四轮驱动，称为后中置发动机、四轮驱动方式。现在，大多数超级跑车采用这种驱动方式。

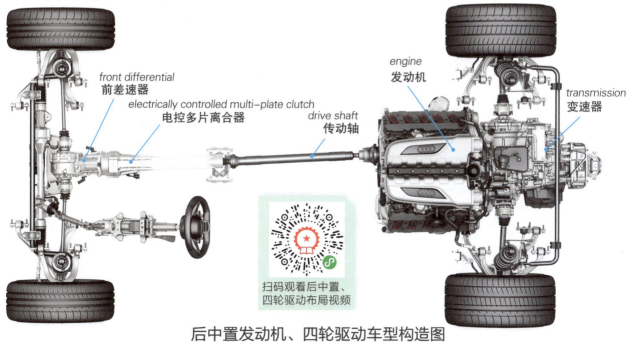

后中置发动机、四轮驱动车型构造图

什么是前中置发动机、后轮驱动车型？

将发动机放置在前轴后方、采用后轮驱动，称为前中置发动机后轮驱动布局方式（简称MR）。跑车喜欢采用这种驱动方式，因为这样可以将整车重心尽量靠近车身中间，使车辆拥有较高的操控性能。

第 1 章 汽车总体结构布置

anti-roll cage
防滚架
防滚架的作用不仅是为了美观，更重要的是当车辆翻滚时它可以保护驾乘人员的头部，避免人员触碰受伤。

brake caliper
制动钳

door anticollision beam
车门防撞梁

A-pillar reinforcement
A柱加强筋

出气孔
汽车制动时，前制动盘要比后制动盘承受更大的制动力，它需要更快速地散热，尤其对于车速较快的超级跑车而言，前制动盘的散热效果更为重要。因此，多数超级跑车上都设计有专为前制动盘散热的出气孔，以提高制动性能。

奔驰SLR McLaren Roadster构造图

1.3　插电混动汽车总体结构布置

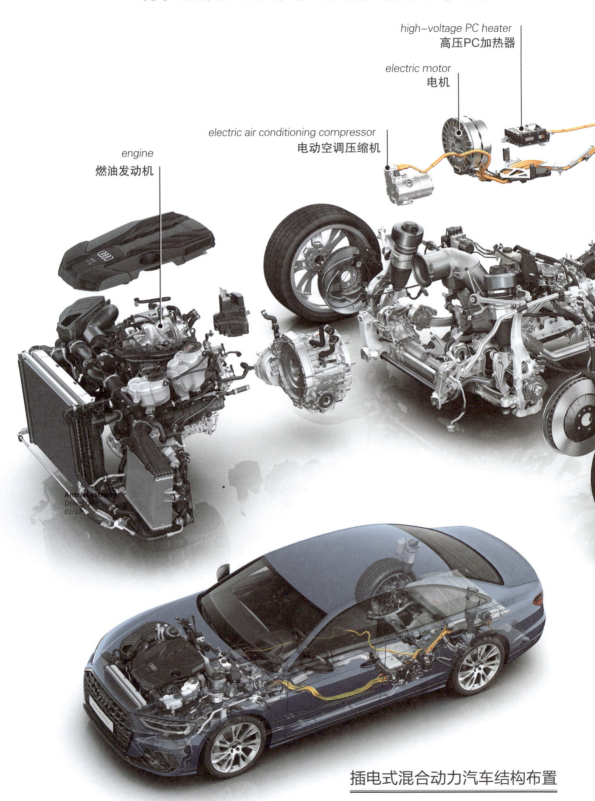

插电式混合动力汽车结构布置

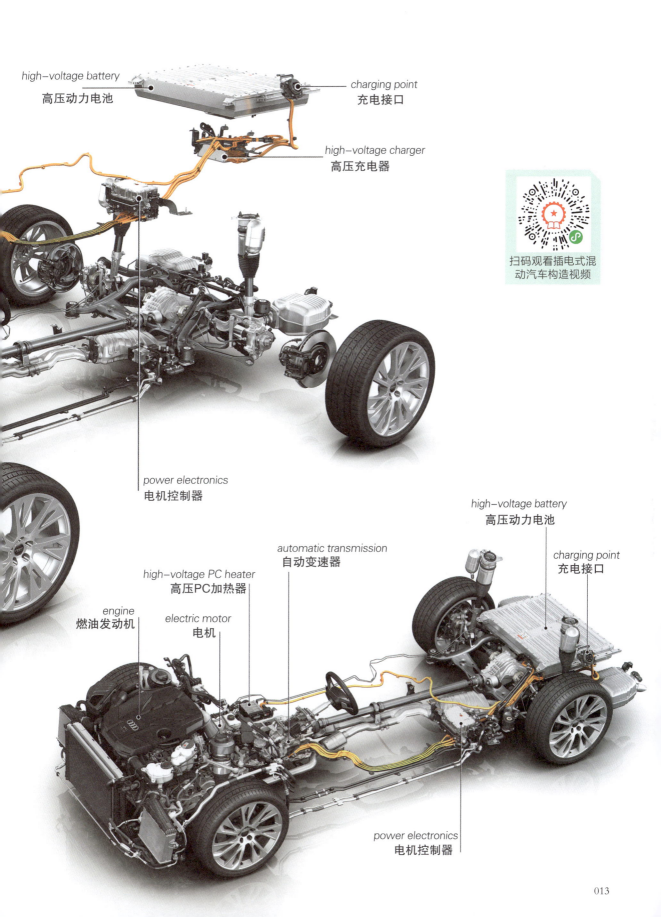

1.4 纯电动汽车总体结构布置

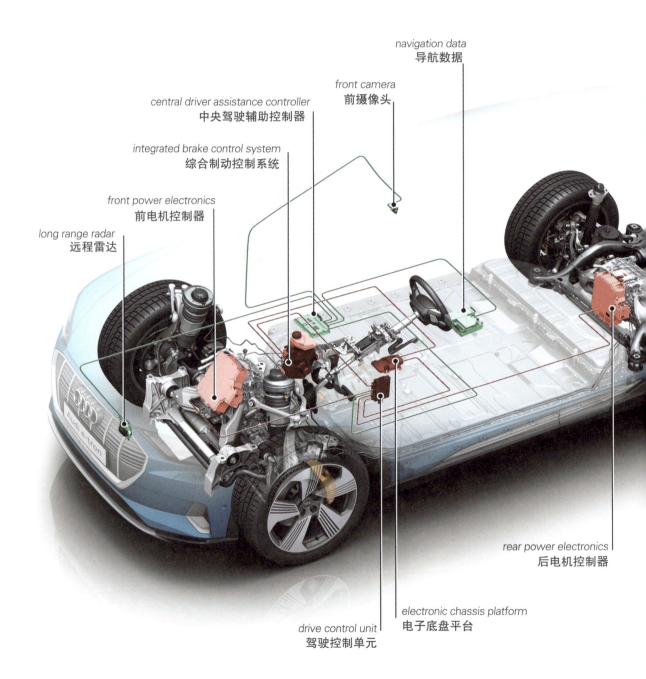

四轮驱动纯电动汽车结构布置

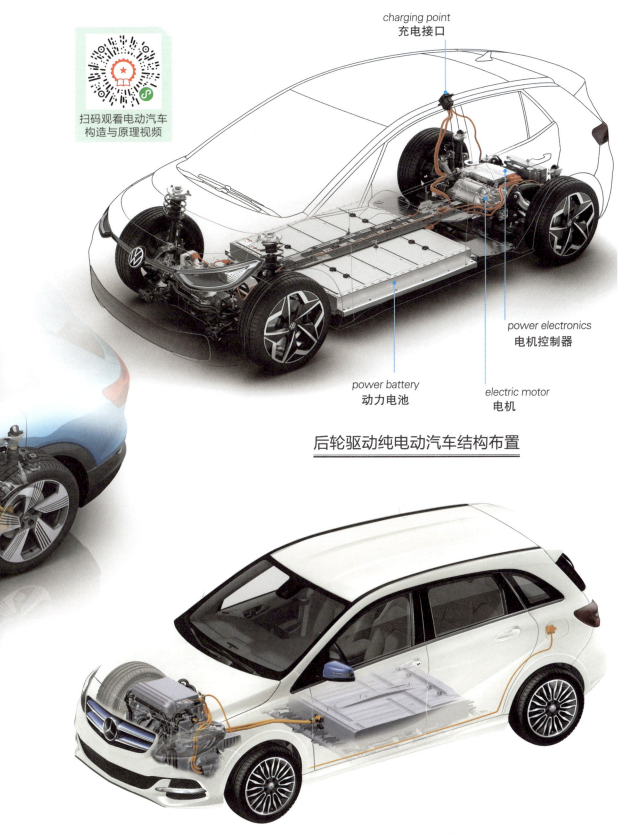

后轮驱动纯电动汽车结构布置

前轮驱动纯电动汽车结构布置

1.5 燃料电池汽车总体结构布置

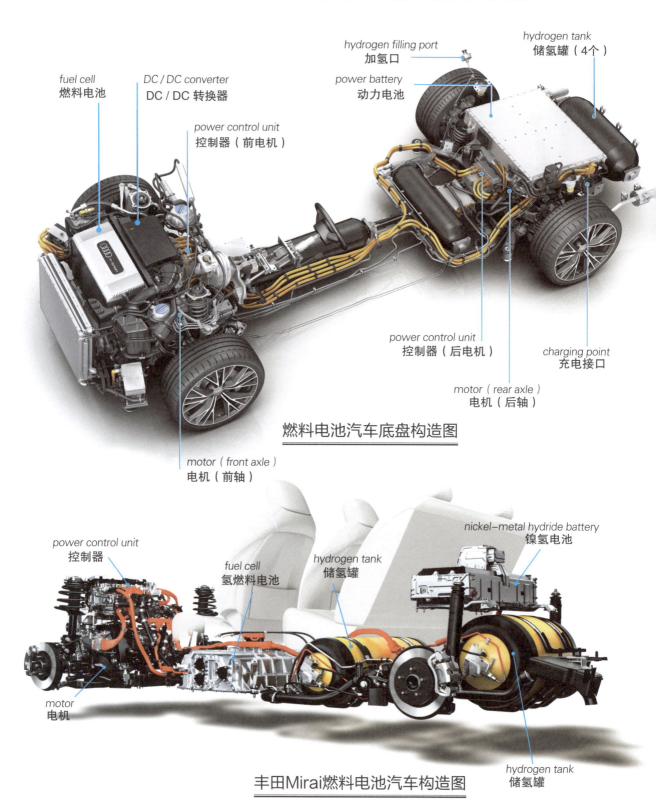

燃料电池汽车底盘构造图

丰田Mirai燃料电池汽车构造图

第2章 燃油汽车发动机

2.1 发动机整体构造

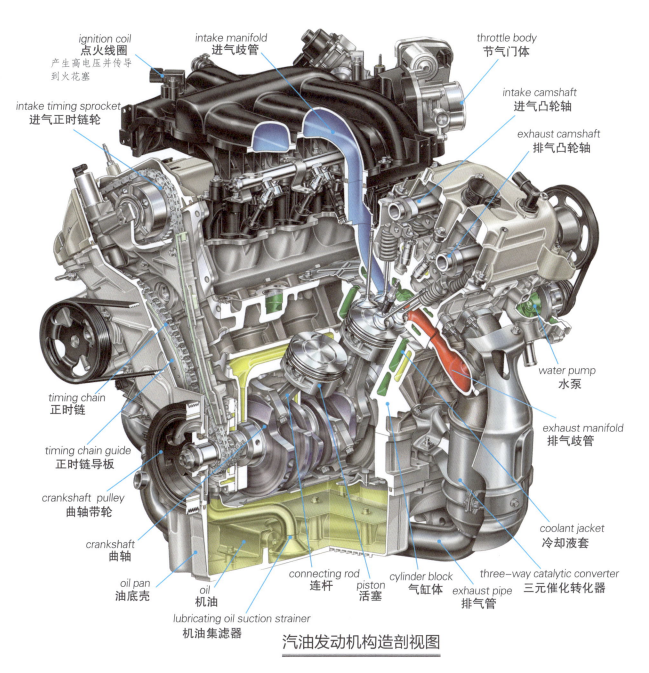

汽油发动机构造剖视图

发动机共有多少个部件？

根据构造复杂程度的不同，一台普通发动机不可拆解的零部件总数，为300~600个。据称，一辆法拉利跑车的发动机约有800个独立的零部件，而布加迪威航的W16发动机约有3 500个零件。图为一台V8发动机的部件展示。

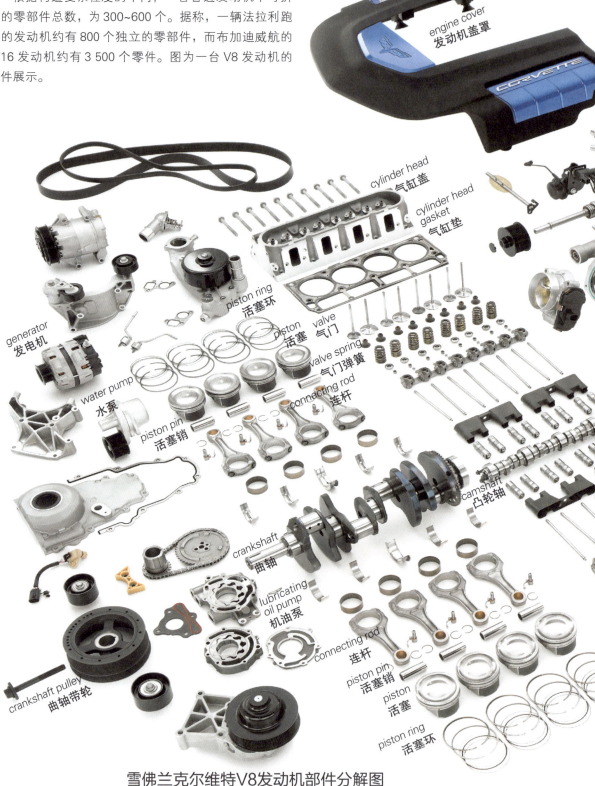

雪佛兰克尔维特V8发动机部件分解图

第 2 章 燃油汽车发动机

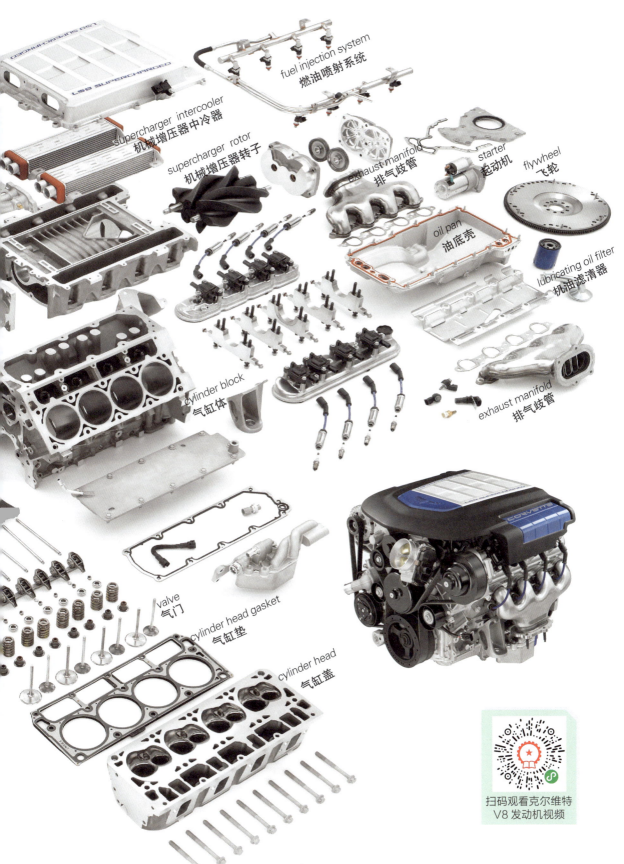

燃油汽车动力从哪里来？

燃油汽车动力来源于它的"心脏"，也就是发动机。那么发动机的"心脏"是什么？气缸！气缸是产生汽车驱动力的源头，不论汽车能达到多高的速度，能爬多大的坡度，能拉多重的货物，一切动力都来自气缸内部，都是由燃料在气缸内部燃烧后推动活塞运动，再通过连杆、曲轴、变速器、传动轴、差速器和半轴等，将动力传递到车轮上，从而推动汽车前进。

气缸数为什么不能太多？

在同样功率的要求下，缸数越多，缸径就可越小，转速就可提高，发动机的运转平衡性也更好。但是，随着气缸数的增加，发动机的零部件数也成比例增加，从而使发动机结构更复杂、可靠性降低、重量增加、制造成本和使用费用增加、油耗增加等。因此，汽车发动机的气缸数都是根据车型定位、发动机用途和性能要求等，在权衡各种利弊之后做出的合适选择。随着增压技术和燃油喷射技术的进步，现在汽车发动机的气缸数有减少的趋势，最少的汽车发动机气缸数只有 3 缸。

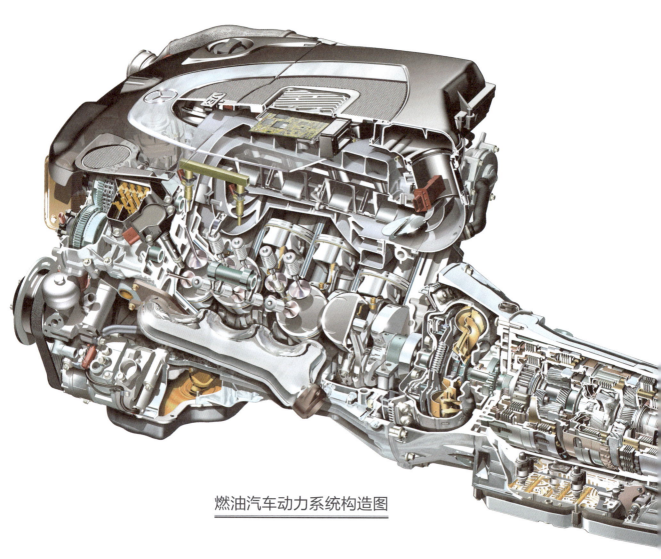

燃油汽车动力系统构造图

第 2 章 燃油汽车发动机

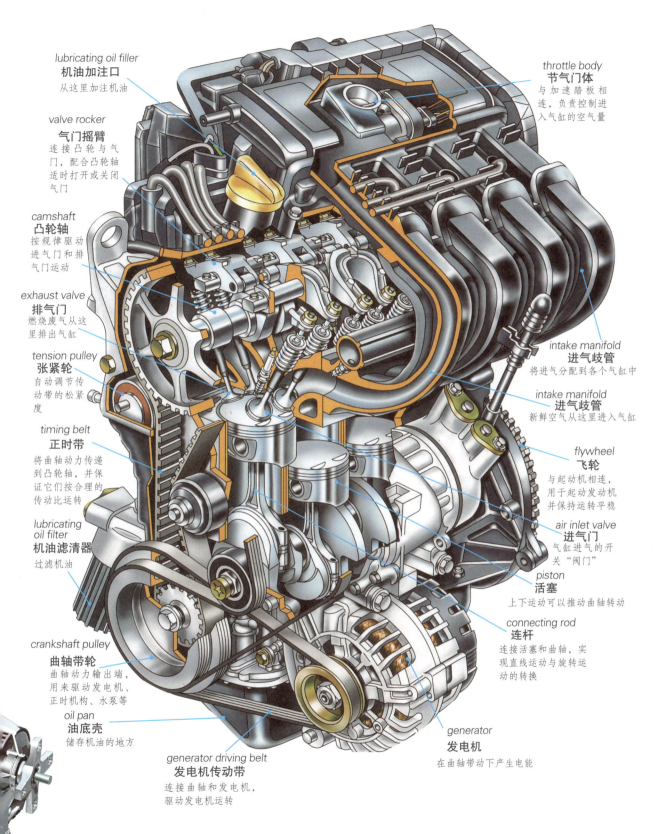

直列4缸汽油发动机构造图

2.2 气缸排列形式

发动机的气缸有哪几种排列形式？

在往复式活塞发动机中，汽车发动机一般由多个圆筒状的气缸组成，每个气缸可以独立工作。它们的动力汇合在一起，共同驱动汽车前进。这些气缸可按不同形式组合，从而产生出不同形式的发动机。目前，最常见的有3种气缸排列形式：直列、V型和水平对置。

还有一种W型气缸排列形式，但这种形式较为少见，而且与V型发动机较为相似。因此，发动机气缸排列形式，多指上述3种。

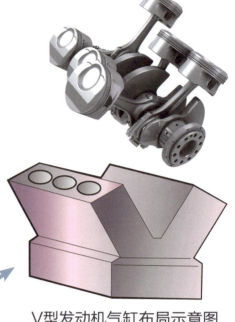

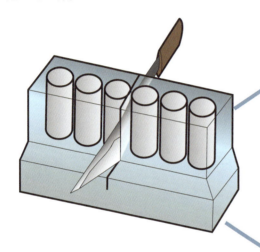

V型发动机气缸布局示意图

↑ V型发动机和水平对置发动机，都可看成是由直列发动机演变而来的。把原来的直列发动机的气缸分成两组，如果让它们以一定夹角的形式重新组合，那么就是V型发动机；如果让它们以头对头的形式，或者说让它们之间的夹角为180°，那么就是水平对置发动机

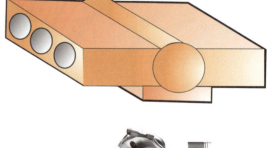

直列发动机气缸排列示意图

水平对置发动机气缸布局示意图

W型发动机气缸夹角示意图

W12发动机气缸排列示意图

扫码观看V6、V8、W12发动机视频

什么是内燃机和外燃机？

我们经常把汽车发动机称为内燃机，难道还有外燃机？是的，外燃机是存在的，比如原来火车上用的蒸汽机，发电厂和轮船上使用的汽轮机等，都是外燃机。它们都是利用燃料在发动机气缸的外部燃烧来产生动力的。如早期的蒸汽机，它利用燃料（木材、煤、煤气、柴油等）烧开锅炉中的水，使之产生高压蒸汽并进入气缸内，利用蒸汽压力推动活塞做功，从而产生动力。

内燃机则是相对外燃机而言的，它的燃料在气缸内燃烧。现在，汽车上用的汽油发动机和柴油发动机，都是内燃机。

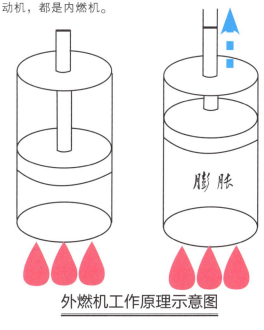

外燃机工作原理示意图

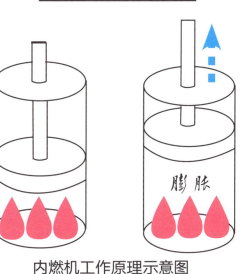

内燃机工作原理示意图

为什么说水平对置发动机更有个性？

水平对置发动机的所有气缸呈水平对置排列，就像是拳击手在搏斗，活塞就是拳击手的拳头（当然拳头不止两个），你来我往，毫不示弱。水平对置发动机的英文名 Boxer Engine，含义就是"拳击手发动机"，简称为 B 型发动机。比如 B6、B4 发动机，分别代表水平对置 6 缸和 4 缸发动机。

由于相邻两个气缸水平对置，这种发动机可以很简单地相互抵消振动，使发动机运转更平稳。水平对置发动机的重心低，能让车头设计得又扁又低。这两点都增强了汽车的行驶稳定性。

水平对置发动机本身就左右对称，因此它可使变速器等放置在车身正中，让汽车左右重量对称，而不会像大多数汽车那样重心偏向一侧。

水平对置发动机的动力输出轴方向与传动轴方向一致，因此不需要改变动力传递方向，而是可以直接与离合器、变速器对接，大大提高了动力传递效率，使汽车的起动和加速更迅猛。

水平对置发动机的缺点是维修不方便，而且各缸点火间隔不一致，使其排气声音比较怪异。普通汽车极少装配水平对置发动机，现在只有保时捷、斯巴鲁和丰田等仍在生产和使用这种发动机。

水平对置6缸发动机构造图

2.3　发动机工作过程

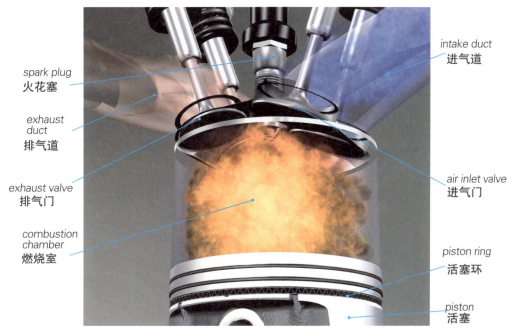

汽油在气缸内燃烧爆炸示意图

为什么说发动机动力来自爆炸？

　　燃油汽车的动力，来自汽油或柴油燃烧时产生的爆炸力。可是，如果把汽油放在一个盆中并把它点燃，为什么只燃烧而不爆炸呢？这是因为盆子不是密封的，而是敞口的。如果在一个密封容器中装入汽油和空气，然后点燃它们，便会产生爆炸现象。汽车发动机就是根据这个原理设计的。

　　如果将汽油和空气按照最适合的燃烧比例（1∶14.7）混合，并对它们进行大力压缩使之温度上升，此时点燃它们就会产生更大的爆炸力。将这种力量通过一系列的机构"引导"到车轮上，便会推动汽车前进。

为什么动力与排量大小有关？

　　气缸排气量是指活塞从下止点到上止点所扫过的气体容积，它取决于缸径和活塞行程。发动机排量是各气缸排量的总和，一般用cc（立方厘米）、mL（毫升）或L（升）来表示。由于气缸体是圆柱体，它的容积不太可能正好是整升数，因此才会出现1 998mL、2 397mL等容积，它们可近似标示为2.0L、2.4L等。

　　发动机的排量越大，每次吸入的可燃混合气就越多，燃烧时产生的动力就越强。这相当于人的胃口越大，吃的东西就越多，可能就越有劲儿。

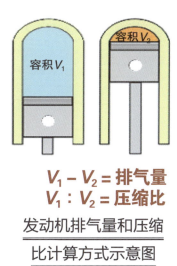

发动机排气量和压缩比计算方式示意图

2.4 发动机燃烧原理

为什么发动机需要吸入大量的空气？

汽油中最主要的成分是碳氢化合物，这种物质分子中只含有碳和氢两种原子。在汽油爆炸燃烧时，碳氢化合物与吸入空气中的氧产生化学反应，其中1个碳原子和2个氧原子化合生成1个二氧化碳分子，2个氢原子和1个氧原子化合生成1个水分子。如果吸入的空气量不足，那么和碳原子结合的氧原子就会显得少，这样就不会完全生成二氧化碳，便会生成一部分一氧化碳。在爆炸燃烧的过程中，温度极高，还会造成空气中的氮原子被氧化生成一氧化氮和二氧化氮。因此，汽车排气中的主要成分就是一氧化碳、二氧化碳、一氧化氮和二氧化氮等。

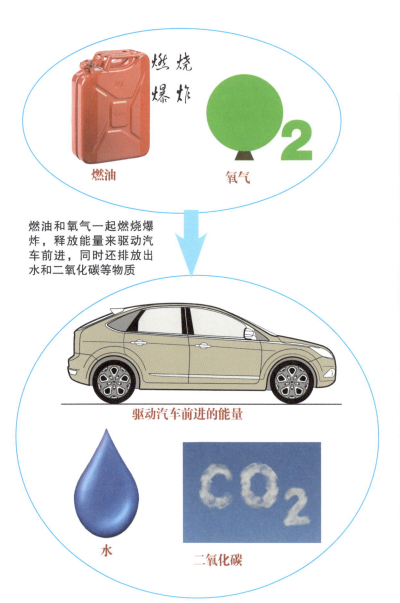

燃油和氧气一起燃烧爆炸，释放能量来驱动汽车前进，同时还排放出水和二氧化碳等物质

汽油蕴含巨大能量

汽油中蕴含巨大的能量：同等重量情况下，汽油所含能量大约是糖的3倍，木头的5倍，电池的50倍。因此，要想用电池取代汽油，还需要电池技术研发人员加倍努力。

2.5 发动机工作循环

为什么发动机会发出有节奏的声音？

活塞在气缸中要完成进气、压缩、做功和排气四个行程，才算是完成一个工作循环。在此期间，活塞要在气缸内上下运动各两次，曲轴则同时要旋转两周。

看一下你汽车上的转速表，就会知道这个过程有多快。如果转速表的指针指向6，则表明此时的发动机转速为6 000r/min，即100r/s，那么一个活塞每秒钟就要完成50个工作循环（一个工作循环内曲轴要转2周），也就是说在一个气缸内要爆炸50次。如果是一台4缸发动机，那么在1s内4个气缸则要产生200次爆炸。发动机工作时的呼呼声，其实就是燃料燃烧时的爆炸声。

同理，如果转速表指针指向3，则表明此时发动机转速为3 000r/min，即50r/s，那么一个活塞每秒钟就要完成25个工作循环，也就是说在一个气缸内要爆炸25次。如果是一台4缸发动机，那么在1s内4个气缸则要产生100次爆炸。

为什么发动机的动力能够源源不断？

活塞在气缸中上下移动,活塞下行到的最低点叫下止点,上行到顶点的位置称为上止点。上止点与下止点之间的距离称为行程。当活塞在上止点时,活塞顶端的空间称为燃烧室。

进气行程

活塞在气缸内自上止点下行到下止点时,进气门打开,排气门关闭,气缸内可以产生部分的真空,将新鲜的空气和汽油的混合气吸进气缸内。

压缩行程

进气门和排气门都关闭,活塞由下止点上行移动到上止点,将气缸的混合气压缩,进入气缸的混合气越多,活塞越接近上止点位置,压缩力越大。在压缩行程内,气缸中混合气的最大压力称为压缩力。将混合气压缩是为了使混合气混合得更均匀,且提高温度易于燃烧,得到较大的动力。

做功行程

进气门和排气门都关闭后,火花塞跳出高压电火花适时将混合气点燃,使其燃烧并爆发出强大压力,将活塞从上止点推到下止点。

火花塞的高压电火花来自高压线圈,它能将火花能量放大,然后再由电子控制单元（ECU）将高压电火花按顺序分配到各个气缸,从而点燃被压缩的混合气。

排气行程

活塞自下止点上行到上止点,此时进气门关闭,排气门打开,气缸中已经燃烧过的废气由

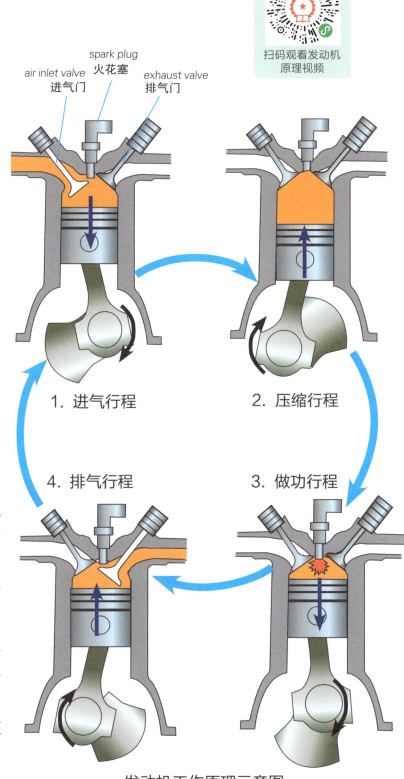

扫码观看发动机原理视频

发动机工作原理示意图

第 2 章 燃油汽车发动机

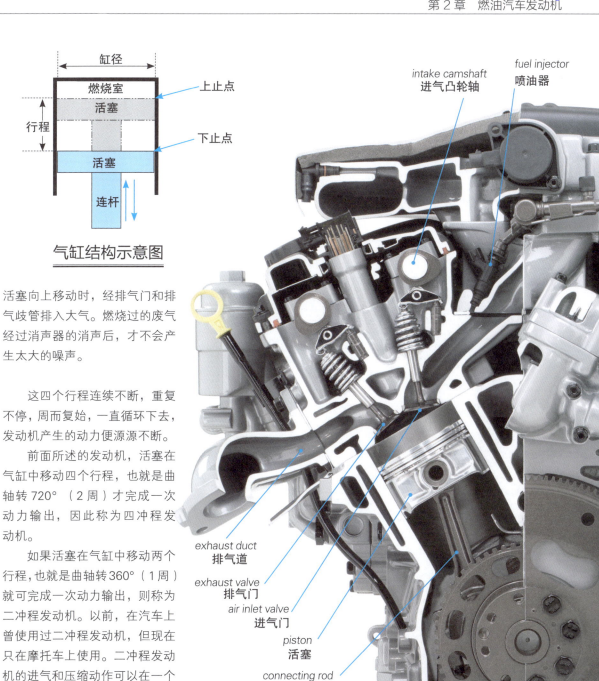

气缸结构示意图

活塞向上移动时，经排气门和排气歧管排入大气。燃烧过的废气经过消声器的消声后，才不会产生太大的噪声。

这四个行程连续不断，重复不停，周而复始，一直循环下去，发动机产生的动力便源源不断。

前面所述的发动机，活塞在气缸中移动四个行程，也就是曲轴转720°（2周）才完成一次动力输出，因此称为四冲程发动机。

如果活塞在气缸中移动两个行程，也就是曲轴转360°（1周）就可完成一次动力输出，则称为二冲程发动机。以前，在汽车上曾使用过二冲程发动机，但现在只在摩托车上使用。二冲程发动机的进气和压缩动作可以在一个行程中完成，而燃烧做功和排气动作则在另一个行程完成。

发动机内部构造图

2.6 进气和排气系统

为什么发动机要进气和排气？

与人一样，发动机也要呼吸空气才能生存。发动机在工作中要吸入大量的空气。发动机进气系统的作用，是为发动机燃烧提供新鲜而充足的空气。空气由进气口进入，通过空气滤清器过滤后，经进气歧管进入气缸。在进气歧管内布置节气门和空气流量计来控制和调节进气量。

与人一样，发动机也要向外排气。发动机排气系统的作用，是将已燃烧的废气排入大气。它主要由排气歧管、排气管和排气消声器组成，并在排气管段布置有三元催化转化器，以净化排气。

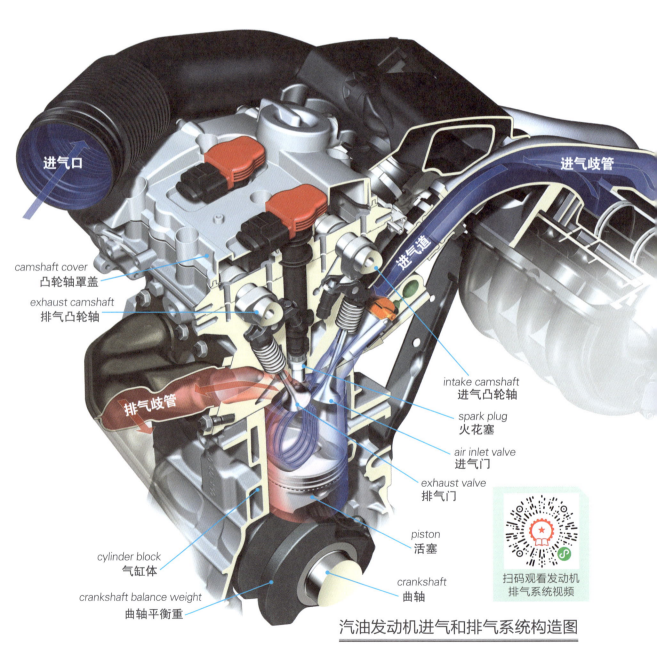

汽油发动机进气和排气系统构造图

节气门起什么作用？

进气系统主要包括两大部件：一是空气滤清器，它主要用于滤清空气，去除空气中的杂质；二是进气道，它将空气与燃油的混合气引入气缸。在进气道中有节气门，它可控制进入气缸的混合气的多少。此节气门与驾驶人脚下的加速踏板（俗称"油门踏板"）直接相连，加速踏板踏下越深，节气门开度越大，混合气进入就越多，发动机的转速就越高。如果加速踏板和节气门是通过电信号控制的，而不是拉索硬性连接，那么就称其为电子节气门（俗称"电子油门"）。

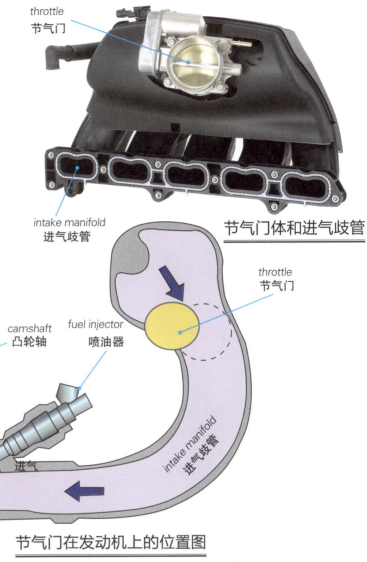

节气门体和进气歧管

节气门在发动机上的位置图

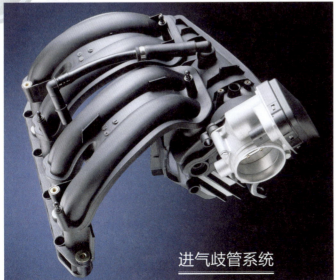

进气歧管系统

节气门体

什么是理想空燃比?

汽油在发动机内部发生的爆炸实际上是一种化学反应,因此,参与化学反应的物质之间就有理想的混合比。这个理想的混合比,是根据参与化学反应的分子的相对分子质量计算出的。

空气与汽油的混合比也称空燃比。根据计算,它的理想值大概在 14.7∶1 左右,也就是燃烧 1kg 的汽油需要吸入 14.7kg 的空气。如果按体积之比,则大概为 9 000∶1,就是说要燃烧 1L 的汽油,必须吸入 9 000L 的空气。这样算来,汽车每分钟要吸入 3 000~5 000L 的空气,而我们人体每分钟只需吸入 6L 空气就够用了。

因此,要想增强发动机的动力输出,让更多的汽油充分燃烧,就要加大进气量,使之能有充足的空气来帮助燃油燃烧。

为了提高进气量,人们想出了各种方法,比如增大发动机的排气量、采用进气歧管可变技术、采用气门可变技术、配备增压器等。可以说,现在的发动机技术,基本就是指怎样精确调节进气的技术,使发动机顺畅呼吸,让燃油得到充分燃烧,从而提高动力,节省燃油,降低排放。

吸入空气量比较

静止不动的人:6 L/min

骑自行车的人:25 L/min

摩托车:75 L/min

普通家用轿车:3 000~5 000 L/min

为什么进气歧管长度可以变化？

进气歧管是指从空气滤清器到气缸进气道那段弯弯曲曲的管子。为了调节进气量，一些发动机进气歧管的长度是可变的，其原理是根据需要打开或关闭进气歧管中的一些阀门，使进气"走捷径"或"绕道"来改变进气行程，从而调节进气量和进气速率。

一些发动机进气歧管的粗细也可变。其实也简单，并不是改变进气管的直径，而是根据进气需求关闭副进气歧管，这样就可达到改变进气歧管"粗细"的目的。

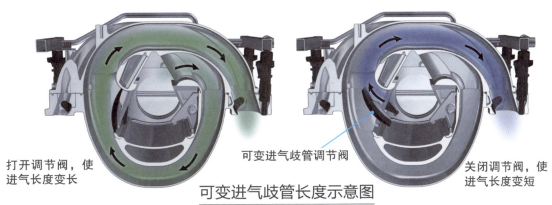

打开调节阀，使进气长度变长　　可变进气歧管调节阀　　关闭调节阀，使进气长度变短

可变进气歧管长度示意图

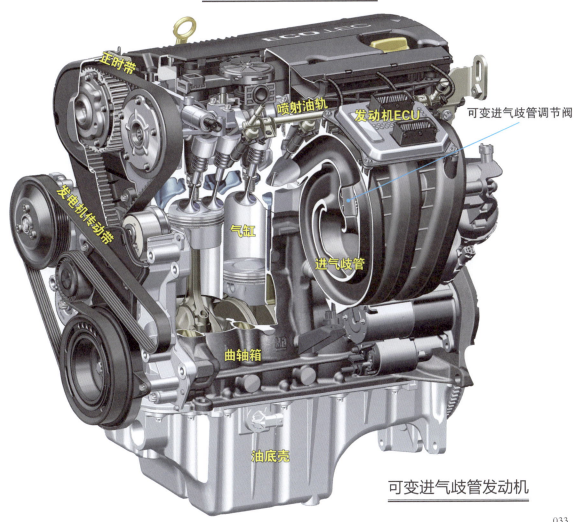

可变进气歧管发动机

为什么排气歧管奇形怪状？

排气歧管是指从排气门出来的七扭八歪的那部分金属管。由于每个气缸的排气时刻都不一样，为了保证每个气缸排气顺畅，必须防止不同气缸之间的排气有干扰。因此，在设计排气歧管时要遵循以下四项基本原则：

1）排气歧管要尽可能长。

2）各缸排气歧管要尽可能等长。

3）各缸排气歧管要尽可能独立，互不干涉。

4）排气歧管内表面要尽可能光滑。

排气管是指从排气歧管一直到车尾排气口的那部分金属管。排气管上的部件相对要多一些，如氧传感器（2个）、三元催化转化器（1~2个）、消声器（1~2个），都要安装在排气管上。

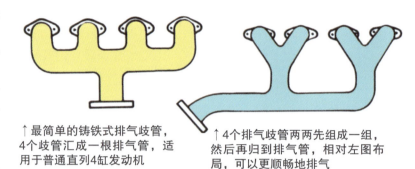

↑最简单的铸铁式排气歧管，4个歧管汇成一根排气管，适用于普通直列4缸发动机

↑4个排气歧管两两先组成一组，然后再归到排气管，相对左图布局，可以更顺畅地排气

↑排气歧管两两一组，而且到达排气管的距离一致，各个排气歧管热气压力相等，减少相互干涉

↑排气歧管不仅相互独立，而且长度较长，可以减少排气回压，从而减少排气相互干涉

↑这种由不锈钢制作的排气歧管，看起来七扭八歪，其实各个排气歧管基本等长。这是为了使它们之间的排气压力尽量相等，从而减少相互干涉

发动机排气歧管造型

氧传感器起什么作用?

现在,汽车的发动机都采用电子控制单元(ECU)控制燃油的喷射,必须精确地控制混合气的空燃比(空气和燃油比例的理想值为 14.7∶1),才能使燃油的燃烧效率尽可能高。氧传感器实际上就是测量排气中氧气含量的部件,当排气中氧气含量高于或低于规定时(也就是空燃比偏离理想值时),氧传感器就会向发动机 ECU 报告,ECU 就会根据情况自动调节喷油量。

目前,车辆大多安装有两个氧传感器,在三元催化转化器前后方各有一个。前氧传感器的作用是检测发动机不同工况的空燃比,同时 ECU 根据该信号调整喷油量和计算点火时间。后氧传感器的作用主要是检测三元催化转化器的工作好坏,即催化器的转化率。它通过与前氧传感器数据的比较,来检测三元催化转化器是否工作正常。

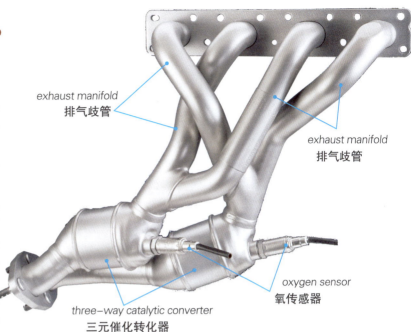

氧传感器位置示意图

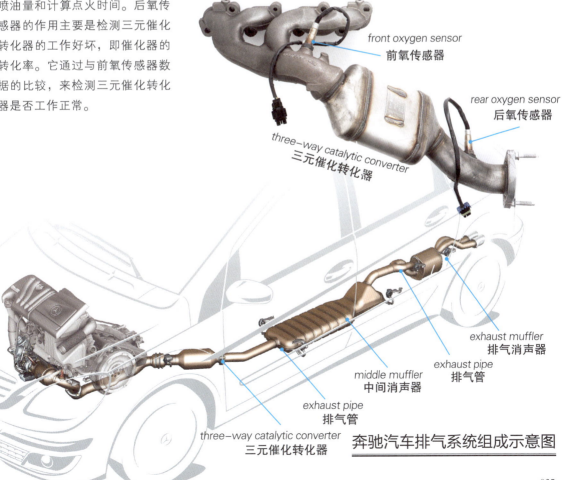

奔驰汽车排气系统组成示意图

2.7 气门和气门正时

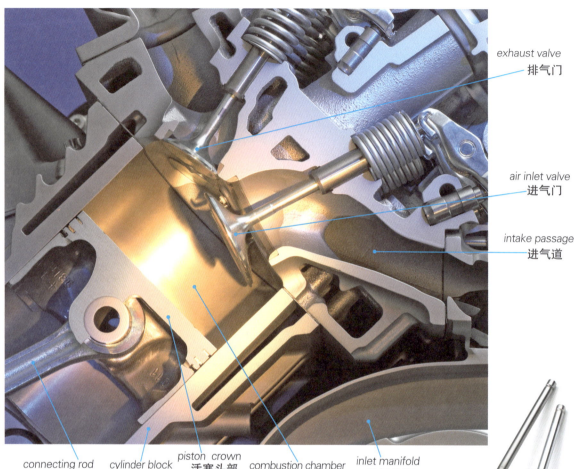

气缸内部构造图

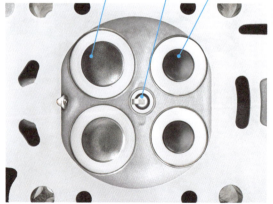

进气门和排气门

进气门为什么比排气门大？

气门由凸轮负责压开，气门弹簧负责关闭。当需要吸混合气进入气缸时，进气门便会打开；当需要排出燃烧后的废气时，排气门便会打开。

因为进气是被"吸"进去的，而排气是被"推"出去的，所以进气比排气更困难，而且进气越多，燃烧得越好，发动机的性能也越好。因此，一般都将进气门设计得比排气门大，以降低进气难度，提高进气量。有的干脆多设计一个进气门，这才有了3气门（2进1排）和5气门（3进2排）设计。

第 2 章　燃油汽车发动机

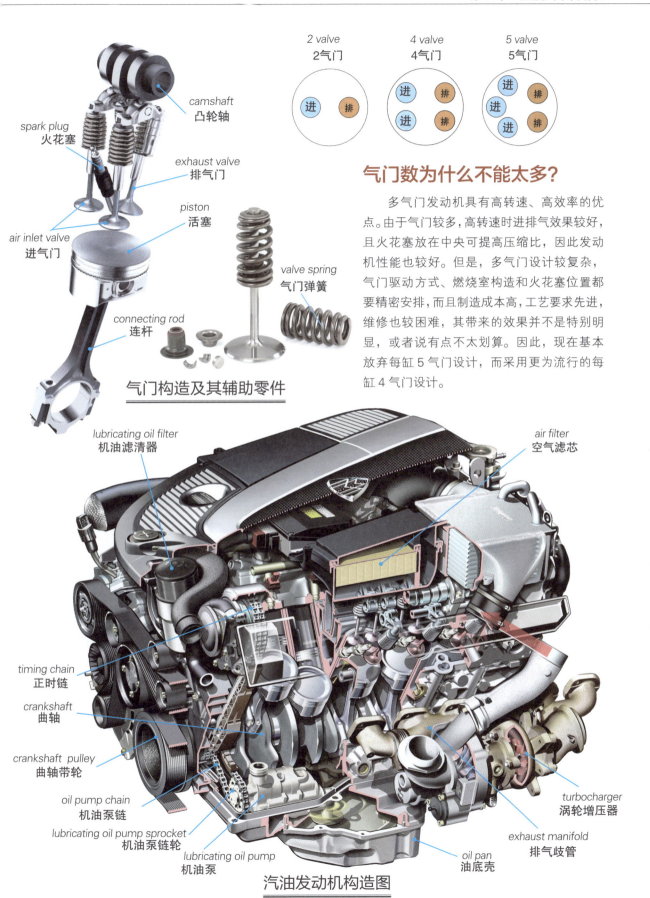

| 2 valve
2气门 | 4 valve
4气门 | 5 valve
5气门 |

气门数为什么不能太多？

多气门发动机具有高转速、高效率的优点。由于气门较多，高转速时进排气效果较好，且火花塞放在中央可提高压缩比，因此发动机性能也较好。但是，多气门设计较复杂，气门驱动方式、燃烧室构造和火花塞位置都要精密安排，而且制造成本高，工艺要求先进，维修也较困难，其带来的效果并不是特别明显，或者说有点不太划算。因此，现在基本放弃每缸 5 气门设计，而采用更为流行的每缸 4 气门设计。

气门构造及其辅助零件

汽油发动机构造图

037

为什么说凸轮轴像是指挥棒?

凸轮轴是一根可以不断旋转的金属杆,具有控制进气门和排气门开启和关闭的功能,它就像是配气和正时机构的指挥棒。

在凸轮轴上,有数个圆盘形的凸轮。当凸轮轴旋转时,凸轮便会依序下压而使气门运动,使发动机产生四行程循环运动。同时,通过灵活控制凸轮轴的运行,还可调节气门的升程和正时,从而提高发动机的性能。

扫码观看曲柄连杆机构视频

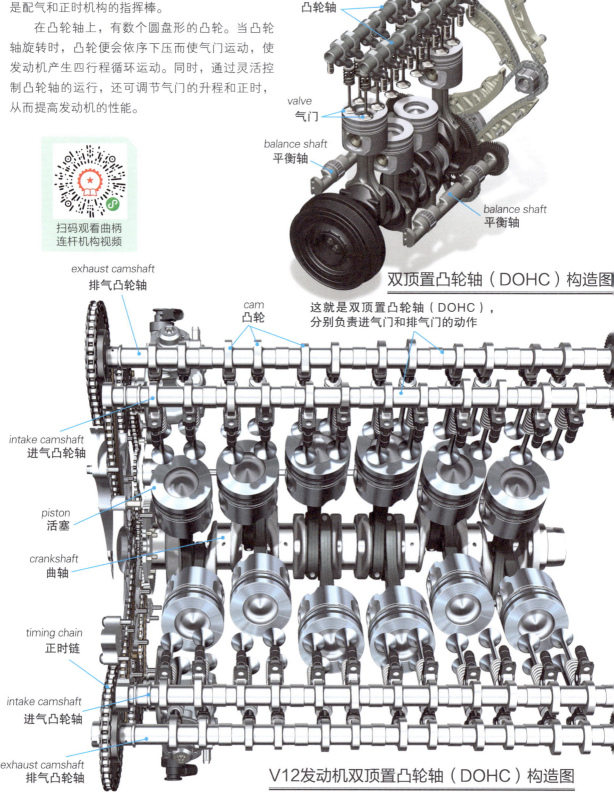

双顶置凸轮轴(DOHC)构造图

这就是双顶置凸轮轴(DOHC),分别负责进气门和排气门的动作

V12发动机双顶置凸轮轴(DOHC)构造图

什么是顶置凸轮轴和双顶置凸轮轴？

如果凸轮轴位于气缸的顶部，就称为顶置凸轮轴（Over Head Camshaft，简称OHC）。

如果在顶部只有一根凸轮轴同时负责进气门和排气门的开关，则称为单顶置凸轮轴（Single Over Head Camshaft，简称SOHC）。

如果在顶部有两根凸轮轴分别负责进气门和排气门的开关，则称为双顶置凸轮轴（Double Over Head Camshaft，简称DOHC）。

对于SOHC，一根凸轮轴为了控制分布在左右两边的进气门和排气门，必须使用摇臂间接地操纵气门的开启，它不能灵活地控制气门的开启，也对燃烧室的形状有影响。

DOHC有两根凸轮轴：一根专门控制进气门，另一根专门控制排气门。这种设计不仅增大了进气门面积，改善了燃烧室形状，而且提高了气门运动速度，非常适合高速汽车使用。

配气正时机构示意图

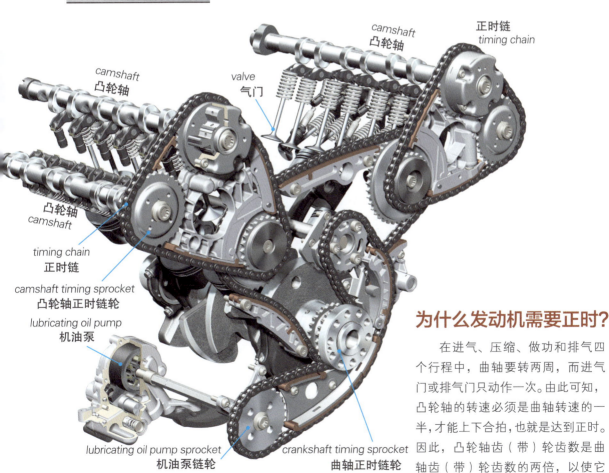

奥迪V6发动机正时机构示意图

为什么发动机需要正时？

在进气、压缩、做功和排气四个行程中，曲轴要转两周，而进气门或排气门只动作一次。由此可知，凸轮轴的转速必须是曲轴转速的一半，才能上下合拍，也就是达到正时。因此，凸轮轴齿（带）轮齿数是曲轴齿（带）轮齿数的两倍，以使它的转速慢下一半来。

2.8 可变气门技术

可变气门有什么优点？

当人快速奔跑时，氧气消耗量就会增大。为了吸进更多的空气，人会自然地张大嘴巴；反之，当平常走路时，人的嘴巴不会张得太大。对于发动机来讲，也是如此，当高转速时，也需要吸入更多的空气（混合气），因此如果能把气门打开更大（改变升程）或延长气门的打开时间（改变正时），便能满足需求，从而提高动力；反之低速时，则可以降低气门的升程或缩短打开时间，少吸入混合气，从而节省燃料。

但是，传统发动机的气门升程和正时都是固定的，所以当发动机运行工况变化时，进气量并不能随之发生改变，这对节油和提高动力都不利。因此，各种各样的可变气门便应运而生。虽然，各厂家所采用的执行机构不尽相同，但其作用基本原理都是控制气门的升程或正时，或对气门正时和升程同时进行控制（因为气缸的进气量或排气量主要取决于气门的升程和正时）。可变气门可以使气门在低速时进排气少点，在高速时进排气多点，从而使供给的燃料不浪费，也不亏欠，使燃烧更完全，这对提升动力、节约燃油和减少排放都有好处。

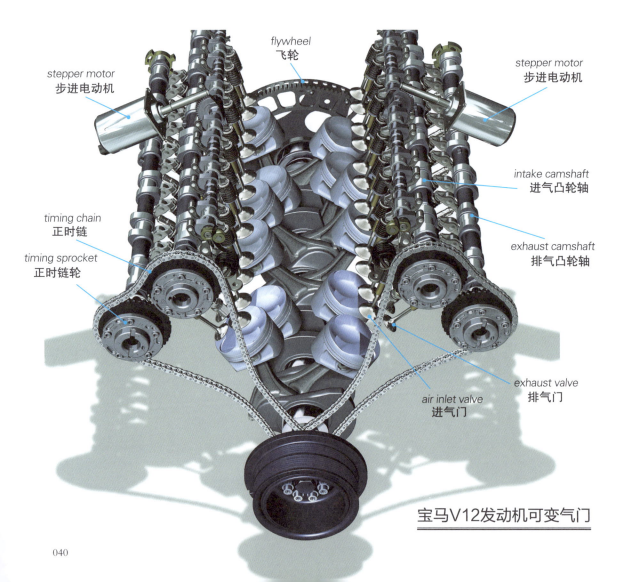

宝马V12发动机可变气门

宝马Valvetronic电子气门是怎样工作的？

宝马Valvetronic电子气门机构，利用一个步进电动机来控制一个偏心轴，以实现由转速到角度的转换，从而使偏心轴更精确地转动，再由它控制一个异形中间臂。中间臂的运动轨迹同时受凸轮轴运动的影响，这个中间臂再带动进气门摇臂动作，可以实现对进气门的无级调节。当驾驶人踩加速踏板时，步进电动机便会根据所收集的信号进行适当的运转，然后驱动偏心轴、异形中间臂、可变正时凸轮轴和气门摇臂，对进气门的正时和升程进行无级调节。

① camshaft 凸轮轴
② eccentric shaft 偏心轴
③ intermediate lever arm 异形中间臂
④ valve rock arm 气门摇臂
⑤ valve lifter 气门挺杆
⑥ valve 气门
⑦ valve lift 气门升程

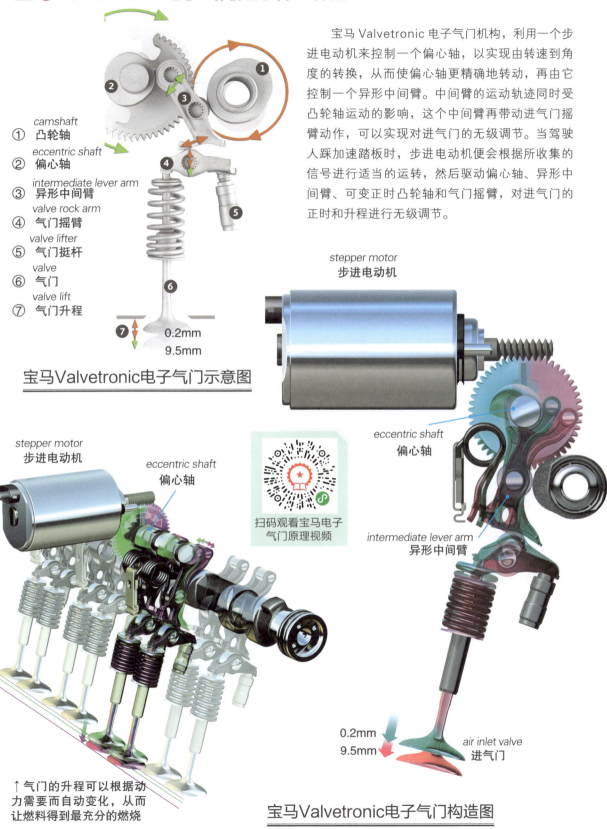

宝马Valvetronic电子气门示意图

扫码观看宝马电子气门原理视频

↑ 气门的升程可以根据动力需要而自动变化，从而让燃料得到最充分的燃烧

宝马Valvetronic电子气门构造图

奥迪AVS可变气门是怎么回事？

气门的运动是由凸轮轴来控制的，而凸轮轴上的凸轮形状决定了气门工作的正时和升程。奥迪AVS可变气门机构，就是在凸轮轴上装备两级不同的凸轮，以实现对气门运动特性的调节。

AVS可变气门的核心部件有两个：一是两组不同角度的凸轮，负责控制进气门的凸轮轴；二是负责改变升程的螺旋沟槽套筒。螺旋沟槽套筒由电磁驱动器加以控制，以切换使用两组不同的凸轮，改变进气门的正时和升程。

在发动机高负载的情况下，AVS可变气门将凸轮向右推动7mm，使角度较大的凸轮得以推动气门顶杆。在此情况下，气门升程可达到11mm，以提供燃烧室最佳的进气流量和进气流速，实现更加强劲的动力输出。

而在发动机低负载时，为了追求发动机的节油性能，AVS可变气门将凸轮推到左侧，以较小角度的凸轮推动气门顶杆。此时，气门升程可在2~5.7mm间进行调整。

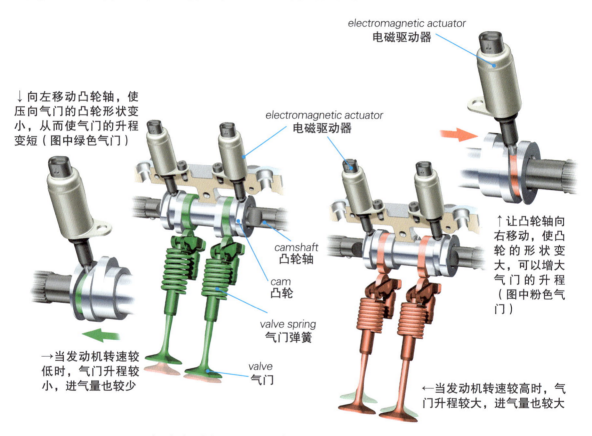

奥迪发动机AVS可变气门工作原理示意图

扫码观看奥迪可变气门升程视频

扫码观看奔驰可变气门原理视频

本田VTEC可变气门是怎么回事？

本田的可变气门简称VTEC，在常规只有两个凸轮的地方设计了三个凸轮：一个高转角凸轮在中间；两个高度相同的低转角凸轮在两侧。

当发动机低速运转时（图A），三个摇臂相互独立运动，其中高转角凸轮对应的摇臂悬空不工作，低转角凸轮正常工作，发动机的气门升程很小，进气量减小。

转速升高后，高转角凸轮的摇臂和低转角凸轮的摇臂"串"为一体（图C），此时变成低转角凸轮不起作用了，而是由高转角凸轮来带动摇臂控制气门升程。此时，气门升程也就自然而然地变大了，进气量增大。

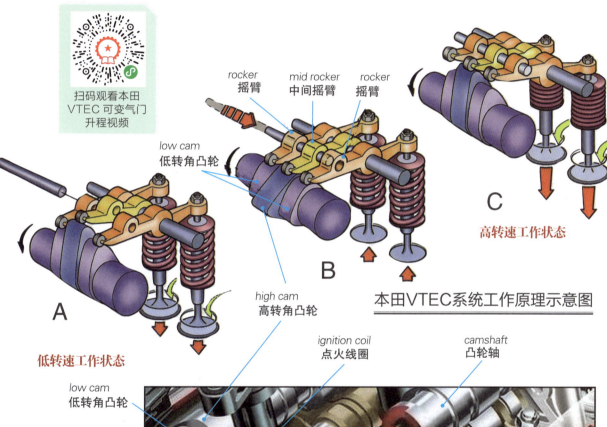

本田VTEC系统工作原理示意图

通过一个根据发动机转速可以移动的连杆，将三个摇臂连成一体或分开，从而控制气门的升程，起到调节发动机进气的作用

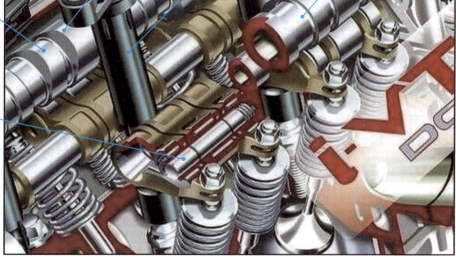

本田VTEC系统构造示意图

2.9 可变气缸

可变气缸和可变排量是怎么回事？

日常行驶中，多数情况下并不需要大功率的输出，特别是在越来越拥堵的城市，大排量与多气缸的搭配就显得有点浪费，而小排量又无法满足人们对驾驶乐趣的需求。可变气缸技术（或称为可变排量技术）正是为了解决这一矛盾而生——在日常使用的低负载条件下，关闭一部分气缸的工作，以减少燃油的消耗；当需要加速而深踩加速踏板时，便会自动开启更多或全部气缸开始工作，以提高动力输出。

可变气缸技术一般用于多气缸大排量的发动机，如V6、V8、W12等发动机。

每个厂商的可变气缸技术并不完全相同，但基本都是采用关闭气门和停止喷油的方式来关闭气缸的。

奥迪气缸按需运行系统（COD）

奥迪气缸按需运行系统（Cylinder on Demand）在发动机冷却液处于30℃以上、变速器处于3档以上、车辆对转矩的需求处于发动机最大转矩的25%~40%时，会自动将发动机由8气缸切换到4气缸工作状态，相当于一台2.0L排量的V4发动机。该系统可以最大限度地改善8缸发动机在经济工况下的表现。

←在进排气凸轮轴上安装一套零行程的凸轮，当需要关闭部分气缸的工作时，只要指挥步进电动机使凸轮轴左右移动，就可以使部分气门处于零行程的工作状态，也就是停止工作，使对应的气缸也停止工作

扫码观看可变气缸技术视频

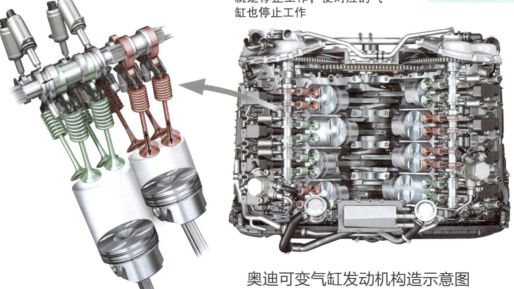

奥迪可变气缸发动机构造示意图

2.10 涡轮增压器

涡轮增压器如何增压？

涡轮增压（Turbocharger）发动机，是指利用排气冲击涡轮来压缩进气的增压发动机，简称 Turbo 或 T。如果在一些轿车尾部看到字母 Turbo 或 T，就表明该车采用涡轮增压发动机。

这种发动机是利用发动机排放出废气的能量，冲击装在排气系统中的涡轮，使之高速旋转，然后通过一根转轴带动进气涡轮以同样的速度高速旋转，使之压缩进气，并强制地将增压后的进气送入气缸。发动机功率与进气量成正比，因此可提高发动机功率。它利用的是发动机排出的废气，所以整个增压过程基本不会消耗发动机本身的动力。

涡轮增压拥有良好的加速持续性，用通俗的话说就是后劲十足，而且最大转矩输出的转速范围宽广，转矩曲线平直。但是，低速时由于涡轮不能及时介入，导致动力性稍差。

为什么要配备增压器？

大型发动机的动力之所以比小型发动机强大，主要原因就是大型发动机的气缸排量大，能吸入更多的空气，而更多的空气可以使更多的燃油燃烧，从而释放更大的能量，使发动机输出更大的转矩。

人们发现，提高进气压力也可以让发动机吸入更多的空气，因为在同样体积下，密度越高，其氧气含量也越高。将进气压缩后再吸入气缸，可以大幅增大进气量，从而提高发动机的动力输出。这就是配备增压器的根本原因。

大众汽车涡轮增压发动机构造图

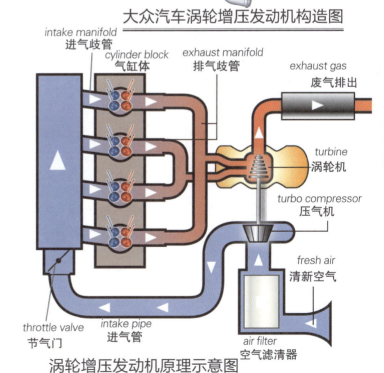

涡轮增压发动机原理示意图

为什么涡轮增压器还要使用中冷器？

气体有这样一个特性：当它受到压缩时，随着它的密度增加，它的温度也会上升，从而影响发动机的充气效率。如果想要进一步提高增压发动机的充气效率，就要降低进气温度。

另外，如果未经冷却的增压空气进入燃烧室，除了会影响发动机的充气效率外，还很容易导致发动机燃烧温度过高，造成爆燃等非正常燃烧，而且会增加废气中氮氧化物的含量，加重排放污染。

中冷器实际上就是个散热器，它被放置在通风良好的位置，吸收进气被压缩时产生的热量，从而降低进气温度。

→图中褐色代表气体的温度较高，蓝色则代表气体的温度较低。从图中可以看出，经空气滤清器进来后空气温度较低，为蓝色，但经压气机压缩后温度有所上升。而从排气歧管出来的气体温度较高，到排气管末端后温度有所下降。为了提高进气效率，设置了中冷器对压缩后的气体进行冷却，然后气体以常温、高压的形式进入发动机气缸

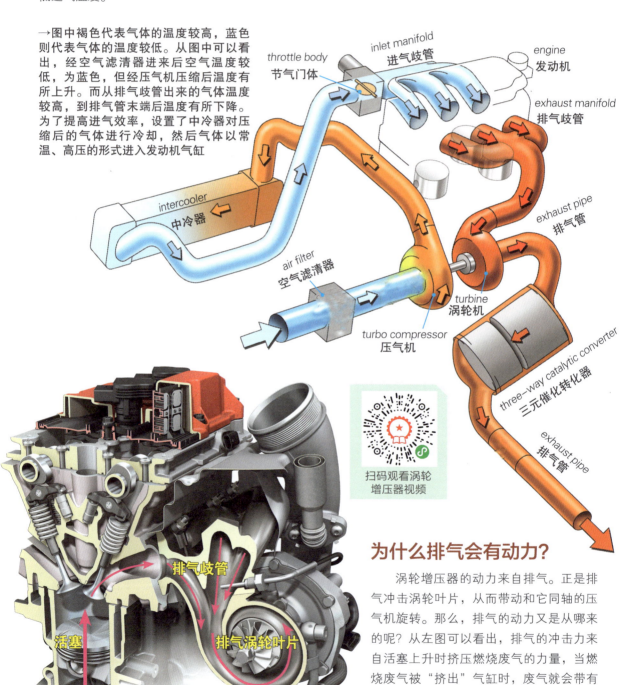

为什么排气会有动力？

涡轮增压器的动力来自排气。正是排气冲击涡轮叶片，从而带动和它同轴的压气机旋转。那么，排气的动力又是从哪来的呢？从左图可以看出，排气的冲击力来自活塞上升时挤压燃烧废气的力量，当燃烧废气被"挤出"气缸时，废气就会带有一定的冲击力。

双涡管单涡轮增压器是怎么回事？

从 2009 年起，宝马汽车开始采用双涡管单涡轮增压发动机，最早是在直列 6 缸 3.0L 发动机上采用这种技术。它把三个气缸分成一组，每组在排气歧管和涡轮增压器中都有单独的气道，当废气将要进入涡轮增压器时，两组废气合成一个涡管，共同吹动同一个涡轮旋转，驱动涡轮对进入气缸中的空气进行压缩。

双涡管单涡轮增压系统中，将发动机排气管道按点火时刻相邻气缸的排气管道分成两组，具有更强的脉冲增压，而且排气更为充分。相对于普通的涡轮增压发动机，双涡管单涡轮发动机可以有效缓解低速时的迟滞性，使得发动机峰值转矩爆发得更早，燃油经济性更佳。

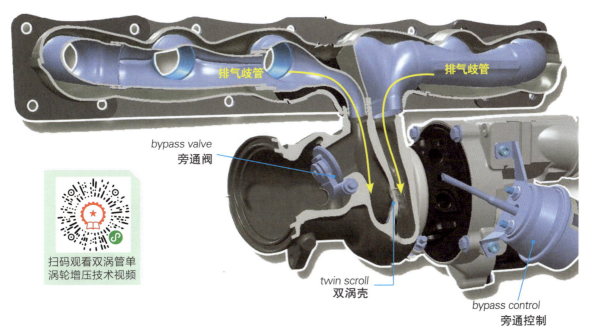

宝马直列6缸双涡管单涡轮增压发动机原理示意图

4缸双涡管单涡轮增压器怎样工作？

在宝马直列 4 缸双涡轮发动机排气系统中，将点火时间相邻的两个气缸的排气歧管两两分开（1 和 4 一组，2 和 3 一组），这样当 3 缸完成做功进行排气时，1 缸进入进气行程。由于 1 缸和 3 缸的排气歧管不相连，3 缸的排气不会影响 1 缸的进气效果。其他缸工作时原理相同。这样点火相邻的两个缸的进排气不受干涉影响，可以提高各个气缸的进排气量，从而有效提高发动机的效率。

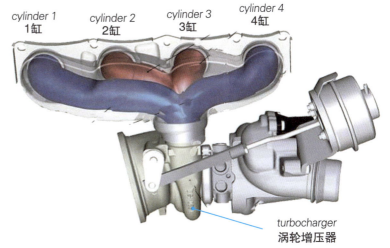

直列4缸双涡管单涡轮增压器构造示意图

2.11　机械增压器

机械增压器是怎样工作的？

机械增压（Supercharger）与涡轮增压的原理完全不同，它并不是依靠排出的废气来压缩进气，而是通过一个机械式的空气压缩机与曲轴相连，通过发动机曲轴的动力带动空气压缩机旋转来压缩进气。压缩机是通过两个转子的相对旋转来压缩进气的。正因为需要通过曲轴转动的能量来压缩进气，机械增压会对发动机输出的动力造成一定程度的损耗。

机械增压器的特性也与涡轮增压器的特性刚好相反，由于机械增压器始终在"增压"，因此在发动机低转速时，其转矩输出就十分出色。另外，由于进气压缩量完全是按照发动机转速线性上升的，整个发动机运转过程与自然吸气发动机极为相似，加速过程呈线性，没有涡轮增压发动机在涡轮介入那一刻的唐突，也没有涡轮增压发动机的低速迟滞。但由于高转速时机械增压器对发动机动力的损耗巨大，因此在高转速时，其作用就不太明显了。

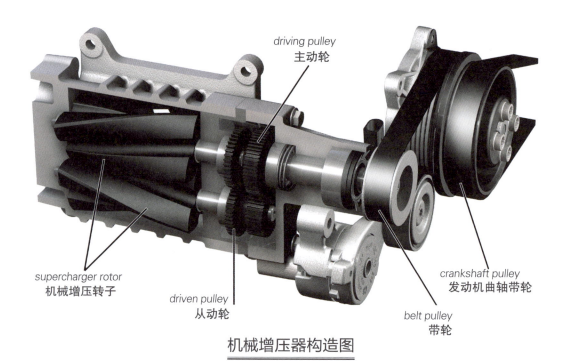

机械增压器构造图

扫码观看机械增压原理视频

第 2 章 燃油汽车发动机

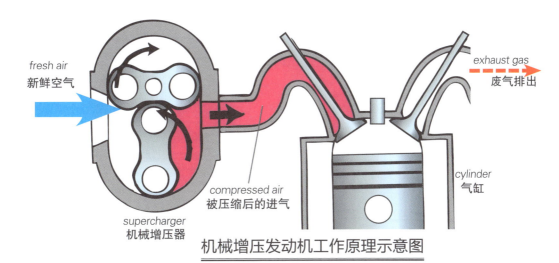

机械增压发动机工作原理示意图

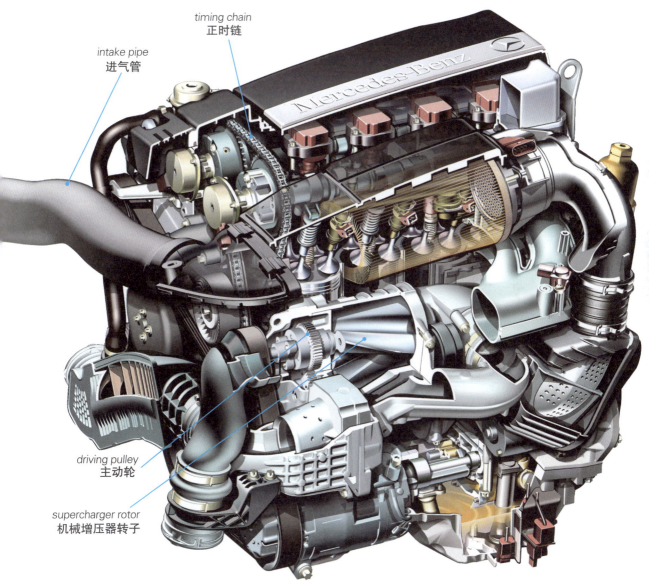

梅赛德斯-奔驰机械增压发动机构造图

049

2.12　燃油供给系统

缸内直喷和缸外喷射有什么不同？

无论是什么样的汽车发动机，其基本原理都是使燃油与空气的混合气点燃爆炸。但是，不同的发动机将燃油与空气开始混合的地方却有所不同，或者说燃油喷射的位置不一样。总的来说，燃油喷射可分为缸外喷射和缸内直喷。

缸外喷射是将燃油喷射到进气道中，与进气混合后再进入气缸内。

缸内直喷是直接将燃油喷射入气缸中，如所有的柴油发动机和部分缸内直喷汽油机。由于燃油缸内直喷对提高燃油经济性、提高动力输出都很有帮助，因此现在采用缸内直喷发动机的车辆越来越多。燃油缸内直喷已成为发动机先进技术的代表之一。

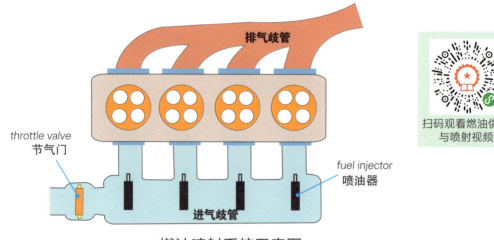

燃油喷射系统示意图

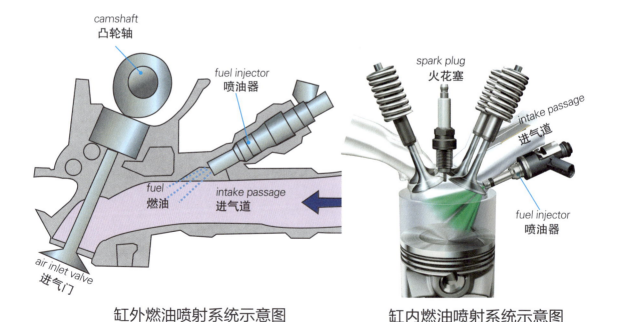

缸外燃油喷射系统示意图　　缸内燃油喷射系统示意图

什么是"双喷"发动机？

"双喷"发动机配有两套燃油喷射装置，除了缸内燃油直喷系统外，还在进气道内设计了一个喷油器。根据行驶状况，缸内喷射与缸外喷射之间可以进行切换或共同混合喷射，确保高效的动力输出和最佳的燃油经济性。例如，发动机冷起动时，采用缸外喷射；低中负荷时，采用混合喷射，提升转矩，降低油耗；高负荷时，采用缸内直喷，提升功率。现在，丰田、奥迪和大众的多款汽车上，都采用"双喷"发动机。

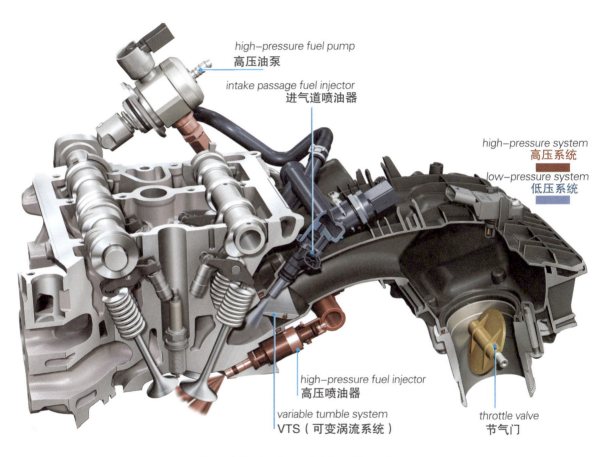

"双喷"发动机喷射系统示意图

扫码观看"双喷"发动机视频

怎样控制喷油时刻和喷油量？

缸内直喷发动机上最先进的喷油器采用压电式喷嘴，它由无数个相互叠置的微型陶瓷碟片组成。如果给电磁线圈施予电压，陶瓷碟片的晶体结构就会发生改变（也就是所谓的压电效应），碟片随后以最低限度强力扩张，快速而精确地作用于控制阀，控制阀则会触发喷射针，从而喷射燃油；当电磁线圈断电后，磁力消失，在压力弹簧的作用下，喷油针阀回复原位，喷油结束。这样，通过控制电磁线圈的电压，就可以实现喷油时刻和喷油量的精确控制。

什么是高压油轨？

缸内直喷发动机的高压油轨系统中的"轨"其实是一个储压器，其中燃油由油泵供给，可在最高200MPa的压强下存储燃油，这相当于将一辆高档豪华轿车的重量集中在$1cm^2$的面积上。正是由于高压作用以及喷嘴上一个直径只有0.1mm的精细小孔设计，共轨系统的喷射器能够将燃油雾化为极为精细的微粒，从而确保出色、均匀的油气混合及高效的燃烧。

扫码观看高压燃油共轨视频

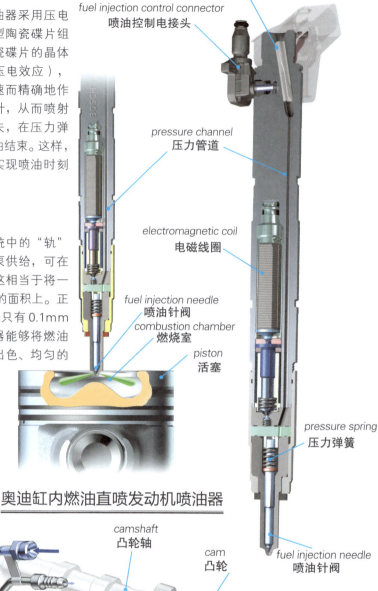

奥迪缸内燃油直喷发动机喷油器

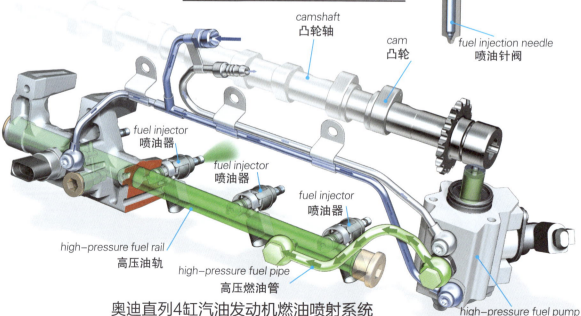

奥迪直列4缸汽油发动机燃油喷射系统

燃油是怎样供给到发动机的？

燃油被燃油泵从燃油箱中抽出，在进入发动机之前，还要经过燃油滤清器，才能进入燃油轨道，并在发动机电子控制单元（ECU）的控制下喷射到进气道（缸外喷射）或气缸内（缸内直喷），最终参与燃烧。

由于燃油喷射的压力较大，在喷入进气歧管时可能造成进气歧管内压力不平衡，从而影响燃烧效率。为此，专门设置了一个压力调节器，当进气歧管内压力差较大时，压力调节器打开阀门，允许一部分燃油流回燃油箱中。

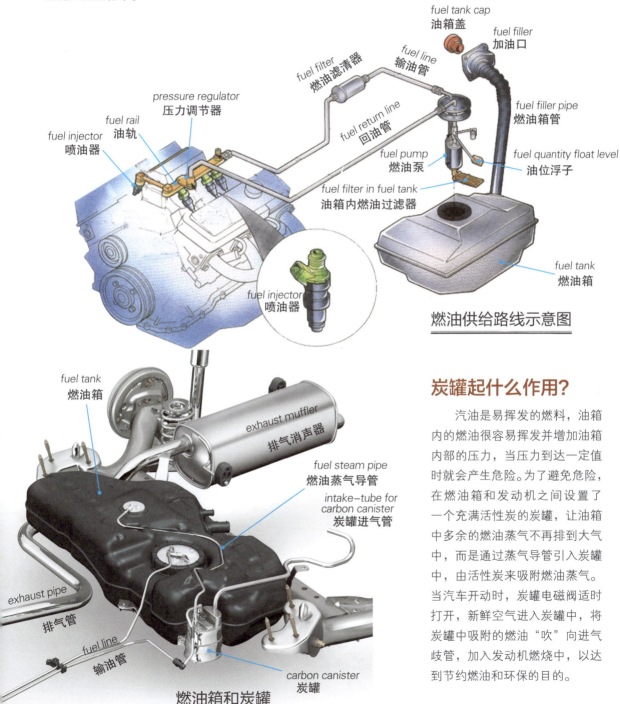

燃油供给路线示意图

燃油箱和炭罐

炭罐起什么作用？

汽油是易挥发的燃料，油箱内的燃油很容易挥发并增加油箱内部的压力，当压力到达一定值时就会产生危险。为了避免危险，在燃油箱和发动机之间设置了一个充满活性炭的炭罐，让油箱中多余的燃油蒸气不再排到大气中，而是通过蒸气导管引入炭罐中，由活性炭来吸附燃油蒸气。当汽车开动时，炭罐电磁阀适时打开，新鲜空气进入炭罐中，将炭罐中吸附的燃油"吹"向进气歧管，加入发动机燃烧中，以达到节约燃油和环保的目的。

燃油箱是怎样布置的？

燃油加注后暂时储存在燃油箱中。轿车的燃油箱容积多为50~80L。现在，轿车用的燃油箱大多采用高分子高密度聚乙烯塑料制成。这种塑料燃油箱的优点是强度高，密封性好，容易制成符合布置空间的异形，从而可充分利用空间，而且重量轻，耐腐蚀，抗冲击性好，在燃烧时也不易爆炸等。随着材料技术的进步，塑料燃油箱的优点越来越多，从而导致金属燃油箱在轿车上的应用越来越少。

别看燃油加注口都是在车身一侧，燃油箱在车内却是呈近似对称的方式布置的，以保持车身左右的平衡。

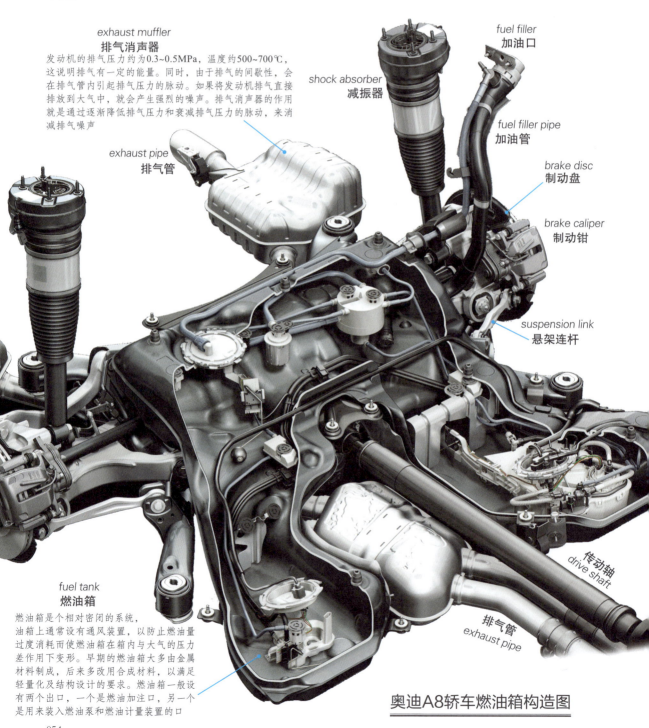

exhaust muffler 排气消声器
发动机的排气压力约为0.3~0.5MPa，温度约500~700℃，这说明排气有一定的能量。同时，由于排气的间歇性，会在排气管内引起排气压力的脉动。如果将发动机排气直接排放到大气中，就会产生强烈的噪声。排气消声器的作用就是通过逐渐降低排气压力和衰减排气压力的脉动，来消减排气噪声

fuel tank 燃油箱
燃油箱是个相对密闭的系统，油箱上通常设有通风装置，以防止燃油量过度消耗而使燃油箱在车内与大气的压力差作用下变形。早期的燃油箱大多由金属材料制成，后来多改用合成材料，以满足轻量化及结构设计的要求。燃油箱一般设有两个出口，一个是燃油加注口，另一个是用来装入燃油泵和燃油计量装置的口

奥迪A8轿车燃油箱构造图

2.13 点火起动系统

为什么说火花塞像闪电？

要想产生燃烧，必须满足三个条件：燃料、氧气和温度。具体到汽油发动机中，虽然汽油和空气的混合气在被压缩的过程中温度也有升高，但并不足以升高到混合气的燃点，因此必须借助外来高温将混合气点燃。这就是汽油发动机上使用火花塞的原因。火花塞使高压导线送来的脉冲高压电放电，击穿两电极间的空气而产生高达10 000V电压的电火花，以引燃气缸内的混合气体。

柴油发动机上没有火花塞，它是先将气缸内的空气强力压缩，直到空气温度升高到柴油的燃点，然后向气缸内喷射柴油，便可瞬间点燃柴油。

火花塞产生高压放电的原理和雷电产生的原理是一样的。分别带正电和负电的两个电极离得非常近，一般不到1mm。当它们分别带正电和负电时，一旦接近就会产生电火花，电压甚至高达10 000V。它可以在瞬间点燃气缸中已被压缩升温的混合气。

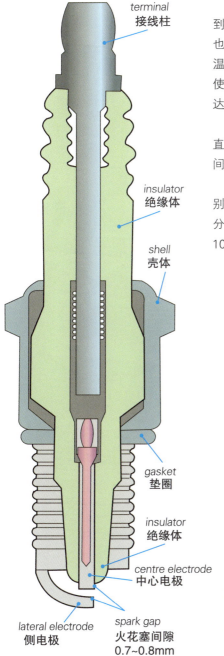

火花塞构造图

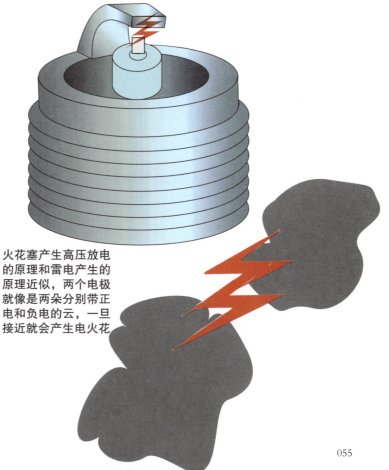

火花塞产生高压放电的原理和雷电产生的原理近似，两个电极就像是两朵分别带正电和负电的云，一旦接近就会产生电火花

发动机是怎样起动的？

当驾驶人将车钥匙插进点火开关并扭动到起动档时，或按下起动按钮时，起动机的电路接通，蓄电池的大量电流便流入起动机和电磁离合器的线圈，起动机开始运转，同时电磁离合器推动小齿轮和飞轮上的齿圈接合，把起动机旋转的转矩扩大传送给曲轴，带动曲轴旋转，曲轴再带动活塞上下移动。

在扭动点火开关的同时，发动机 ECU 即得到电信号启动。它首先检验和确认钥匙中的密码是否合法，然后再指挥燃油供给系统向气缸内喷射燃油、指挥点火系统按顺序将高压电通向火花塞，点燃气缸内被压缩到燃烧室的可燃混合气，从而产生爆炸力，推动活塞下行，再推动曲轴继续旋转。

如此这般，发动机的曲轴就会不间断地旋转起来，从而使发动机完全起动。

当操纵点火开关的手松开时，起动机电路被切断，这时起动机也停止运转。发动机起动后，起动机小齿轮和飞轮齿圈也会自动分开。

发动机转动后，带附在发动机旁的发电机运转而产生电力，供给点火系统及车上的电器用电，如音响、车灯等。

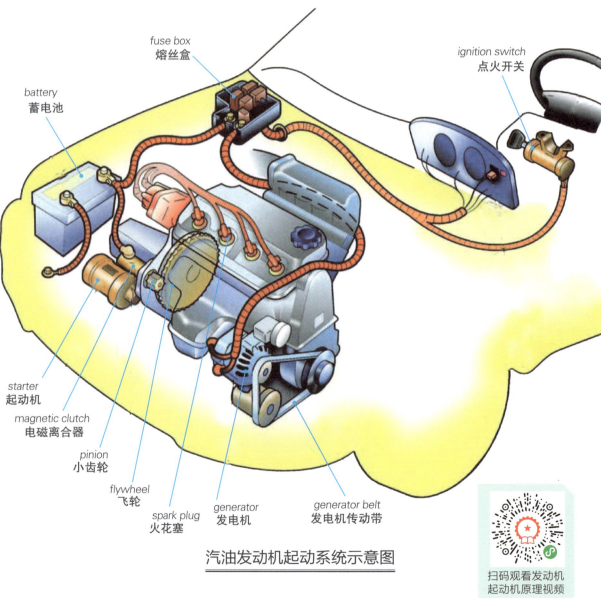

汽油发动机起动系统示意图

第 2 章 燃油汽车发动机

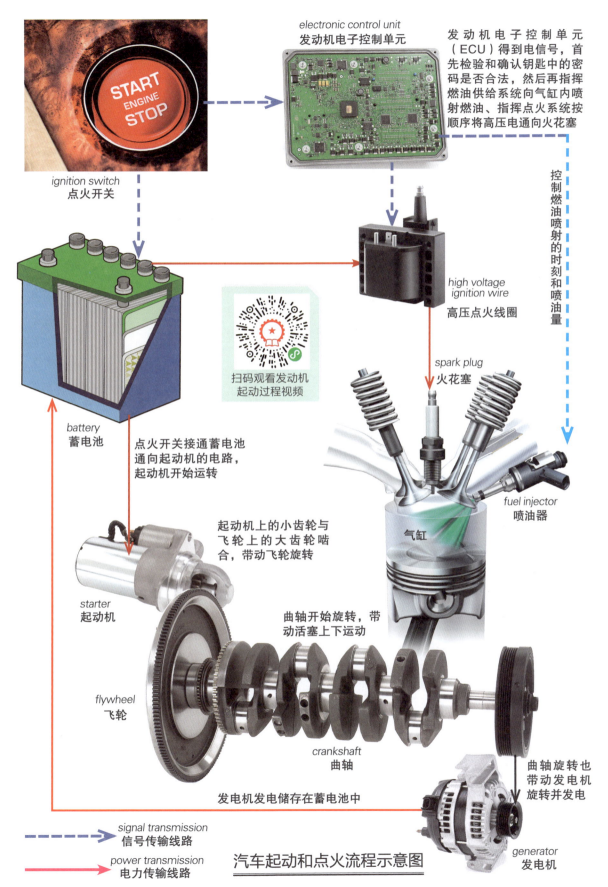

汽车起动和点火流程示意图

起动机是怎样工作的？

在起动机的顶部"背"着一个电磁离合器，当驾驶人扭转点火开关到起动档时，就是在控制通往电磁离合器的电路。它在通电后可以推动小齿轮与飞轮接合，从而驱动发动机的飞轮旋转，最终起动发动机。当通往电磁离合器的电路断开后，在复位弹簧的作用下，小齿轮再从发动机飞轮上退出，终止起动。

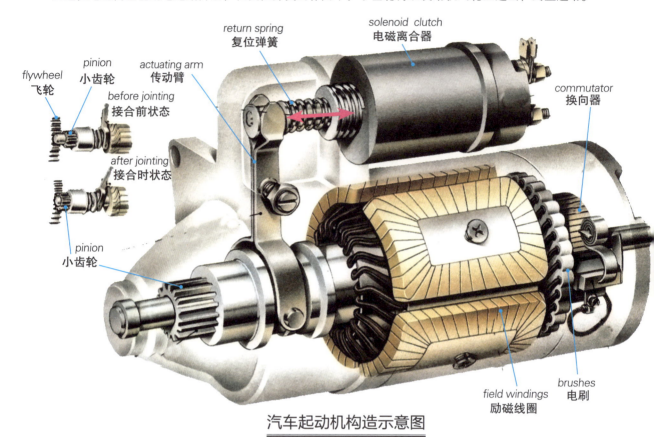

汽车起动机构造示意图

为什么不能再用"接线法"起动汽车了？

在传统汽车的点火起动系统中，只要将起动机与蓄电池之间的电路接通，就能利用起动机带动发动机的活塞运转，同时带动分电器工作，控制每个气缸的点火和喷油，使发动机正常起动。因此，即使不用车钥匙，也能用"接线法"将汽车起动。我们在过去电影中看到的盗车场景就是如此。

然而，现在的发动机已没有了分电器，不再用机械方式控制每个气缸的点火和喷油，而是由发动机ECU控制。因此，即使将起动机的电源线接通，也只能使起动机转动，并不能使点火和喷油系统正常工作。当车钥匙插入并扭转时，汽车上的防盗系统会识别车钥匙内密码芯片的信息，当确认合法后，才会起动燃油喷射和点火系统。否则，将拒绝喷油和点火，使车辆无法起动。

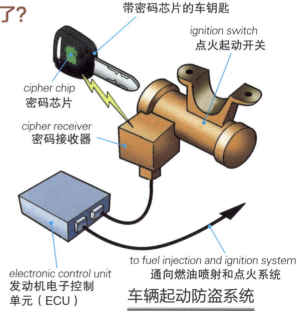

车辆起动防盗系统

蓄电池的作用是什么？

蓄电池的作用是把发电机产生的电能储存起来，在需要的时候供电。通常汽车上的蓄电池为铅蓄电池，它用填满海绵状铅的铅板作负极，用填满二氧化铅的铅板作正极，并用1.28%的稀硫酸作电解质。充电时，电能转化为化学能；放电时，化学能转化为电能。

一个铅蓄电池的电压是2V，汽车上用的是6个铅蓄电池串联成12V的电池组。

蓄电池只是储存电能的设备，而产生电能的部件还是由发动机驱动的发电机。发电机与蓄电池并联使用。当发电机的电压不足而汽车所需电量较大时，蓄电池与发电机共同向用电设备供电；当发电机电压正常且发电量充足时，发电机向蓄电池充电，蓄电池储存发电机发出的部分电量。

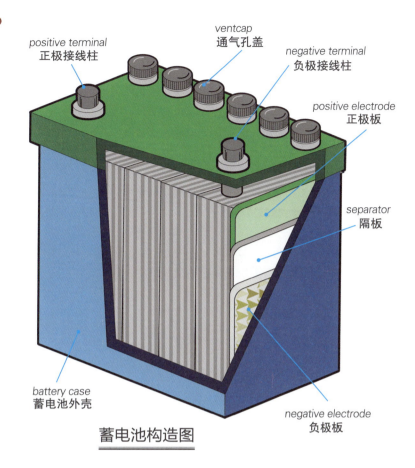

蓄电池构造图

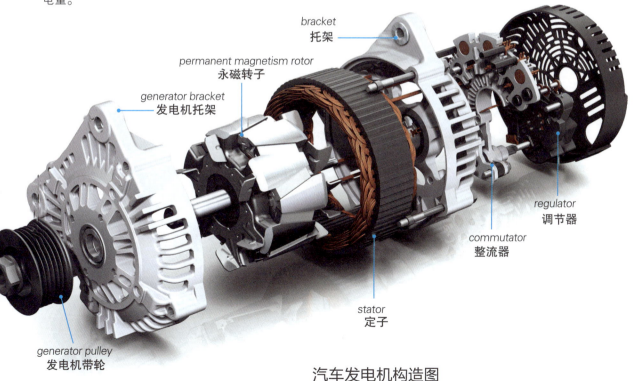

汽车发电机构造图

为什么发动机起动需要飞轮？

飞轮的作用是储存发动机的运动能量，因为无论旋转速度多高，活塞在完成的四个行程中只有一次是做功的，而进气、压缩、排气三个行程中活塞都会遇到较大的阻力，需要一定的力量才能完成任务。因此，利用重量和直径都较大的飞轮先把动能储存起来，便可带动曲轴平稳运转。

飞轮储存动能的原理有点像小孩子常玩的陀螺，用劲儿旋转后它就会自动旋转一段时间。

飞轮还有另外两个作用：一是它的外周镶有齿环，它与起动机直接相连，通过起动机带动飞轮旋转从而起动发动机；二是利用飞轮圆盘的大面积，可以让它与离合器相连，从而向传动系统传递动力。

发动机的气缸数越多，动力重叠便越多，因此不必储存太多动能，飞轮就可以小一点。虽然飞轮越重，发动机越平稳，但是因为惯性，太重的飞轮也会使发动机加速或减速都慢。因此，载货车发动机的飞轮大而重，跑车发动机的飞轮则小而轻。

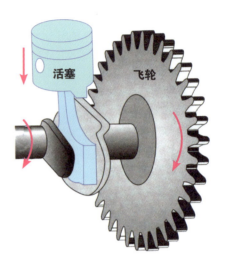

发动机飞轮构造图

第 2 章 燃油汽车发动机

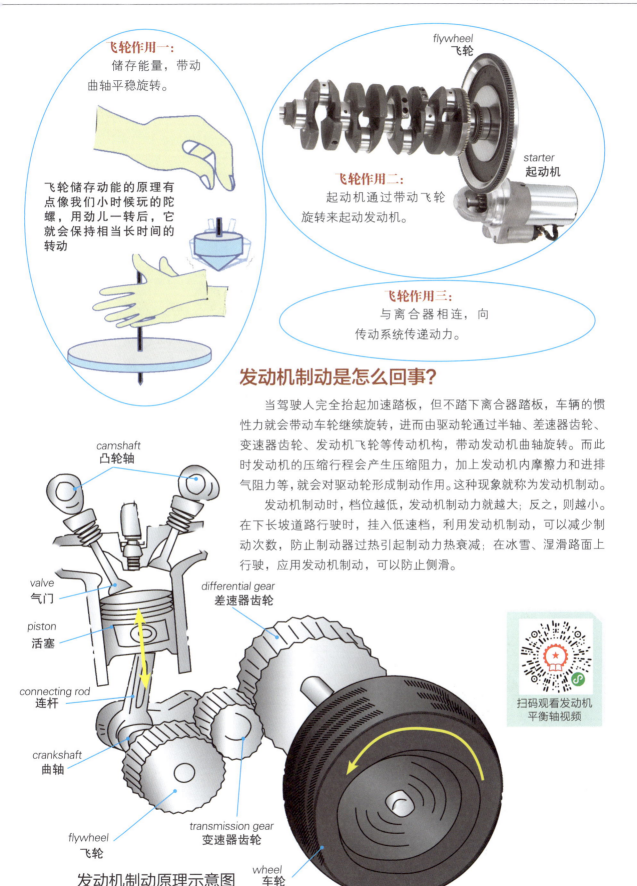

飞轮作用一：
储存能量，带动曲轴平稳旋转。

飞轮储存动能的原理有点像我们小时候玩的陀螺，用劲儿一转后，它就会保持相当长时间的转动

飞轮作用二：
起动机通过带动飞轮旋转来起动发动机。

flywheel 飞轮
starter 起动机

飞轮作用三：
与离合器相连，向传动系统传递动力。

发动机制动是怎么回事？

当驾驶人完全抬起加速踏板，但不踏下离合器踏板，车辆的惯性力就会带动车轮继续旋转，进而由驱动轮通过半轴、差速器齿轮、变速器齿轮、发动机飞轮等传动机构，带动发动机曲轴旋转。而此时发动机的压缩行程会产生压缩阻力，加上发动机内摩擦力和进排气阻力等，就会对驱动轮形成制动作用。这种现象就称为发动机制动。

发动机制动时，档位越低，发动机制动力就越大；反之，则越小。在下长坡道路行驶时，挂入低速档，利用发动机制动，可以减少制动次数，防止制动器过热引起制动力热衰减；在冰雪、湿滑路面上行驶，应用发动机制动，可以防止侧滑。

camshaft 凸轮轴
valve 气门
piston 活塞
connecting rod 连杆
crankshaft 曲轴
flywheel 飞轮
transmission gear 变速器齿轮
differential gear 差速器齿轮
wheel 车轮

发动机制动原理示意图

扫码观看发动机平衡轴视频

2.14　发动机主运动部件

活塞的直线运动怎样变成旋转运动？

活塞在气缸内是直线往复运动（转子发动机除外），但它的动力输出轴却是旋转运动，其原理何在？其实，这与我们骑自行车的情况类似。骑自行车时，人的两个膝盖基本是上下直线运动，但带动车轮旋转的花盘却是旋转运动。因为人膝盖下压或提起小腿后，将力量通过脚腕、脚、曲拐，便将上下往复运动转变为旋转运动。

在发动机内部也是如此，活塞相当于人的膝盖，连杆相当于人的小腿，曲轴相当于脚蹬子，当活塞上下运动时，便会带动曲轴做旋转运动。

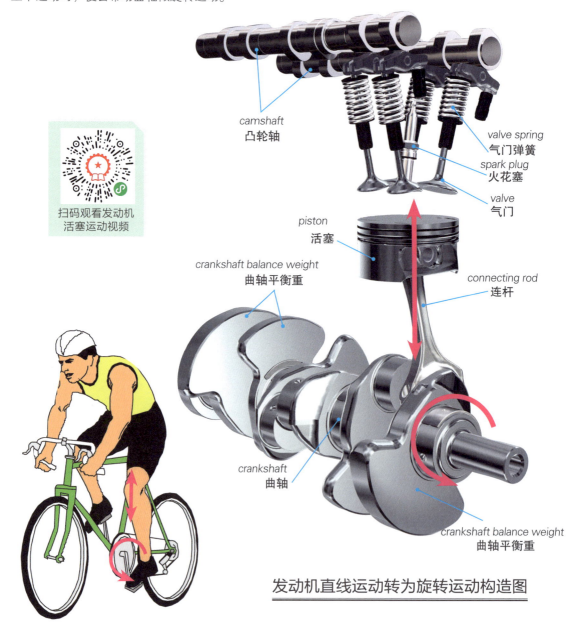

发动机直线运动转为旋转运动构造图

第 2 章 燃油汽车发动机

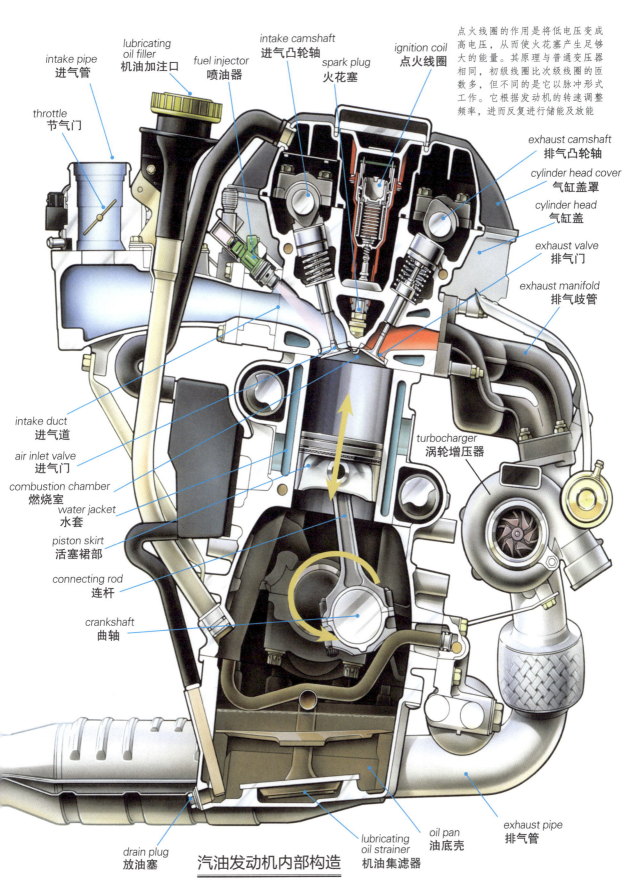

汽油发动机内部构造

点火线圈的作用是将低电压变成高电压,从而使火花塞产生足够大的能量。其原理与普通变压器相同,初级线圈比次级线圈的匝数多,但不同的是它以脉冲形式工作。它根据发动机的转速调整频率,进而反复进行储能及放能。

为什么说活塞是心脏中的心脏？

活塞是装在气缸中做往复运动的部件，它将顶部所承受的爆炸压力传递给连杆，从而推动曲轴旋转。在发动机中，活塞的工作条件最严酷，可以说是汽车心脏中的心脏，汽车的每一分力量都是通过活塞发出的。活塞不仅要承受巨大的压力，而且要承受非常高的温度。在高速运转中，活塞的行进速度有时可达到20m/s。因此，活塞对材质和制作精度等要求都非常高。

活塞的顶部一般都不是平的，而是凹进去一点，这主要是为燃烧室留出空间。另外，为了减轻活塞的重量，一般都将它设计成空心的。

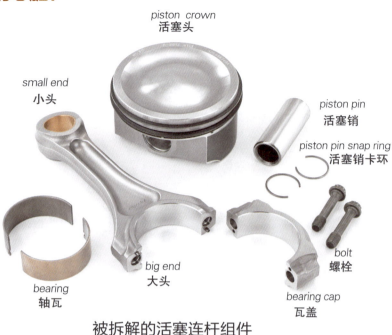

被拆解的活塞连杆组件

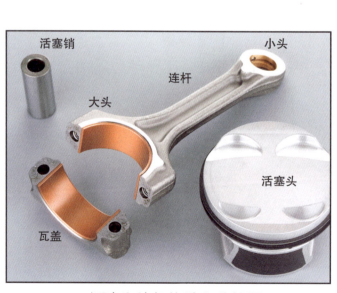

活塞和连杆构造和分解图

活塞连杆构造图

1马力代表1匹马的力量吗?

现在,衡量发动机动力大小的单位有多种,但我们最为熟悉的可能还是"马力"。虽然,英制马力和公制马力之间有微小差别。

马力最早是指一匹货运马在一定时间内所做的功,而不是指一匹马的力量或它的"劲儿"有多大。

马力(horsepower)是由苏格兰科学家詹姆斯·瓦特首先提出的。瓦特是蒸汽机的发明者,为了推销他的蒸汽机,他需要用一种办法来表示蒸汽机能力的大小。当时,蒸汽机的潜在客户主要是矿井老板,他们使用大量的马匹拉动抽水机来抽取矿井中的水,或提升从矿井中挖出的煤。因此,瓦特就想到了用"马力"(马的能力简称)来表示蒸汽机能力的大小。瓦特是以当时小马驹的能力来作为估算基础的。

一只小马驹可以在 1min 内将 220lb(1lb=0.454kg) 的煤提升 100ft(1ft=0.305m), 即 22 000lbf·ft/min。瓦特考虑到成年马匹的能力更大些,他估计(实际是错误的)应大出50%,也就是一半,因此,他就将"1马力"简单定义为 33 000lbf·ft/min, 折合为:

1 英制马力(hp)=76kgf·m/s

后来马力又被定义为:

1 公制马力(ps)=75kgf·m/s

1ps=75kgf·m/s

1马力相当于将75kg重的物体在1s内提升1m,或者相当于将1kg的物体在1s内提升75m。

"马力"概念示意图

实际上,一匹成年马比小马驹的能力大不出一半,达不到他定义的"1马力"的能力,只相当于他定义的"1马力"70%的能力。所幸的是,在正规场合或专业术语中,人们基本不再使用马力作为功率的单位,而是使用瓦特(W)或千瓦(kW)作为功率的标准单位,或同时用马力和千瓦来表示。

1 英制马力(hp)=0.746 千瓦(kW)

1 公制马力(ps)=0.735 千瓦(kW)

注:美国SAE标准常用英制马力(hp),而德国DIN、欧共体EEC和日本JIS标准常用公制马力(ps)。

怎样理解转矩的概念?

用一根 1m 长的扳手去扭动一个螺母,如果你用 1N 或 1kgf 的手力量去扭动,那么施加在螺母上的转矩就是"1N·m"或"1kgf·m"。如果扳手长度增加 1m, 则施加在螺母上的转矩便会增加到"2N·m"或"2kgf·m"。同理,如果增加手的力量,也会增加转矩。

燃料在发动机内膨胀燃烧产生热能,热能使气体膨胀转变为气体的压缩势能,压缩气体推动活塞做功,使势能转变为直线运动的动能。连杆活塞推动曲轴旋转,把直线运动的动能转变成旋转动能,于是发动机的转矩通过飞轮、离合器、变速器将动力传递下去。所谓发动机的动力,其实是源源不断的能量,其大小是转矩与转速的乘积。

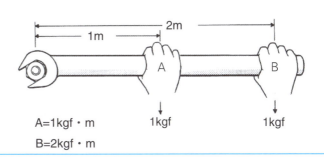

A=1kgf·m
B=2kgf·m

什么是曲轴、曲拐、曲柄？

发动机上的曲轴和自行车上的曲柄有异曲同工之妙，它们都是将往复直线运动的力转变为旋转的力。不同的是，发动机曲轴的构造要复杂些，它的形状与发动机气缸数有直接关系，尤其是它的曲拐数目。如果是直列发动机，那么它的曲拐数目与气缸数相同；如果是V形发动机，那么它的曲拐数只是气缸数的一半，因为相对应的两个气缸共用一个曲拐。

曲轴上的曲柄长度对发动机性能有直接影响。曲柄长度越大，它的最大转矩输出相对也越大，但最大转速相对较低；反之，如果曲柄越短，则它的发动机最大转矩相对较小，但最高转速相对较高。另外，气缸的行程等于曲柄长度的2倍。

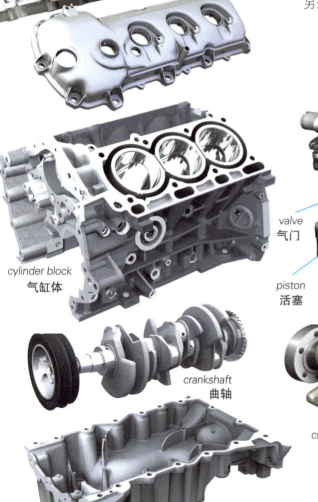

正时链在中高速运转时会发生跳动，而张紧器的作用就是防止链抖动。它作用在正时链上，对其起导向和张紧的作用，使链始终处于最佳张紧状态。张紧器可以自动对正时链的张紧度进行调节

发动机主要构造分解图　　　　**曲轴在发动机中的位置示意**

为什么说曲轴是中心轴？

发动机产生的动力经由活塞、连杆再传到曲轴，使曲轴每分钟旋转数千次，将动力传递到传动系统，使车轮转动。曲轴的旋转也会带动水泵、机油泵、发电机和凸轮轴带轮等。可以说，曲轴是发动机动力的中转轴，是中心轴。由于它是弯弯曲曲的轴，故称为曲轴。

revolution signal wheel 转速信号轮

转速信号轮用来配合转速传感器以获得发动机转速。转速传感器是由传感线圈和永久磁铁组成的磁脉冲式信号发生器，它安装在飞轮的侧面，并使线圈的铁心与飞轮边缘上的N个凸齿相对应。当曲轴旋转时，飞轮上的凸齿不断地从线圈铁心旁边扫过，使线圈中产生交变的电压脉冲信号。曲轴每转一周，线圈中产生脉冲信号，输入控制器作为计算发动机转速的依据。驾驶人从转速表上看到的数字就源自转速信号轮

为什么需要平衡重和平衡轴？

平衡重的作用

曲轴通过连杆将活塞的往复运动转变成圆周运动，既要承受很大的力，又要高速旋转，它的强度必须非常高，刚性也要好，因此一般都比较粗壮，运动起来振动也较大。为了减小曲轴运转中的振动，一般都会在它上面装有平衡重块，以保证发动机运转平稳。

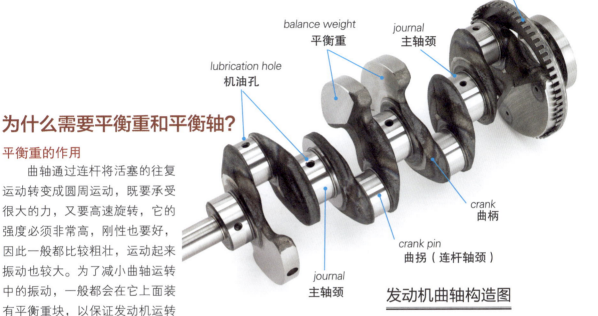

发动机曲轴构造图

平衡轴的作用

当活塞运行到上止点和下止点时，连杆是倾斜的，会产生一个横向力，从而使曲轴在运转时产生振动。由于活塞完成一次往复运动要产生两次振动，因此又把这种振动称为二次振动。在曲轴两侧设置两根平衡轴，并且使平衡轴的转速是曲轴的2倍，以平衡二次振动。

平衡轴有链传动和齿轮传动形式，它们的转速都是曲轴的2倍。

链传动的双平衡轴曲轴构造图

2.15 冷却系统

发动机都有哪些冷却方式？

发动机冷却系统有水冷和风冷两种。风冷是在气缸体周围设计散热片，利用自然风或风扇来吹散发动机的热气，达到降低发动机温度的目的。风冷发动机的气缸体内部不需要设计水套，因此结构紧凑。但是，风冷冷却效果相对较差，因此仅适用于摩托车和小排量发动机。

水冷是指利用冷却液来降低发动机的温度。水冷式发动机是通过水泵使环绕在气缸周围冷却液套中的冷却液加速流动，并把冷却液套中的冷却液引入散热器，再利用行驶时吹进的自然风和风扇吹风，使冷却液在散热器中冷却，然后再将冷却的冷却液引入冷却液套，进行周而复始地循环冷却。

现在，绝大多数发动机都采用水冷式。

扫码观看发动机冷却系统视频

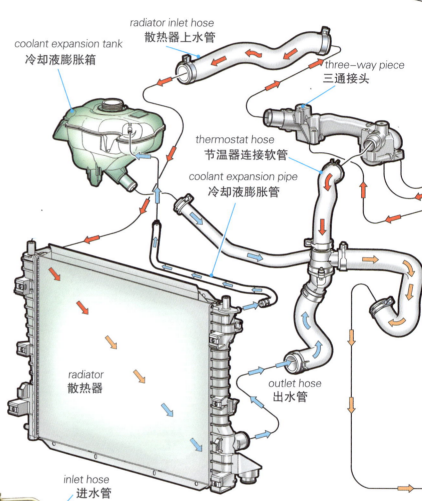

散热器是怎样散热的？

散热器由水管和散热片组成。这些水管细小扁平，并且呈回曲线状，在水管间隙夹装很薄但层层折叠的散热片，以增加水管的散热面积。当自然风吹过散热片时，便会将从水管散发出的热量带走，从而起到降温冷却的作用。

散热器和风扇构造图

第 2 章 燃油汽车发动机

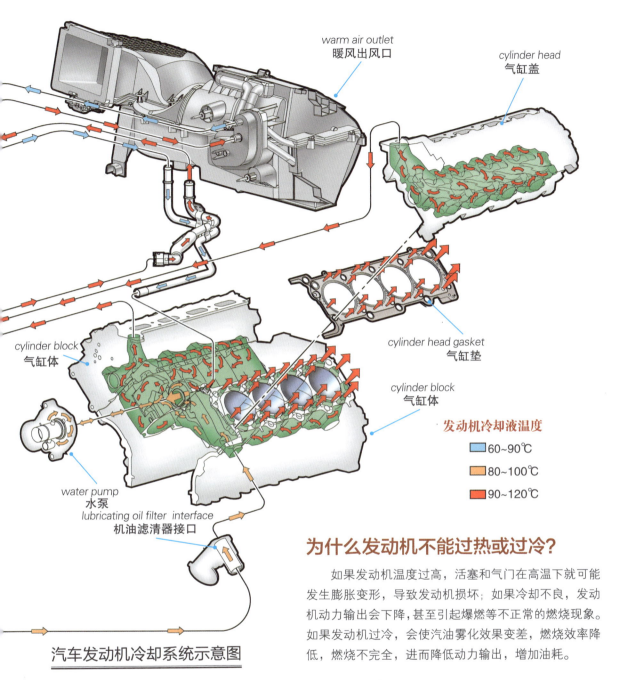

汽车发动机冷却系统示意图

为什么发动机不能过热或过冷？

如果发动机温度过高，活塞和气门在高温下就可能发生膨胀变形，导致发动机损坏；如果冷却不良，发动机动力输出会下降，甚至引起爆燃等不正常的燃烧现象。如果发动机过冷，会使汽油雾化效果变差，燃烧效率降低，燃烧不完全，进而降低动力输出，增加油耗。

发动机内部温度有多高？

在发动机内部，当发动机以极高速度运转时，它的最高燃烧温度可以高达 2500℃，最低也要超过 1000℃。可惜的是，这些热量很难被有效利用。不仅如此，它还会使与其接触的机械部件受热膨胀，因此还必须消耗机械能量使其降温。据测试，燃油燃烧产生的总热量有 1/3 被吹散到大气中，被白白浪费掉。

2.16 润滑系统

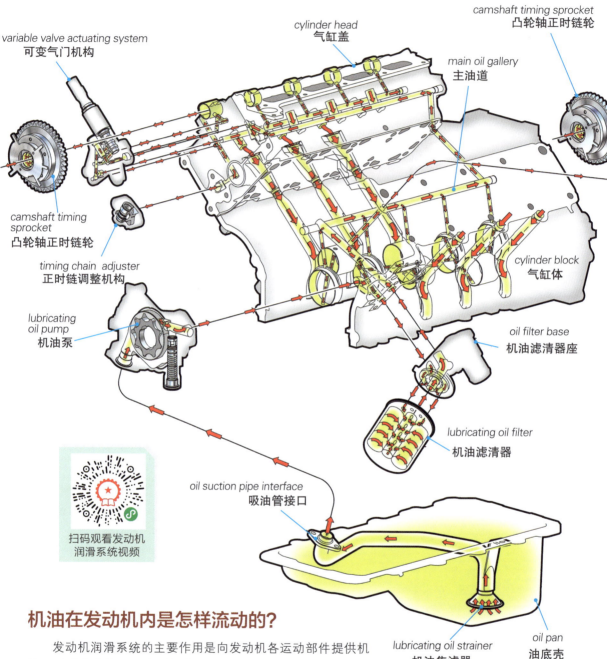

发动机润滑系统示意图

机油在发动机内是怎样流动的？

发动机润滑系统的主要作用是向发动机各运动部件提供机油，以减少摩擦。同时，机油还能起到清洁、冷却、防锈、缓冲和密封等作用。

当发动机不工作时，机油主要储存在油底壳。当发动机运转时，机油从油底壳经机油集滤器被机油泵抽送到机油滤清器中，经机油滤清器过滤后再进入主油道，然后再通过各分油道进入润滑部位进行润滑。润滑后的机油在重力作用下再流回到油底壳，参与再循环。

为什么机油能起润滑作用？

在发动机中，如果说摩擦是运动部件的敌人，那么机油就是运动部件的朋友。机油分散在摩擦面上，在摩擦面之间形成隔离层，并可以四处自由流动，这样就可以避免接触面上微小凹凸颗粒之间的摩擦，从而使部件之间的相对运动更加顺畅。

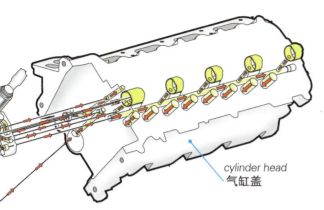

cylinder head
气缸盖

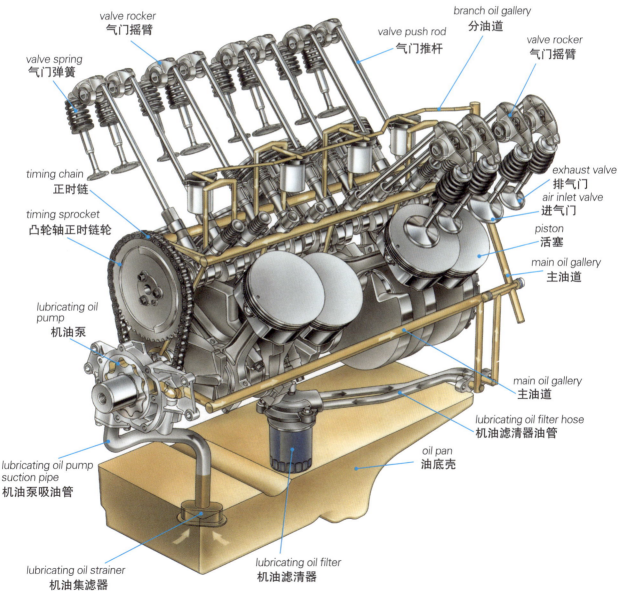

通用汽车V8发动机润滑系统示意图

为什么要使用机油滤清器？

为了减小发动机内部的摩擦，或者说为了让发动机运转得更为顺畅，发动机要用机油对主要部件进行润滑。机油由机油泵驱动循环流过各个需要润滑的部件后，流回油底壳，再被抽出润滑各个部件。如此周而复始，循环不断。

为了不断清除润滑系统中的杂质，如金属屑、机油中的胶质等，在机油循环系统中必须装备机油滤清器，并且要定期更换，以保证它拥有较佳的过滤性能。

下图中，黄色表示还没有过滤的机油，绿色表示已经过滤的机油。

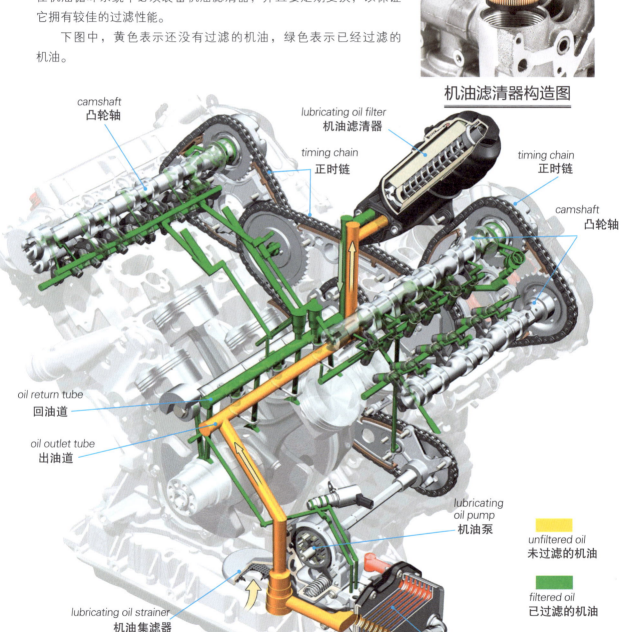

机油滤清器构造图

奥迪3.0L V6 TFSI发动机润滑循环系统

湿式油底壳和干式油底壳有什么不同？

油底壳是指发动机最下部储存机油的部件。发动机停止运转后，所有的机油都流回油底壳。当发动机起动后，机油泵从油底壳抽出机油到各个需要润滑的部件。我们在道路上看到的汽车，大多采用湿式油底壳。之所以命名为湿式油底壳，是因为发动机的曲轴曲拐和连杆大头在曲轴每旋转一周时都会浸入油底壳的机油内一次，从而起到润滑作用，同时曲拐每次高速浸入油液内都会激起一定的油花和油雾，还可以对曲轴和轴瓦进行润滑。

然而，这种润滑方式对于追求运动性能和越野性能的车型来讲就存在一个比较大的问题，当汽车高速过弯或者在极限越野中车身倾斜很大时，离心力或者重力会造成机油聚集于油底壳的一个局部，导致部分曲拐不能浸入油液，从而影响润滑。

为了解决这个问题，把发动机底部的油底壳，改成一个独立安装的机油箱，利用机油泵的压力强制将机油送到各个润滑点，并将润滑后的机油回送到机油箱。这样的润滑方式，可以不受重力和离心力的影响，这就是干式油底壳。

wet sump
湿式油底壳

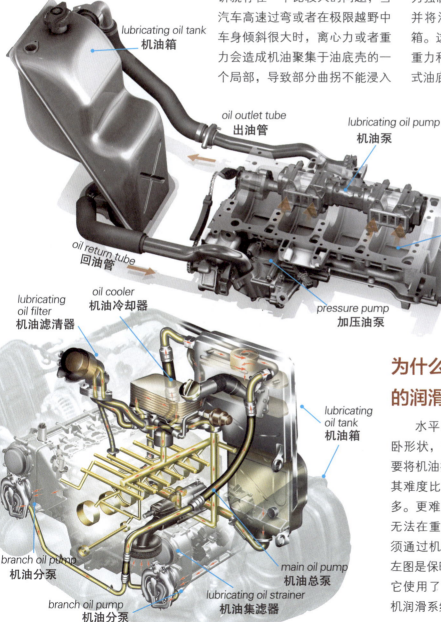

奔驰SLS 发动机
干式油底壳构造图

保时捷水平对置6缸发动机润滑系统示意图

为什么水平对置发动机的润滑系统更复杂？

水平对置发动机的气缸都呈横卧形状，而且是对向排列，因此，要将机油抽送到气缸各处参与润滑，其难度比直列或 V 形发动机要大得多。更难的是，参与润滑后的机油无法在重力作用下流回油底壳，必须通过机油泵才能回送到机油箱。左图是保时捷水平对置6缸发动机，它使用了 5 个机油泵，才确保发动机润滑系统正常运行。

2.17 柴油发动机

turbocharger 涡轮增压器
车用涡轮增压器是先在柴油机上得到应用，然后才应用到汽油机上。现在，几乎所有车用柴油机都配有涡轮增压器。因为柴油与空气的理想空燃比是1:14.3，但实际燃烧需要一定的过量空气系数，自然吸气柴油机的空燃比是不能满足良好燃烧要求的。进气增压装置则是满足所需充气效率达到良好燃烧目的的必要措施

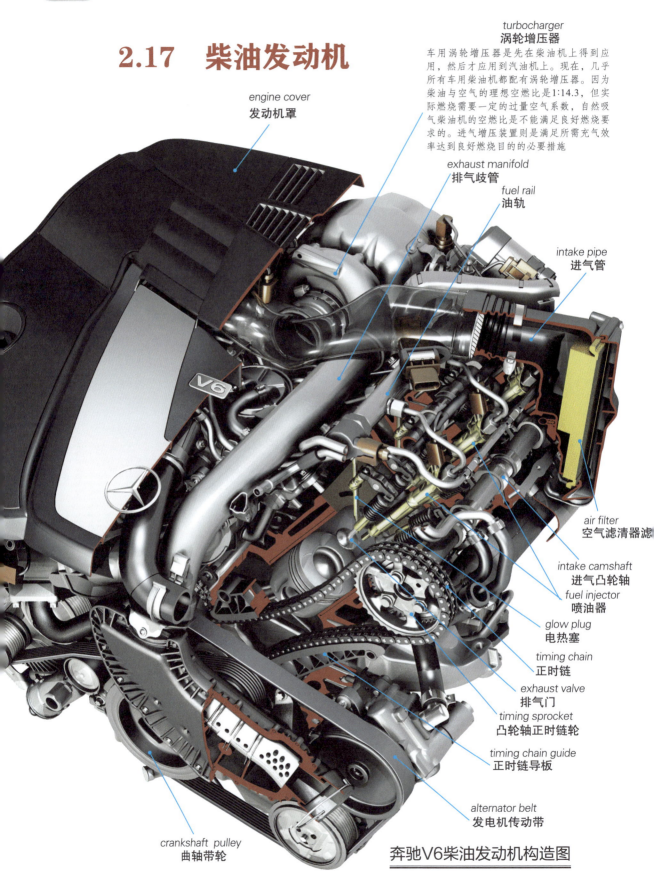

奔驰V6柴油发动机构造图

为什么柴油发动机没有点火系统?

现在,道路上的汽车主要使用两种燃料:汽油和柴油。使用汽油的发动机主要装配在轿车等乘用车上,而大货车、大客车和工程车等需要大力量而不需要跑太快的汽车,一般采用柴油发动机。

柴油发动机是一种压燃式内燃机,是以柴油为燃料的内燃机。柴油发动机利用气体被压缩后温度会上升的原理,用活塞压缩进入气缸的空气;当空气温度上升到柴油燃点温度时,用喷油器将柴油喷成雾状射入气缸;柴油一旦与灼热的空气相遇,即发生燃烧;燃烧所产生的高温高压燃气在气缸内膨胀,从而推动活塞做功。柴油是在高温高压之下"自燃"的,不是被点燃的,所以柴油发动机不需要点火系统。

和柴油发动机相比,汽油发动机转速更快,但力量相对较小;柴油机则更有劲儿,但转速不是太高,因此柴油发动机更适合对车速要求不高但对力量要求更高的车型。其实,可以把柴油发动机比作牛,将汽油发动机比作马,牛有劲儿但跑得慢,马跑得快但劲儿相对较小。

随着技术的发展,现在一些柴油发动机也被应用在轿车上,甚至作为跑车的动力系统。尤其在欧洲,柴油发动机在轿车上的应用非常普遍。

柴油发动机是怎样工作的?

1. 进气行程

进气门打开,排气门关闭,空气从进气门被吸入气缸,然后进气门关闭。

2. 压缩行程

活塞上升并压缩吸入的空气,使空气温度升高。喷油器将燃油喷入气缸,并混入热空气中。

3. 做功行程

柴油与空气的混合气越来越热,以至于温度升高到可以自燃。混合气燃烧爆炸的力量将活塞向下推动,并通过连杆推动曲轴旋转。

4. 排气行程

排气门打开。旋转的曲轴推动活塞向上运动,活塞将燃烧后的废气从排气门推出气缸。

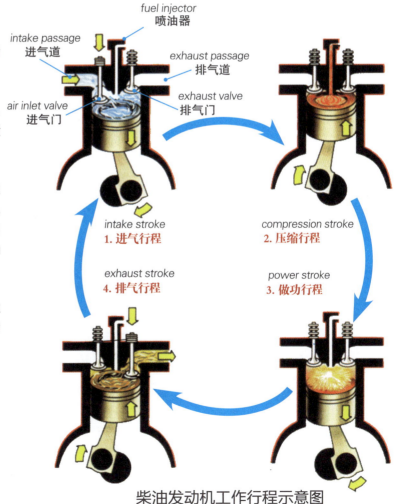

柴油发动机工作行程示意图

2.18 转子发动机

转子发动机是怎样产生动力的?

汽车大多采用往复式发动机，因为它的活塞是直线往复运动的。不论是汽油发动机还是柴油发动机，都是如此。

与往复式活塞发动机相对的，就是转子发动机，其活塞在气缸内做旋转运动。

现在所说的转子发动机，是指德国工程师菲利克斯·汪克尔在 20 世纪 50 年代设计的三角形活塞式转子发动机。因此，转子发动机也被称为汪克尔发动机。

转子发动机的主要部件结构简单，体积小，功率大，高速时运转平稳，性能较好，曾引起汽车行业的关注，纷纷进行研制试验。但是，经过几十年的试验证明，这种发动机尚无法与传统往复活塞式发动机相媲美，其边缘磨损严重，油耗较高。

转子发动机的活塞呈扁平三角形，气缸是一个扁盒子，活塞偏心地置于空腔中。当活塞在气缸内做行星运动时，工作室的容积随活塞转动而发生周期性的变化，从而完成进气、压缩、做功、排气四个工作行程。活塞每转一次，完成一次四行程工作循环。四行程工作循环与往复式发动机的四行程工作循环在原理上是一样的，只不过活塞的形状和运行轨迹不一样。

马自达RX-8跑车转子发动机

第 2 章 燃油汽车发动机

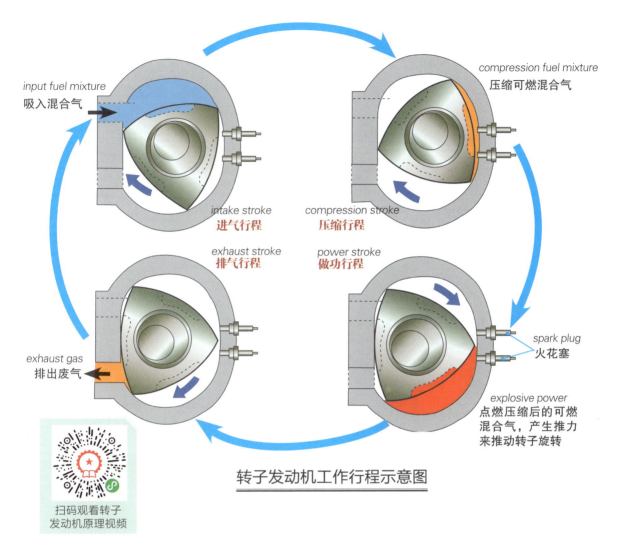

转子发动机工作行程示意图

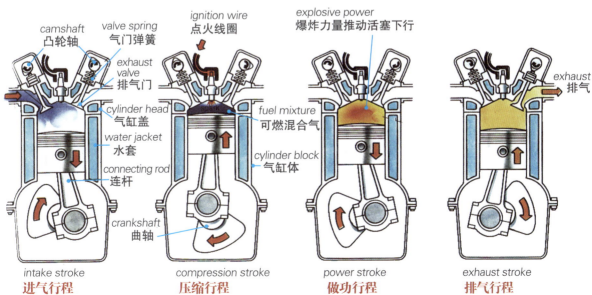

往复式四行程发动机工作原理示意图

第3章 燃油汽车变速器

3.1 变速器及原理

为什么汽车需要变速器?

下面以我们常用的自行车为例来说明:自行车中间轴上有个较大的链轮,后面车轮上有个较小的链轮,它们之间用钢链连接。中间的大轮转一圈,后轮可能就要转两三圈。起步时,由于人体较重,直接骑上去很难起步,因此人们一般都会先猛推一下车,然后再骑上去。骑上自行车后,就不太费力了,可以轻松地前进。

但是,如果你想提高车速,那就得快速蹬车,即使这样,有时也觉得不够快;反之,如果遇到顶风或上坡,你就会感觉非常吃力,有时不得不推着自行车上坡。

而装有变速机构的自行车就可以解决这个问题。当想以较快的速度前进时,可以把后轴上的链轮切换成更小的,这样蹬一圈中间的大链轮,后轮就可能转四五圈,从而提高了行驶速度;如果遇到顶风或上坡,则可以将后轴上的链轮切换成直径更大的,这样蹬一圈中间的大链轮,后轮可能也就转一两圈甚至半圈,不太用劲儿就可以骑车攀爬上坡。

汽车也是一样,发动机的转速非常高,但输出的转矩非常有限。起步时,不需要较大的车速,但需要较大的转矩,因此在起步阶段最好是让汽车低速、大转矩平稳运行;在车速提高后,就不需要太大的转矩,而需要较高的车速。变速器的作用就如同自行车的变速齿轮,可以由驾驶人根据行驶情况来调节发动机输出的转速和转矩,从而使汽车顺利地起步、爬坡和快速行驶等。

如果没有变速器,汽车只能以一种速度、一种转矩前进,不能低速缓行,也不能高速飞驰,甚至很难起步和上坡。

↑当主动链轮的直径和转速固定不变时,从动链轮越小,从动链轮的转速就会越高,输出的转矩也会越小;反之亦然

自行车变速原理示意图

什么是齿轮传动比?

齿轮传动比简称齿比,是指主动齿轮与被动齿轮的角转速之比,也等于被动齿轮与主动齿轮的齿数之比。变速器的每个档位齿轮组合,都有一个与其他档位不同的传动比。档位越低,其传动比越大;档位越高,其传动比越小。

变速器各档位传动比值示例			
档位	4速变速器	5速变速器	6速变速器
第1档	2.92	3.42	4.15
第2档	1.56	2.21	2.33
第3档	1.00	1.60	1.53
第4档	0.71	1.00	1.15
第5档	—	0.75	1.00
第6档	—	—	0.79
倒 档	2.38	3.02	3.67

为什么变速器中要使用很多齿轮？

一对相互啮合的齿轮，直径较小的齿轮以较小的力旋转，那么在较大齿轮上就会获得更大的力，但作为获得较大力的代价，大齿轮的转速则会相应降低。或者说，相互啮合的一对齿轮，直径越大或齿数越多的齿轮，它的转速越低，转矩越大；直径越小或齿数越少的齿轮，它的转速越高，转矩越小。

利用齿轮变换转矩和转速的原理，可以用很小的力来提升很重的物体，甚至，一只小老鼠通过一个设计合理的齿轮组合就能将一头牛提起来。

汽车变速器就是根据齿轮啮合原理设计的。当驾驶汽车上桥或爬坡时，如果感觉汽车动力不足，我们就会降低档位，实际上是更换传动比更大的齿轮组合，也就是换直径较小的主动齿轮和直径较大的被动齿轮组合。根据齿轮啮合原理，此时变速器输出的转速就会相对降低，但转矩增大；如果是升档，实际上是换直径较大的主动齿轮和直径较小的被动齿轮组合，此时变速器输出的转速就会提高，但转矩会相应减小。

在齿轮组合传动中，传动比越大，其输出的转速越小，但其输出的转矩却越大。利用这个原理，可以想象，如果齿轮组合的传动比足够大，那么一只老鼠也可以提起一头牛

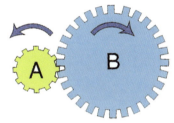

转速：A>B
转矩：A<B

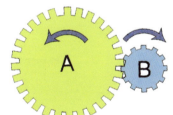

转速：A<B
转矩：A>B

利用齿轮原理，可以将较大的转速转变为较小的转速，也可以将较小的转速转变为较大的转速

齿轮放大转矩原理示意图　　**齿轮变速原理示意图**

3.2 手动变速器

手动变速器是怎样变速的？

当离合器接合时，不管是在空档还是在任何档位，变速器中每个档位的主动齿轮（红色齿轮）以及每个档位的从动齿轮（蓝色部分）始终啮合在一起，并按照各自的转速不停地旋转。但是，在空档时，各个档位的所有从动齿轮并没有和输出轴连接，此时输出轴是静止不转的。

当挂上 1 档或其他前进档位时，实际上是将 1 档或其他档位的从动齿轮通过同步器（或称犬牙啮合套）和输出轴接合起来共同旋转。当变换档位时，则是换成新档位的从动齿轮来与输出轴接合并共同旋转。

倒档的主动齿轮和从动齿轮之间"夹"了一个中间轮，这样就可使输出轴的旋转方向与其他档位相反。

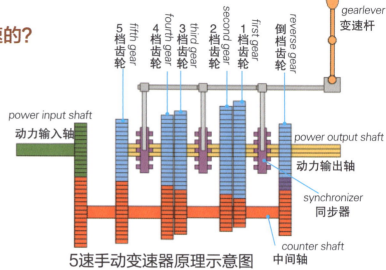

5速手动变速器原理示意图

扫码观看手动变速器视频

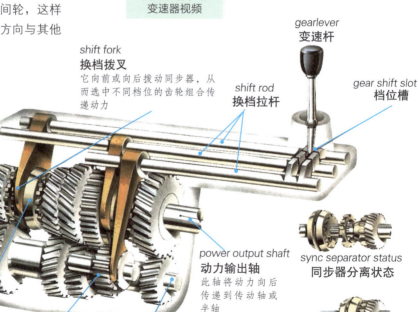

4速手动变速器构造示意图

power input shaft 动力输入轴
当离合器处于接合状态时，发动机动力从此轴传入变速器

synchronizer 同步器
它可以减小换档时的冲击，使换档动作更顺畅

reverse gear 倒档齿轮
当倒档齿轮啮合后，它将加入传动，并改变动力输出轴的旋转方向

counter shaft 中间轴
动力从输入轴传递到此轴，然后再传递到动力输出轴

power output shaft 动力输出轴
此轴将动力向后传递到传动轴或半轴

shift fork 换档拨叉
它向前或向后拨动同步器，从而选中不同档位的齿轮组合传递动力

shift rod 换档拉杆

gearlever 变速杆

gear shift slot 档位槽

sync separator status 同步器分离状态

sync meshing status 同步器接合状态

3.3 同步器

为什么手动变速器需要同步器？

在手动变速器上，所有档位的主动齿轮和从动齿轮副都一直处于啮合状态并持续旋转，但只有一个档位的齿轮副与动力输出轴相接合。当我们操纵变速杆换档时，其实是更换与动力输出轴接合的齿轮副。比如，由3档升到4档，就是将正在与动力输出轴接合的3档齿轮副脱离，然后将4档齿轮副与动力输出轴接合。在与新的齿轮副接合时，由于动力输出轴基本保持原来上个档位的旋转速度，它与新的齿轮副之间的转速有差别，这样在与新齿轮副接合时就会产生一定的速度差，而不同转速的部件硬性接合时就会产生冲击，损坏齿轮。

为了避免换档时的冲击，使换档更加顺畅，手动变速器中都设有几个同步器。利用同步器的特殊性能，可以减少换档冲击。

老式的汽车变速器上没有同步器，为了减少换档冲击，换档时必须采取"两脚离合"的方法：升档时在空档位置稍停顿一下，降档时在空档位置稍踩下加速踏板，以减少齿轮之间的转速差。

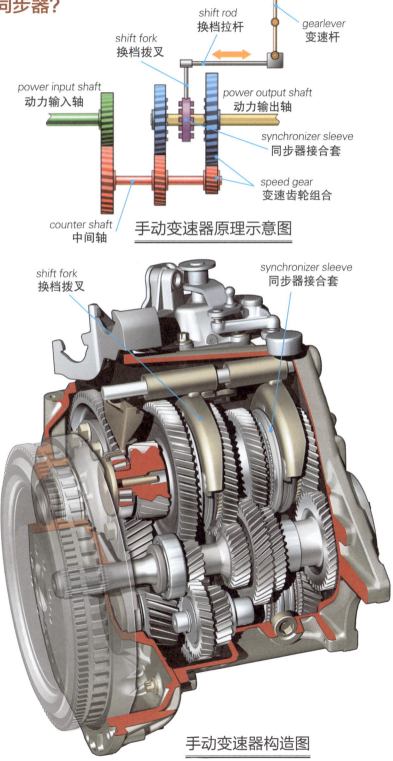

手动变速器原理示意图

手动变速器构造图

同步器是怎样工作的？

同步器也称为犬牙啮合套，因为它在与档位齿轮接合时如同犬牙一样相互交错在一起。如图所示，当向左推动同步器时，同步器上的同步环就与档位齿轮上的接合齿圈犬牙交错在一起。同步器毂与动力输出轴是接合在一起的，这样就可以使档位齿轮与动力输出轴接合在一起，从而达到变速的目的。

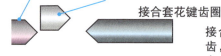

待啮合的变速齿轮　同步锁环键齿　接合套花键齿圈

接合套花键齿、同步锁环键齿，以及待啮合齿轮的齿圈上，都有45°的倒角。它们在变速前没有直接相互接触

当要变速时，接合套移动中使接合套花键齿与同步锁环的内锥面接触，由于两者存在转速差而产生摩擦

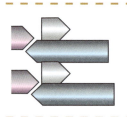

锥面摩擦使得待啮合的变速齿套与同步环齿圈迅速同步，同时又会产生一种锁止作用，防止齿轮在同步前进行啮合

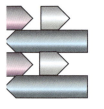

当同步锁环与待啮合的变速齿轮转速相等同步旋转时，接合套花键毂便不受阻碍地与变速齿轮啮合，顺利换档

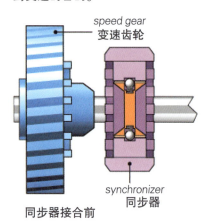

同步器与档位齿轮接合示意图

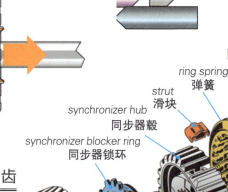

单件式同步器构造示意图

3.4 自动变速器（AT）

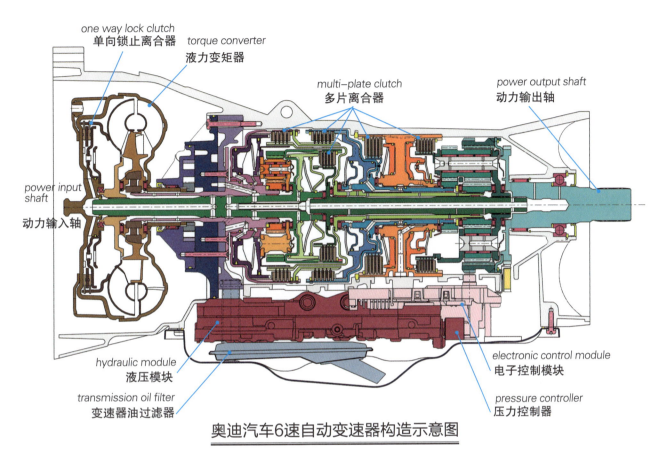

奥迪汽车6速自动变速器构造示意图

为什么自动变速器没有离合器？

自动变速器应该是懒人发明的，他想减轻换档操作的劳动强度，甚至不想来回换档，因此就在变速器中设计了一套由液力变矩器、控制器、电磁控制机构、多片离合器和行星齿轮等组成的自动换档机构，它可以自动完成变速操作。

其中，液力变矩器的作用相当于手动档汽车上的离合器。其原理类似两个对吹的电风扇，当一个电扇通电旋转后，另一个电扇也会被吹得随之旋转。对吹电扇传递动力的介质是空气，而液力变矩器传递动力的介质是油液。通过控制油液的流动状态，就可以控制动力和转速输出的大小。

从液力变矩器传递来的动力，经后面的行星齿轮组合变速，就可实现自动变速的目的。液力变矩器采用油液传递动力，当踩下制动踏板时，来自车轮的拖动力不会回传到发动机，因此不会导致发动机熄火，此时相当于离合器分离；当抬起制动踏板时，汽车又可以起步，此时相当于离合器接合。

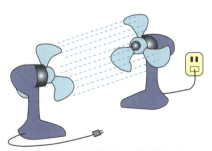

↑液力变矩器的原理类似两个对吹的电风扇，它们通过介质可以传递动力，起到离合器传递动力的作用

3.5 液力变矩器

液力变矩器是怎样工作的?

液力变矩器主要由三个"轮"组成：泵轮、导轮和涡轮。在三个轮之间充满了液压油。泵轮与发动机曲轴相连，当发动机旋转时，泵轮便会随之旋转，并搅动液压油，将其"甩向"与后面变速机构相连的涡轮，使涡轮旋转，从而将动力传向后面的变速机构，最终传递到车轮。固定不动的导轮的作用是增大传递转矩。

扫码观看液力变矩器视频

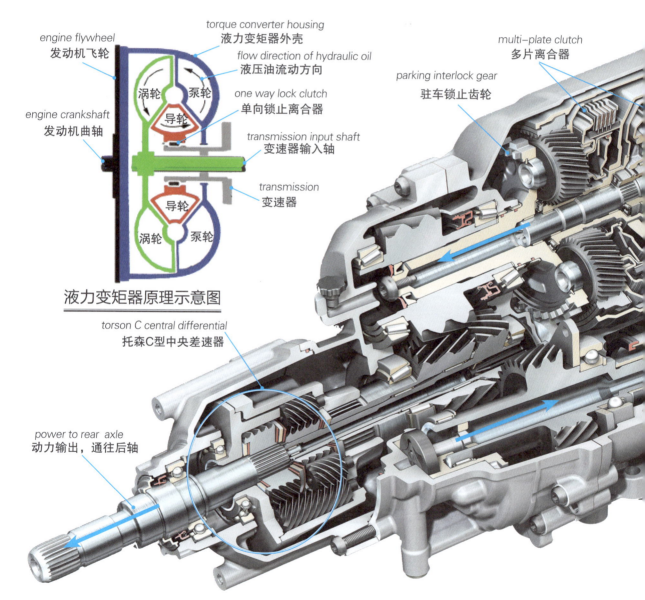

液力变矩器原理示意图

奥迪A8轿车8速自动变速器

第 3 章 燃油汽车变速器

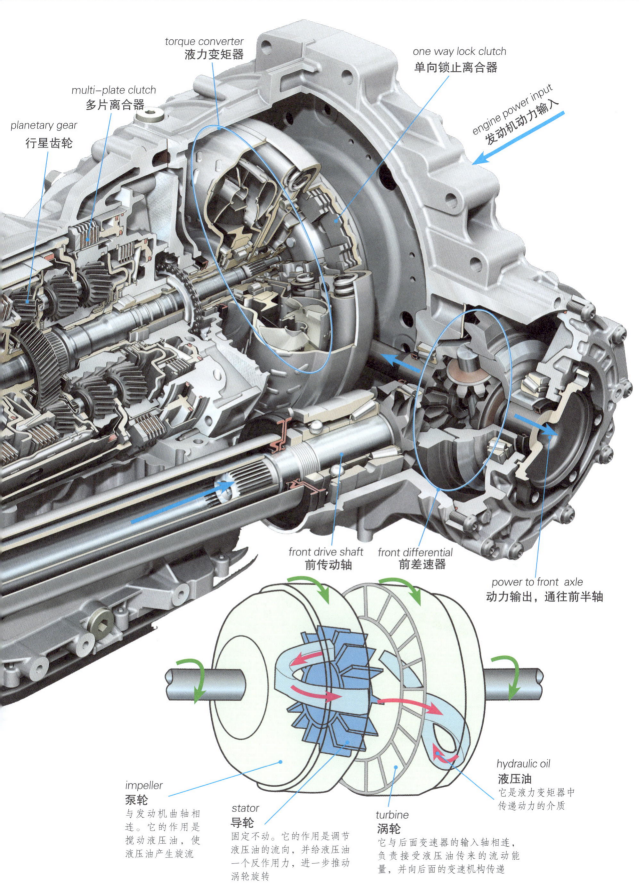

3.6　行星齿轮变速系统

自动变速器是怎样利用行星齿轮变速的？

　　自动变速器由两大部分组成：一是前面介绍的液力变矩器；二是下面要介绍的行星齿轮变速系统。

　　从发动机输出的动力，经液力变矩器后，就会传递到变速结构。这个变速结构虽然也是利用齿轮组合来调节传动比，但它和手动变速器采用普通齿轮的方式截然不同，而是采用行星齿轮机构，利用行星齿轮机构的特点调节出不同的传动比。

　　所谓行星齿轮，是指有自转和公转的齿轮结构。中间的齿轮就像是太阳，只能自转；其周围的小齿轮则像是行星，可以围绕中间的太阳轮进行公转。当将太阳轮或行星轮中的某一种齿轮固定不动时，就会变化出不同的传动比来，包括反转，从而可以输出不同的转速和转矩。

　　固定某种齿轮的动作由液压机构执行，而发出执行命令的是变速器控制器，它可以根据驾驶人的操作动作（如加速、制动、变换档位等）和车辆行驶状况（如车速、路况等）综合计算后发出。

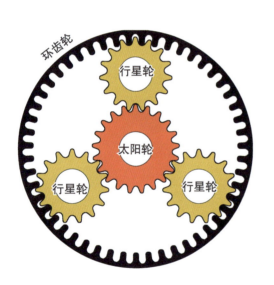

扫码观看行星齿轮变速原理视频

行星齿轮是怎样实现变速的？

　　自动变速器中的行星齿轮机构共有三种齿轮：中间的大齿轮称为太阳齿轮，黄色的小齿轮称为行星轮，最外面的齿圈称为环齿轮。这三种齿轮在进行变速时，分别作为固定齿轮、主动齿轮和从动齿轮，根据不同的任务分配，就可变换出不同的传动比。

　　1）环齿轮固定：太阳轮为主动齿轮，行星轮为从动齿轮，或相反。

　　2）行星轮固定：太阳轮为主动齿轮，环齿轮为从动齿轮，或相反。

　　3）太阳轮固定：环齿轮为主动齿轮，行星轮为从动齿轮，或相反。

第 3 章 燃油汽车变速器

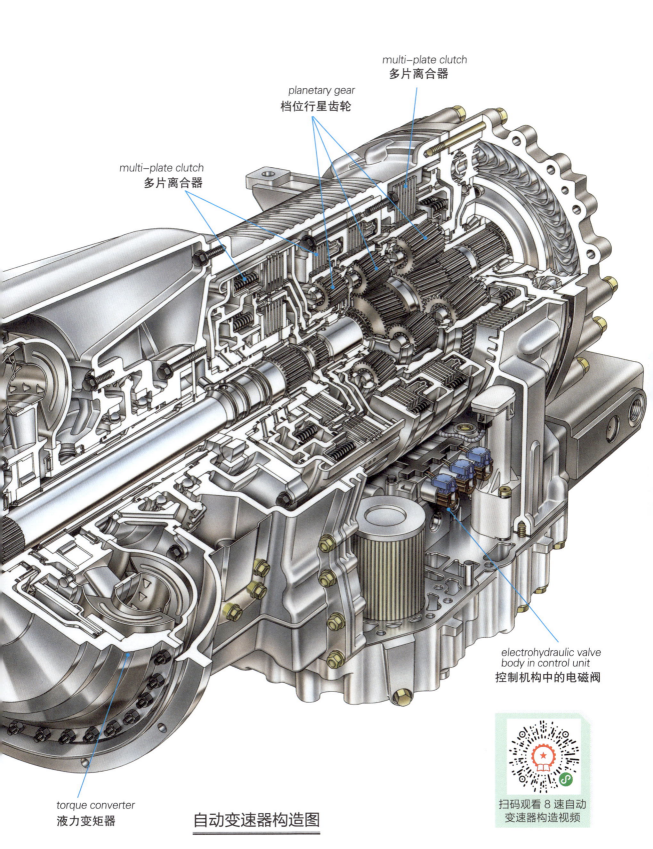

自动变速器构造图

锁止离合器起什么作用？

当液力变矩器传递动力时，由于它采用液压油作为传递介质，不是刚性传递，其间大约有10%的能量损失，这对节能降耗很不利，也会影响操控性。为了解决这个问题，在液力变矩器和飞轮之间设置了一个单向锁止离合器，当车速较高时，用电控的方式起动此离合器，将液力变矩器的输入轴和输出轴锁止在一起，实现刚性直接传递动力。也就是从发动机曲轴输出的动力，不需要经过液力变矩器而直接传递到变速机构，从而提高传动效率。

随着技术的进步，一些自动变速器可以实现更大范围的锁止传动，甚至能够达到全档位的锁止传动。

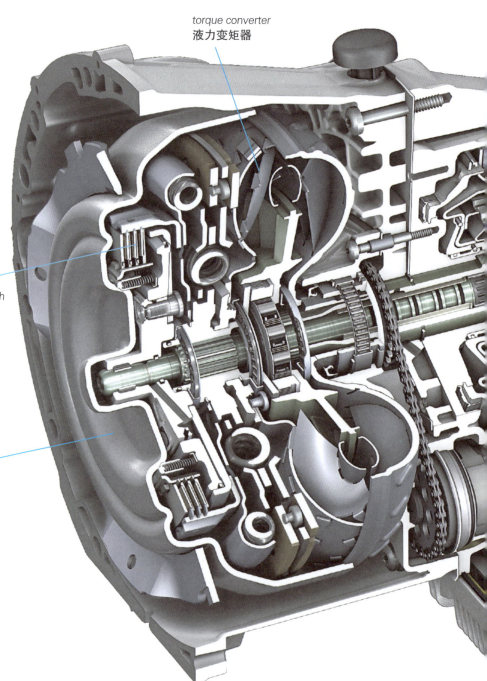

torque converter
液力变矩器

torque converter lockup clutch
液力变矩器锁止离合器

driving torque from engine
来自发动机的驱动力

自动变速器最多档位数是多少？

自从自动变速器被发明以来，它的前进档位数一直在增长，从最初发明时的3速，已增加到现在最多9速自动变速器，如奔驰、路虎和吉普等就有采用9速自动变速器的车型。现在，8速自动变速器主要配备在宝马和奥迪等车型上，而7速自动变速器仅在奔驰老款车型上还在使用。现在，市场上主流的还是6速自动变速器，使用5速自动变速器的越来越少，而使用4速自动变速器就非常落后了。

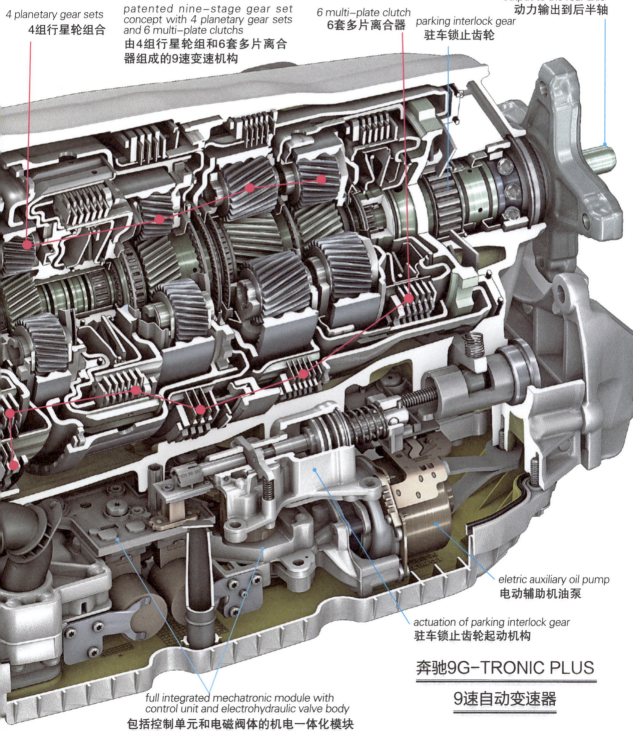

4 planetary gear sets
4组行星轮组合

patented nine-stage gear set concept with 4 planetary gear sets and 6 multi-plate clutchs
由4组行星轮组和6套多片离合器组成的9速变速机构

6 multi-plate clutch
6套多片离合器

parking interlock gear
驻车锁止齿轮

output to the rear axle
动力输出到后半轴

electric auxiliary oil pump
电动辅助机油泵

actuation of parking interlock gear
驻车锁止齿轮起动机构

full integrated mechatronic module with control unit and electrohydraulic valve body
包括控制单元和电磁阀体的机电一体化模块

奔驰9G-TRONIC PLUS
<u>9速自动变速器</u>

3.7 无级变速器（CVT）

无级变速器是如何实现无级变速的？

无级变速器的主要部件是两个滑轮和一条金属带，金属带套在两个滑轮上。滑轮由两块轮盘组成，两块轮盘中间的凹槽形成一个 V 形。其中，一边轮盘由液压控制机构操纵，可以根据不同的发动机转速进行分开与拉近的动作，V 形凹槽也随之变宽或变窄，将金属带升高或降低，从而改变金属带与滑轮接触的直径，相当于在齿轮变速中切换不同直径的齿轮。两个滑轮呈反向调节，即其中一个带轮凹槽逐渐变宽时，另一个带轮凹槽就会逐渐变窄，从而迅速加大传动比的变化。

当汽车慢速行驶时，可以令主动滑轮凹槽的宽度大于被动滑轮凹槽，主动滑轮的金属带圆周半径小于被动滑轮的金属带圆周半径，即小圆带大圆，因此能传递较大的转矩。当汽车逐渐转为高速时，主动滑轮的一边轮盘向内靠拢，凹槽宽度变小迫使金属带升起，直到最高顶端；而被动滑轮的一边轮盘刚好相反，向外移动拉大凹槽宽度迫使金属带降下，即主动滑轮金属带的圆周半径大于被动滑轮金属带的圆周半径，变成大圆带小圆。因此，无级变速器能保证汽车高速行驶时的速度要求。

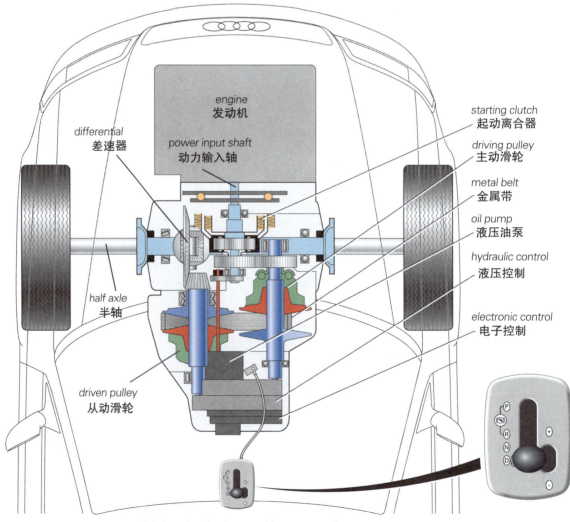

奥迪无级变速器工作原理示意图

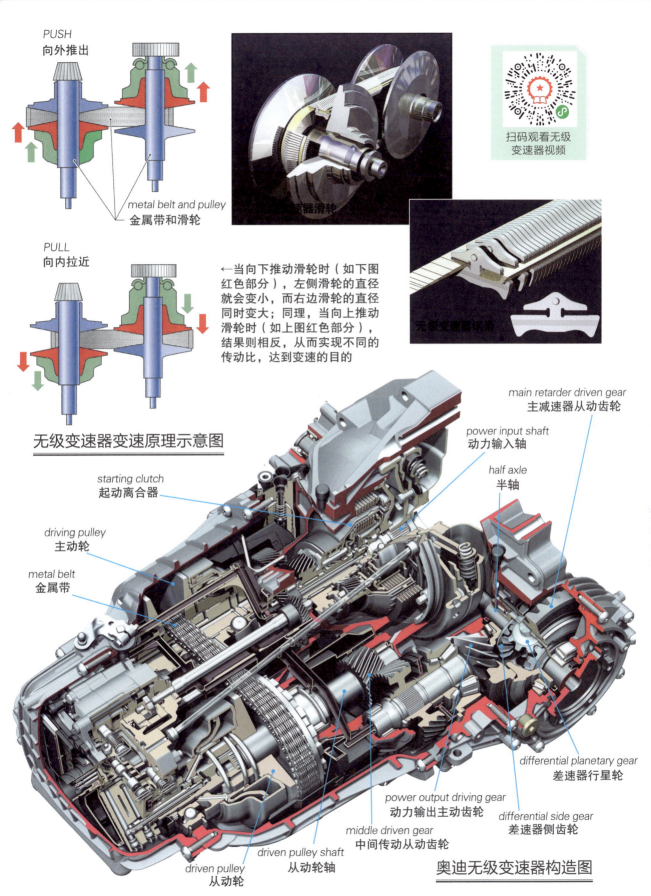

3.8 双离合变速器（DCT）

双离合变速器是怎样变速的？

双离合变速器（Double Clutch Transmission，简称DCT）是从手动变速器进化而来的，它的变速结构和原理与手动变速器一样，只不过比手动变速器多了一个离合器，因此称为双离合变速器。或者说，双离合变速器相当于把两个手动变速器整合在一起，交替传递动力。

两个离合器就像是两位驾驶人，分别控制奇数档位和偶数档位。当一位驾驶人用某个档位行驶时，另一位驾驶人控制另一个离合器，一旦要换档，即刻让另一个离合器接合，从而实现直接换档，而不需要再踩离合器踏板、摘档、挂档等动作。可以说，换档只是换离合器，因此换档速度较快。

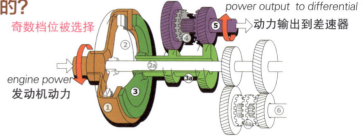

奇数离合器③将发动机动力与输入轴③a相连，经所选择的奇数档位齿轮变速后，再通过输出轴⑤将动力传递到车轮

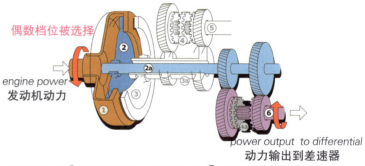

偶数离合器②将发动机动力与输入轴②a相连，经所选择的偶数档位齿轮变速后，再通过输出轴⑥将动力传递到车轮

雷诺汽车双离合变速器原理示意图

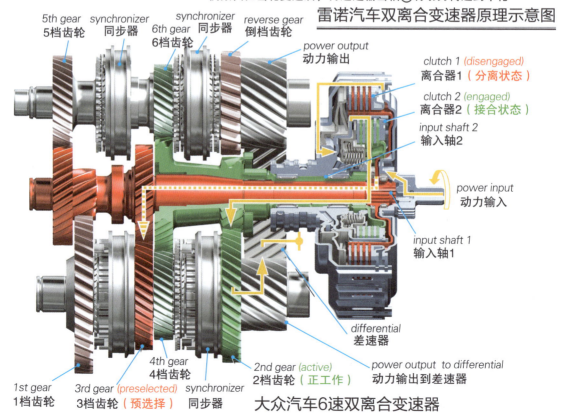

大众汽车6速双离合变速器

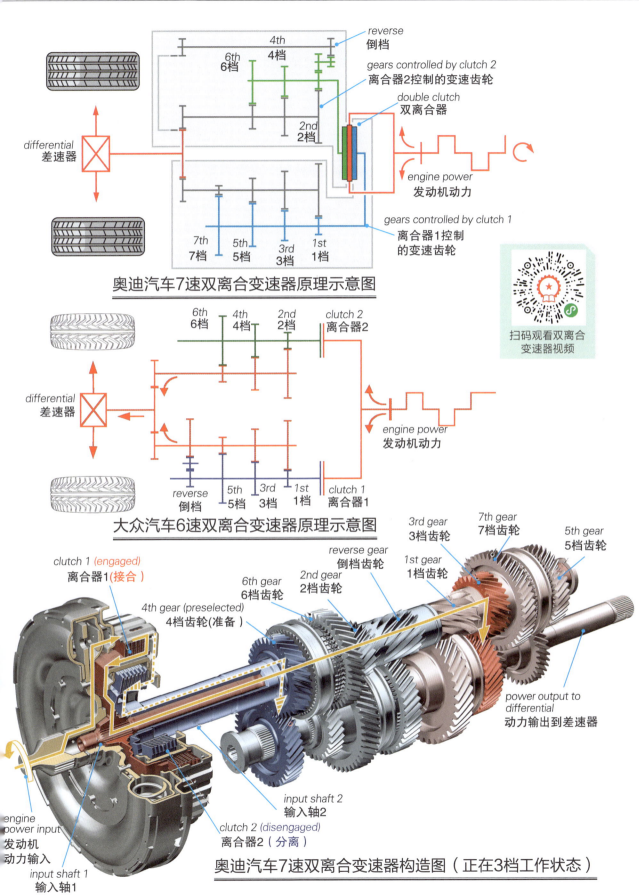

奥迪汽车7速双离合变速器原理示意图

大众汽车6速双离合变速器原理示意图

奥迪汽车7速双离合变速器构造图（正在3档工作状态）

3.9 序列式变速器（SMG）

序列式变速器是怎样变速的？

序列式变速器简称为SMG（Sequential Manual Gearbox），也简称为SMT（Sequential Manual Transmission），全称为序列式手动变速器。它的操作方式和我们常见的手自一体式变速器一样，不用离合器踏板，可以自动更换档位，也可以通过推拉变速杆进行加档和减档。然而，它内部的变速机构仍和手动变速器一样，通过切换不同的变速齿轮组合进行变换档位，只不过它比手动变速器多了一套自动换档机构和电子离合器。

初看起来，SMG与后面介绍的自动离合变速器（AMT）极其相似，都是在手动变速器的基础上加装一套自动换档机构，从而实现不用踩离合器踏板就能自动换档的功能。然而，这种在赛车和高性能汽车上使用的序列式变速器具有更高的传递效率和极短的换档时间，这是因为：

1）普通汽车上的AMT往往采用斜齿轮进行变速，而高性能汽车上的SMG则采用直齿轮进行变速，后者的传递效率更高。

2）SMG的换档机构中有个带若干沟槽的棘轮，换档时+、-，其实就是在转动棘轮。当棘轮转动时，卡在槽里的换档机构就会运动，由于棘轮能同时控制多组拨叉，所以可以在一组齿轮分开的同时，使另一组齿轮啮合，几乎没有换档间隙，而且只能逐级增档或减档，因此称为"序列式变速器"。而普通的AMT只是将手动变速器的离合器、换档拨叉的操作动作，由人工操作改为电动或液压机构自动操作，只是更省人工罢了。

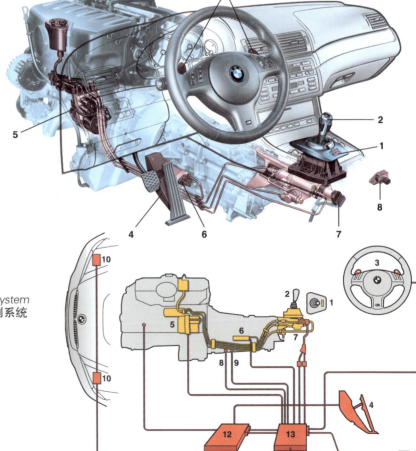

1 模式选择 mode selection
2 变速杆 gear lever
3 换档拨片 paddle shifter
4 加速踏板传感器 accelerator pedal sensor
5、6、7、8、9 液压控制系统 hydraulic control system
10、11 传感器 sensor
12、13 控制模块 control module

3.10　自动离合变速器（AMT）

自动离合变速器是怎样变速的？

自动离合变速器是在手动变速器的基础上加装一套自动换档装置，它可以替代驾驶人进行离合器分离及更换档位的动作。它的基本变速结构和手动变速器是一样的，但它可以利用电子控制单元收集驾驶人的操作信息和车辆运行信息，指挥电子液压机构来操纵离合器和换档拨叉，从而实现自动换档。

这类在手动变速器的基础上改进而来的变速器简称为 AMT（Automated Manual Transmission），也称半自动变速器等。

扫码观看自动离合变速器视频

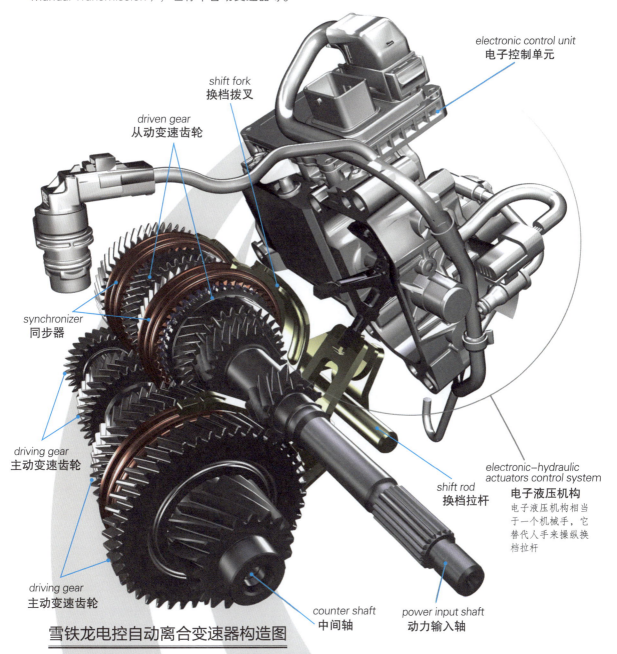

雪铁龙电控自动离合变速器构造图

第4章 燃油汽车传动系统

4.1 传动形式

发动机的动力是怎样传递到车轮上的？

发动机是动力源，传动系统的任务就是将发动机输出的动力传递到车轮上，这样才能驱动汽车向前飞奔。

动力从发动机到车轮要经过多个环节，要经过离合器、变速器、传动轴、差速器和半轴等才能到达车轮。根据车型定位和性能需要，可以设计多种动力传递形式。通常情况下，汽车的发动机都放在汽车的前端，也就是前置发动机。根据驱动车轮的位置和数量不同，大致可分为前轮驱动、后轮驱动和四轮驱动三大形式。

从下图可看出，前轮驱动的动力传递过程最为简单，它比后轮驱动少了一根传动轴，因此这种传递效率最高，动力损失也最小。同理，四轮驱动的动力传递过程最复杂，它的发动机动力一分为四，要通过三根传动轴、三个差速器、四个半轴。因此，它在传动过程中的动力损失最大，油耗也较高。

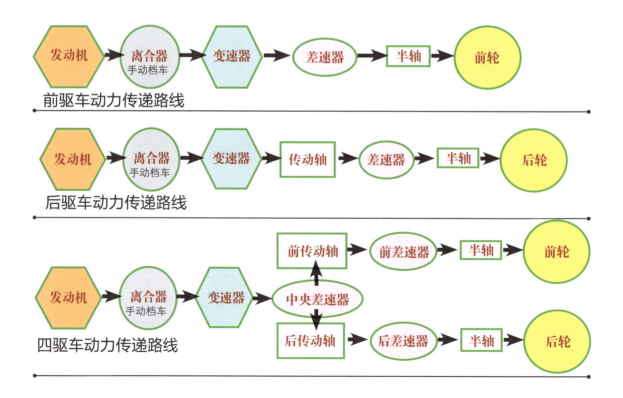

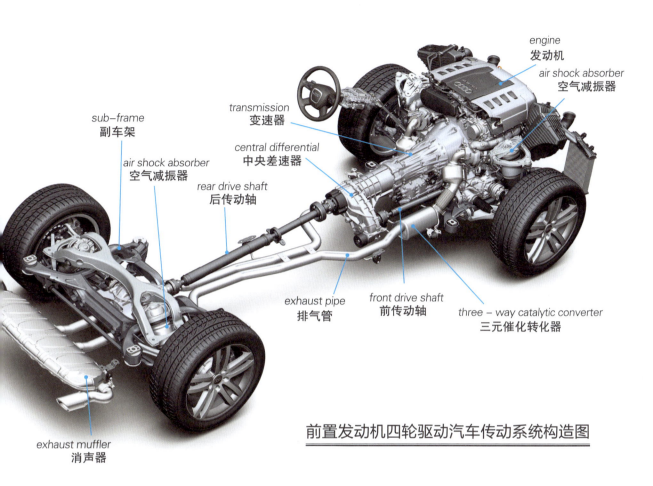

前置发动机四轮驱动汽车传动系统构造图

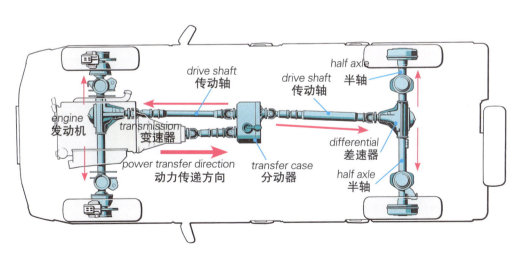

四轮驱动汽车动力传递方向示意图

前置前驱（FF）有什么特点？

前置前驱（Front engine Front wheel drive，简称 FF）是指发动机放置在车前部，并采用前轮驱动。它的特点是头重尾轻，整车 60% 以上的重量集中在车身前段。由于车体是被前轮"拉着走"的，因此 FF 的直线行驶稳定性非常好。在 FF 车型上，发动机经差速器后用半轴直接驱动前轮，不需要经传动轴，动力损耗较小，所以适合小型车。FF 车后排座椅间少了后驱车必有的传动轴凸包，后座的乘员不用缩脚挤在狭窄的空间里，这一点可说是 FF 最大的优点。

当然，FF 也有缺点，头重尾轻的设计使得车辆在高速行驶时，踩下制动踏板的瞬间，车头容易下沉，车尾易扬起甚至悬空造成危险。另外，由于前部较重，且前车轮同时负责驱动和转向，因此方向盘较重，转弯半径较大，容易出现转向不足现象。

正是因为受限于上述原因，FF 不适合搭载动力较大的发动机，它并不是高性能汽车的最佳设计。但是，自从雪铁龙于第二次世界大战前首度推出 FF 汽车以来，FF 已成为普通轿车最实用的设计。

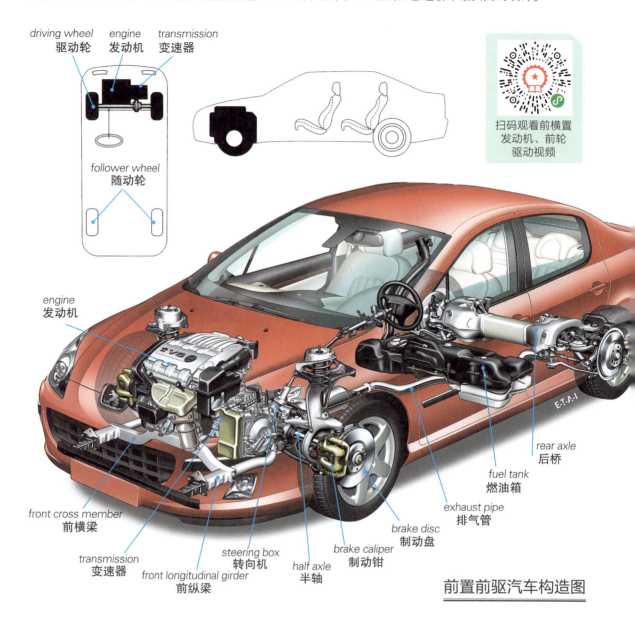

前置前驱汽车构造图

前置后驱（FR）有什么特点？

前置后驱（Front engine Rear wheel drive，简称FR）是指将发动机放置在车前部，并采用后轮驱动。FR 在轴荷分配上比前驱车平均，可以达到 50∶50 的最佳比例，因此它拥有较佳的操控性和行驶稳定性。理论上，FR 车在转弯时的最大速度会更高。但是，由于汽车前轮直接受转向系统支配，在已经改变行驶方向的情况下，后面的驱动轮仍有向前的惯性，所以容易出现转向过度现象。对于拥有高超驾驶技巧的人来说，这是一种操控乐趣，但也在一定程度上制造了驾驶难度。

奔跑迅猛的动物都有一个共同特点，就是它们的后腿都非常强健，因为在向前奔跑时，重心会后移。汽车在起步或加速时，整车重量会向后轮转移，如果后轮是驱动轮，无疑它的起步或加速性能会更好些。同时，前轮负担较轻，在紧急制动时，不致产生车头下沉、后轮悬空的现象。

操控性、稳定性、动力性和制动性较好的这些优点，正是高性能汽车至今依然喜欢采用 FR 设计的主要原因。

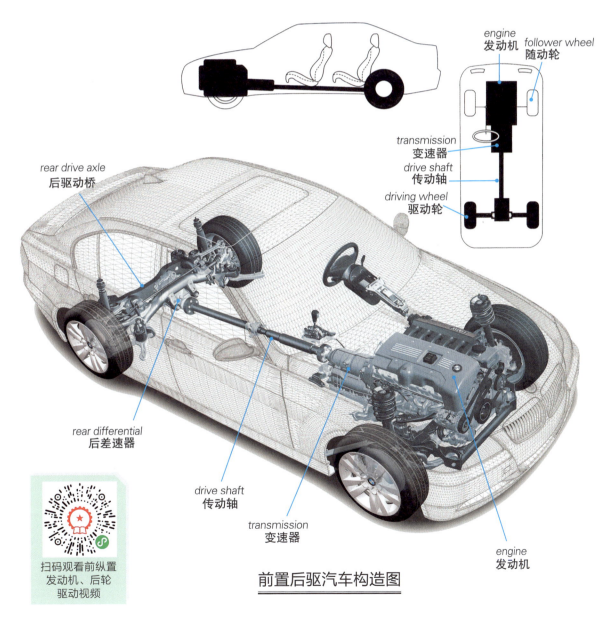

前置后驱汽车构造图

扫码观看前纵置发动机、后轮驱动视频

后置后驱（RR）有什么特点？

后置后驱（Rear engine Rear wheel drive，简称 RR）是指将发动机放在后轴的后部，并采用后轮驱动。RR 车的重量大多集中于后方，又是后轮驱动，所以起步、加速性能在所有驱动形式中是最好的。因此，超级跑车一般都采用 RR 方式。RR 的转弯性能比 FF 和 FR 更加敏锐，但后轴承受较大负荷，因此后轮的抓地力达到极限时，易出现打滑甩尾现象，且不容易控制。RR 的另一特点就是车头较轻，所以开始进入转弯时，较容易造成转向过度的现象。

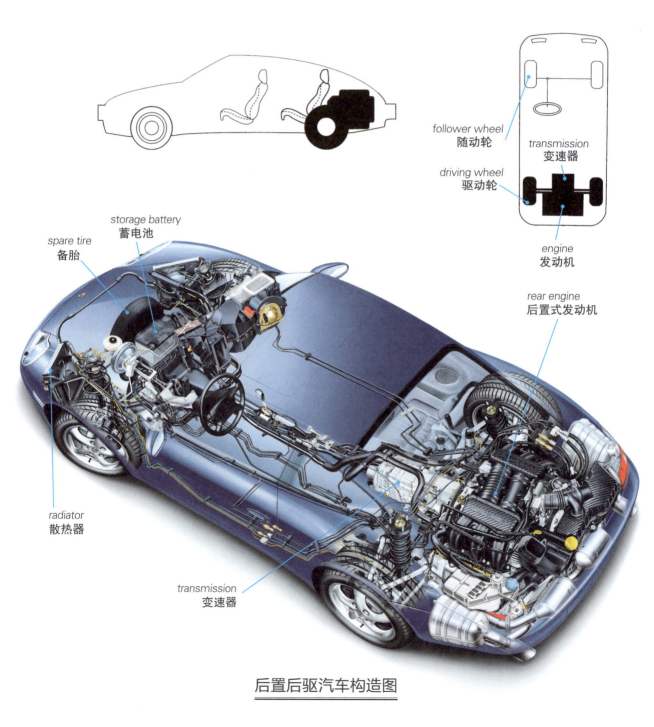

后置后驱汽车构造图

中置后驱（MR）有什么特点？

中置后驱（Middle engine Rear wheel drive，简称MR）是指发动机放在驾乘舱与后轴之间，并采用后轮驱动（后中置后驱），或发动机放在前轴后面并用后轮驱动（前中置后驱）。现在，MR的设计已是高级跑车的主流驱动方式。它的最大特点就是将车辆中惯性最大的、沉重的发动机置于车体的中央，这是使MR车获得最佳运动性能的最主要保证。因为这样可以使车体重量前后分布接近理想平衡。

MR兼具FF、FR的优点，转向灵敏准确，制动时不会出现头沉尾翘的现象。但是，MR有一个先天毛病：直线稳定性较差。为解决这一问题，所有MR汽车的后轮尺寸均比前轮大。第二个缺点是车厢太窄，一般只能有两个座位。

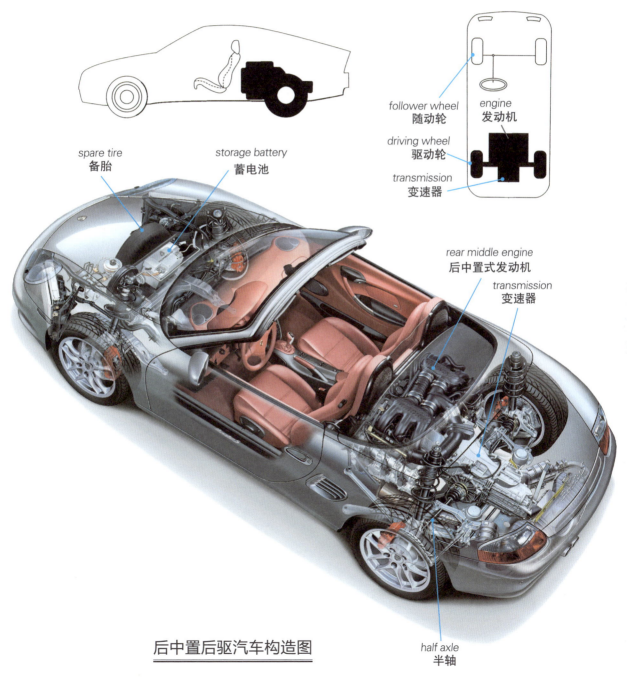

后中置后驱汽车构造图

4.2 离合器

为什么说离合器是动力开关？

一般教科书上总结离合器的作用为：平稳起步、平顺换档、防止过载。其实，它最主要的作用是将发动机与变速器之间的动力断开或连接。但是，为了让发动机的动力能够平顺地传递到变速器，离合器必须采用摩擦方式进行接触，而不能采用刚性连接。因此，才出现了最常用的摩擦离合器。

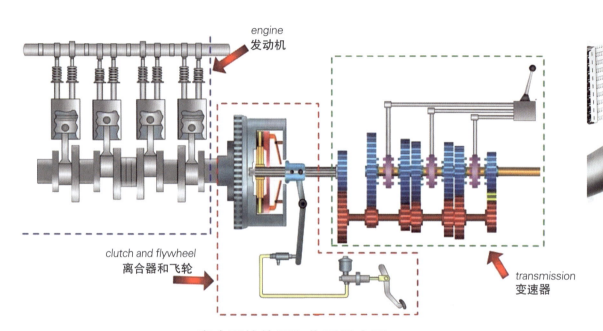

离合器的位置和作用示意图

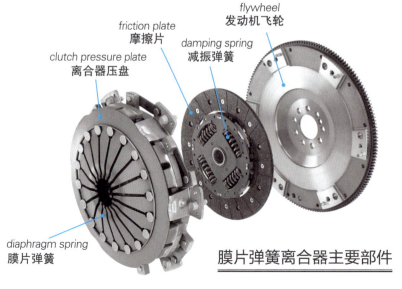

膜片弹簧离合器主要部件

扫码观看传动系统和离合器变速器视频

发动机和6速手动变速器

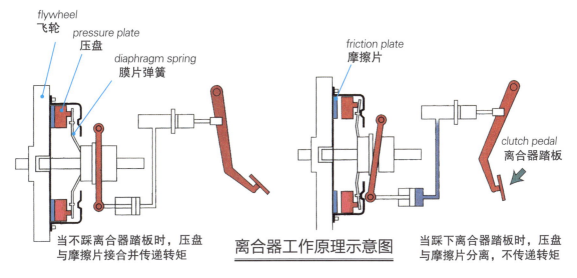

离合器工作原理示意图

4.3　传动轴和半轴

传动轴和半轴起什么作用？

发动机的动力经变速器调整，最后要传递到驱动轮上。如果是前置发动机、后轮驱动的车辆，要用一根传动轴将动力从车辆前部传递到后差速器上，再用半轴将动力从后差速器一分为二传递到两个后轮上；如果是前置发动机、前轮驱动的车辆，前差速器和变速器整合在一起，只需要用两根半轴将动力从前差速器一分为二传递到两个前轮上即可；如果是四轮驱动，基本是将上述两种方式进行整合，要用两根传动轴、四根半轴、三个差速器才能将动力分配到四个车轮上。

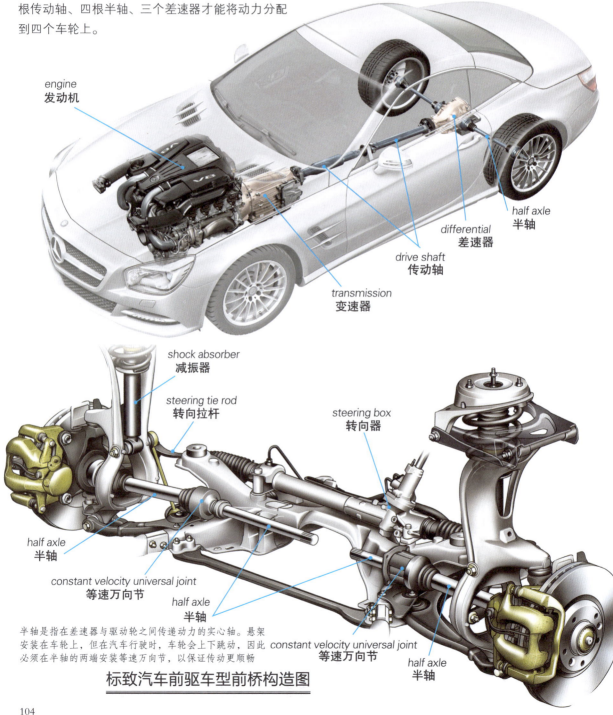

半轴是指在差速器与驱动轮之间传递动力的实心轴。悬架安装在车轮上，但在汽车行驶时，车轮会上下跳动，因此必须在半轴的两端安装等速万向节，以保证传动更顺畅

标致汽车前驱车型前桥构造图

4.4　差速器

为什么汽车需要差速器？

汽车转弯时，左右两侧的车轮所走过的路线是不一样长的，在过弯时，内侧车轮转得慢一些，而外侧车轮要转得相对快一些。这对于随动轮来讲没问题，因为左右两侧的车轮本来就没有关联，各转各的，互不影响。然而，对于驱动轮来讲，由于左右两侧的车轮都接受来自发动机和变速器的同样的力，要想让它们在接受同样驱动力的情况下又能和谐运转，就需要一种装置来协调或吸收左右两个驱动轮之间的转速差，这个装置就是差速器。

差速器的核心部分一般由4个锥齿轮组成，左右两个大锥齿轮（又称侧齿轮）分别与左右两侧的半轴相连，而中间的两个小锥齿轮则像行星一样在左右两个侧齿轮之间运转，因此又称它们是行星齿轮。

差速器是怎样差速的？

其实，差速器的原理十分简单。当汽车直线行驶时，左右两个车轮的转速相同，小齿轮只有公转没有自转，差速器的托架和两个侧齿轮以相同的速度旋转。而当汽车转弯或其他情况导致左右车轮转速不一样时，两个侧齿轮也产生转速差，导致中间的小齿轮发生自转，从而吸收两个侧齿轮的转速差，让左右车轮在有转速差的情况下顺利过弯。

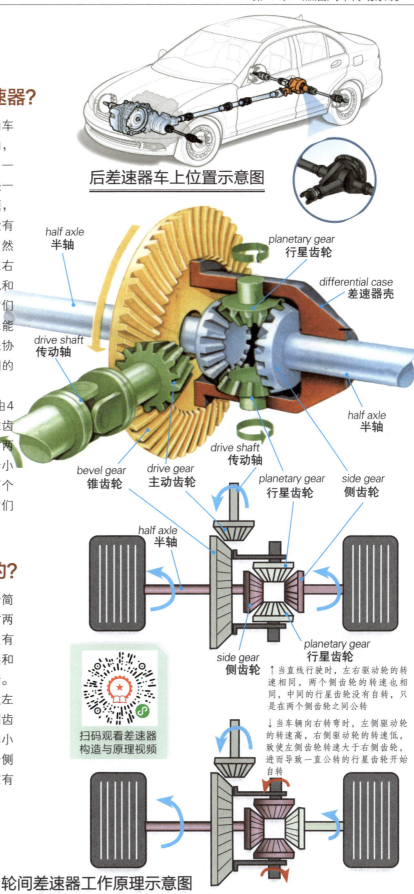

4.5 差速限制器

为什么差速器会导致车轮打滑？

差速器是一种巧妙的机械结构，它能把相同大小的驱动力分配给两个转速不同的轴，从而使两轴的转速不一样。但也正因为这个特点，如果一轴上的车轮打滑，或者说一轴上的驱动力为零，由于差速器具有保证两轴驱动力相等的作用，不打滑车轮上的驱动力势必也为零。这样的结果是，汽车仍不能从困境中脱险。此时，无论怎么踩加速踏板也不能使汽车前进，只能在打滑车轮下垫干土、碎石、树枝、干草等，增大打滑车轮的行驶阻力，让差速器将驱动力重新分配，才能使汽车脱离困境。

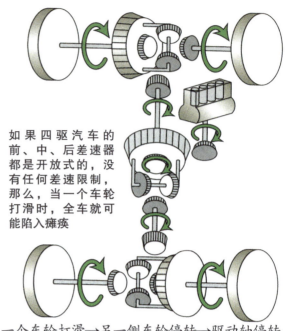

如果四驱汽车的前、中、后差速器都是开放式的，没有任何差速限制，那么，当一个车轮打滑时，全车就可能陷入瘫痪

一个车轮打滑→另一侧车轮停转→驱动轴停转→另一驱动轴停转→全车瘫痪

四驱汽车差速器作用示意图

什么是差速限制器？

我们将用来限制差速器差速功能的装置，称为差速限制器。差速限制器根据行驶需要，将左右车轮或前后轴的转速差控制在一定范围之内，既保证车辆顺利转弯，又能阻止车轮打滑。

根据构造和原理不同，差速限制器可分为转矩感应型、转速感应型和电子限滑型等多种形式。虽然，实现限制差速的手段不同，但是最终目的都是一致的，都是在不需要差速时限制差速器的差速功能，保证车辆正常行驶。

差速器锁是差速限制器的极端装置，它使差速器完全失去差速功能，将原本可以差动的两轴硬性地连接在一起，以完全相同的转速转动，使差速为零。

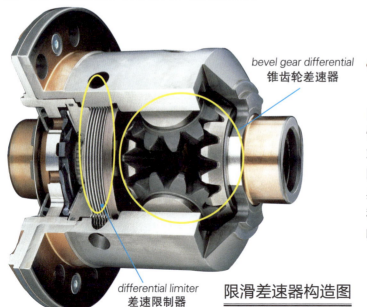

bevel gear differential
锥齿轮差速器

differential limiter
差速限制器

限滑差速器构造图

什么是限滑差速器？

在开放式差速器上装备差速限制器，如电控多片离合器、黏性耦合器等，以便在车轮打滑时对差速器的差速功能进行限制，阻止车轮继续打滑。通常我们把具备差速限制功能的差速器，称为限滑差速器（Limited Slip Differential，缩写为LSD）。

4.6 差速器锁

为什么越野型汽车要配差速器锁？

限滑差速器只能部分阻止车轮的差速，而对于强调越野性的车型来说，在越野时最好是将差速器锁死，使其完全失去差速作用。

将差速器锁死的装置，称为差速器锁。

带有锁止功能的差速器，称为锁止式差速器。

差速器锁的具体作用见下图。

扫码观看差速器锁的作用视频

bevel gear differential
锥齿轮差速器

dog differential lock
牙嵌入式差速器锁

牙嵌入式差速器锁构造图

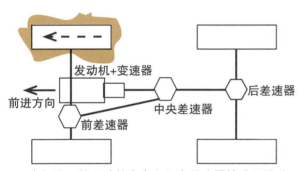

↑如果四轮驱动的汽车上没有差速器锁或限滑差速器，那么当一个车轮陷入困境打滑后，其他三个车轮也无法动弹，汽车就无法前进或后退

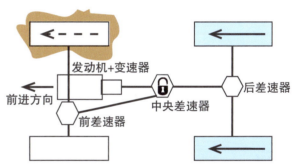

↑如果只有中央差速器上有锁止装置，前差速器和后差速器都没有锁止或限滑装置，那么当只有一个车轮陷入困境打滑后，另一个车轴上的两个车轮仍能得到驱动力而使车辆脱困

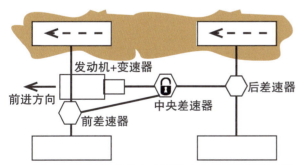

↑如果四轮驱动的汽车上只有中央差速器有锁止装置，前差速器和后差速器没有锁止或限滑装置，那么，当前轮和后轮各有一个车轮陷入困境打滑时，另两个车轮也无法动弹，汽车就无法前进或后退

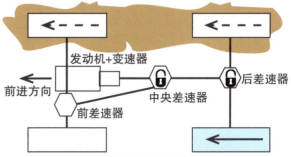

↑如果中央差速器上有锁止装置，前差速器与后差速器其中一个也有锁止或限滑装置，那么，即使前轮和后轮各有一个车轮陷入困境打滑，仍然会有一个车轮能得到驱动力而使车辆脱困

差速器锁功能示意图

4.7 四轮驱动

什么是分时四轮驱动？

分时四轮驱动（Part-Time 4WD），可以由驾驶人自主选择是四轮驱动（4WD）还是两轮驱动（2WD），一般通过一个旋钮或操纵杆来进行转换操控。当遇到坎坷地段时，如在湿滑的草地、泥泞、沙漠行驶时可以挂上四驱模式，让四个车轮都有驱动力，提高车辆的通过性能。到公路上时，则挂上两驱模式，让汽车更顺畅地过弯和高速前进。

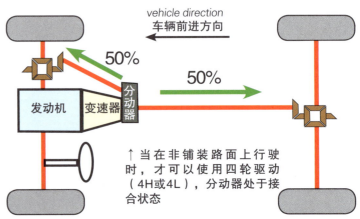

↑当在非铺装路面上行驶时，才可以使用四轮驱动（4H或4L），分动器处于接合状态

分时四轮驱动系统四轮驱动时动力传递示意图

什么是全时四轮驱动？

全时四轮驱动（Full-Time 4WD）的四个车轮一直都是驱动轮，无论是直线行驶还是转弯，并且一般可以根据行驶情况调节前、后驱动轮上的驱动力分配比例。全时四轮驱动的性能更全面，它一直用四只脚走路，因此它的行驶稳定性更高，在湿滑路面上的通过性和安全性更胜一筹。即使都是全时四轮驱动，不同品牌全时四轮驱动系统的构造和原理也不太一样，有纯机械的，也有电子控制的；有以前轮驱动为主的，也有以后轮驱动为主的。

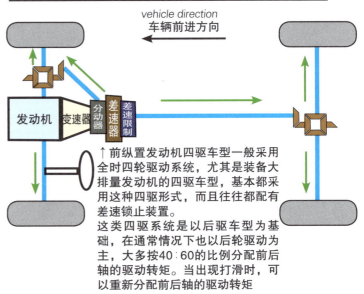

↑前纵置发动机四驱车型一般采用全时四轮驱动系统，尤其是装备大排量发动机的四驱车型，基本都采用这种四驱形式，而且往往都配有差速锁止装置。这类四驱系统是以后驱车型为基础，在通常情况下也以后轮驱动为主，大多按40∶60的比例分配前后轴的驱动转矩。当出现打滑时，可以重新分配前后轴的驱动转矩

以后驱车型为基础的全时四轮驱动系统

什么是适时四轮驱动？

适时四轮驱动（Real-Time 4WD），可以根据行驶情况在两轮驱动与四轮驱动之间自动切换。它与分时四轮驱动的最大区别就是这一切都是系统自动完成切换的，不需要人为控制。

由于适时四轮驱动在正常状态下采用的是两轮驱动，只有当驱动轮打滑时从动轮才会介入。因此，它需要一个反应时间，而这个反应时间的长短则是体现适时四驱性能的主要指标。

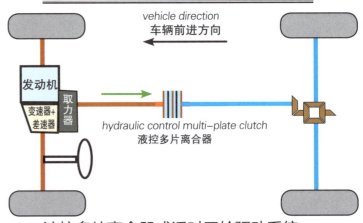

液控多片离合器式适时四轮驱动系统

4.8 中央差速器

为什么四驱汽车需要中央差速器?

四驱汽车的致命弱点

四驱汽车就是指将四个车轮都与发动机动力系统相连并能获得动力的车型。但是,如果将四个车轮与动力系统直接连接,那么也意味着四个车轮是连接在一起的,它们的转速应该都一样。但这样的话,在汽车转弯时就麻烦了,因为汽车转弯时四个车轮行驶的轨迹不一样,外侧前轮的转弯半径最大,其次是外侧后轮,再其次是内侧前轮,而内侧后轮的转弯半径最小。如果将四个车轮硬连接在一起,那么在汽车转弯时一些车轮就会摩擦地面,也就是相当于制动。如果是在铺装路面,那么这种汽车就很难转弯了,尤其在急弯时更困难。

急转弯四轮干涉现象

正是由于四个车轮在弯道上的行驶轨迹不一样,前轮和后轮之间会"较劲"。从右图可以看出,两个前轮的平均转弯半径要大于两个后轮的平均转弯半径,也就是说,前轴的转速相对后轴的转速必须要快一些才能顺利转弯,但由于四个车轮"硬性"连接在一起,以同样的转速转动,这样就会出现前轴拉动后轴转动而后轴阻碍前轴转动的现象,也就是前后轴出现干涉现象。

因此,为了让四驱汽车更顺利地转弯,必须为其装备前、中、后三个差速器。其中,中央差速器用于前轴与后轴间的差速,因此也将中央差速器称为轴间差速器,以区别于驱动轴上的轮间差速器。

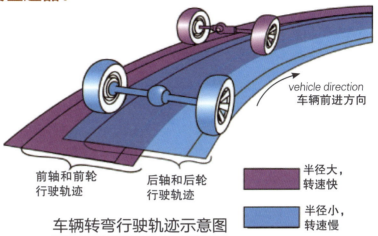

车辆转弯行驶轨迹示意图

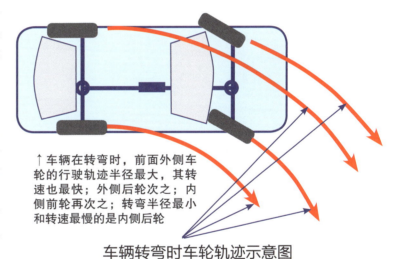

↑车辆在转弯时,前面外侧车轮的行驶轨迹半径最大,其转速也最快;外侧后轮次之;内侧前轮再次之;转弯半径最小和转速最慢的是内侧后轮

车辆转弯时车轮轨迹示意图

四驱汽车差速器位置示意图

4.9 电控多片离合器

电控多片离合器是怎样工作的？

现在，市面上的四驱车型最常用的差速限制器就是电控多片离合器。

电控多片离合器在其内部有两组相互交叠的摩擦离合器盘片，一组与前轴连接，另一组与后轴连接。两组盘片相互交叉浸泡在油液中。两组离合器盘片的接合和分离依靠电控系统控制和执行。

电控系统的控制单元采集驾驶和行驶信息，综合处理后指挥执行机构（常为伺服电动机、电磁阀或液压机构）将两组离合器盘片相互压紧或分离，从而调节前后轴的转矩分配。

汽车直线行驶时，前后轴的转速相同，两组离合器盘片之间没有转速差。此时，控制系统不动作，两组离合器盘片相互分离，车辆处于两驱或常态四驱状态。

汽车转弯时，前后轴出现转速差，两组离合器盘片之间也产生转速差。但是，由于转速差没有达到电控系统设定的条件，此时电控系统也不动作，两组盘片依然处于分离状态，汽车仍为两驱或常态四驱状态。

前轴与后轴的转速差超过设定值（如100r/min）时，前轮或后轮开始打滑，电控系统会指挥执行机构将两组离合器盘片相互压紧，两组盘片就会像离合器那样开始接合，动力转矩由某一轴传递到另一轴上，重新分配前后轴的转矩，从而使车辆由两驱变为四驱，或由常态四驱变为非常态四驱。

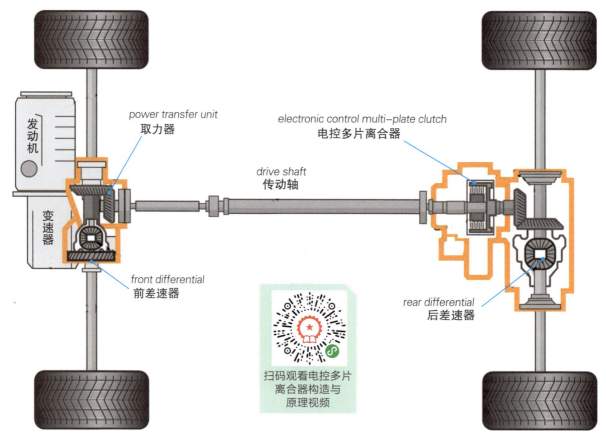

采用电控多片离合器的四轮驱动系统

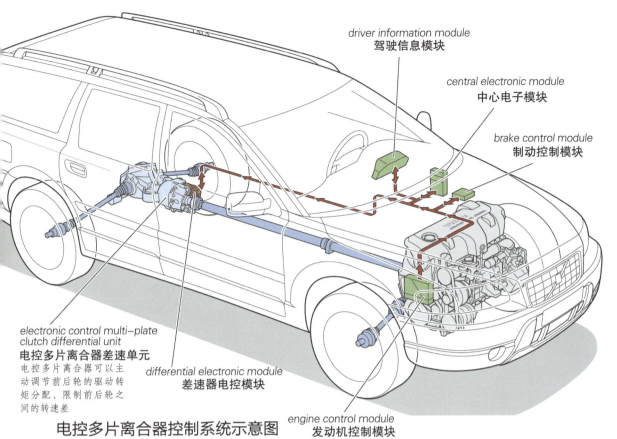

电控多片离合器控制系统示意图

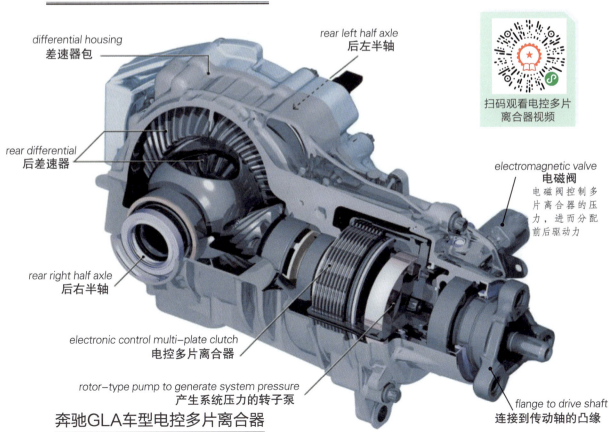

奔驰GLA车型电控多片离合器

4.10 取力器

取力器起什么作用？

取力器（Power Transfer Unit，简称PTU；或Power Take Off，简称PTO），是工程车辆上常用的专业词语。顾名思义，取力器就是从动力输出部位取得动力的装置。它与我们常说的分动器的最大不同，就是只"获取"动力，而不是将动力一分为二。

在汽车上，往往将横置发动机四驱汽车中传动轴与变速器连接的装置，称为取力器。这种取力器不仅从变速器上取得动力，而且将动力传递方向扭转90°。

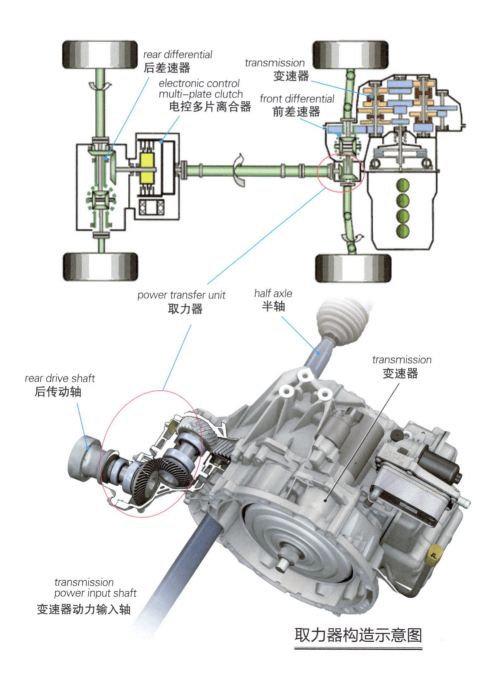

取力器构造示意图

4.11 分动器

分动器起什么作用？

分动器又称分动箱，是四驱汽车上的特有装置。顾名思义，分动器就是分配动力的机器。它的任务就是将发动机输出的驱动转矩分别传递到各驱动桥。

分动器的输入端与变速器输出轴相连。它的输出端一般为两个，分别经万向传动装置和链与前、后驱动桥连接。

一些分动器还具有减速功能，设有两个档位选择，起到副变速器的作用。当选择低档位时，可以将驱动转矩放大，以提高攀爬和拖动能力。

分动器的传动方式有链与齿轮两种。在全时四驱和分时四驱上才会有分动器，而在适时四驱上没有分动器。

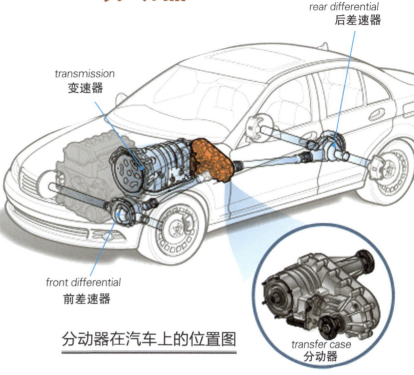

分动器在汽车上的位置图

扫码观看分动器构造与原理视频

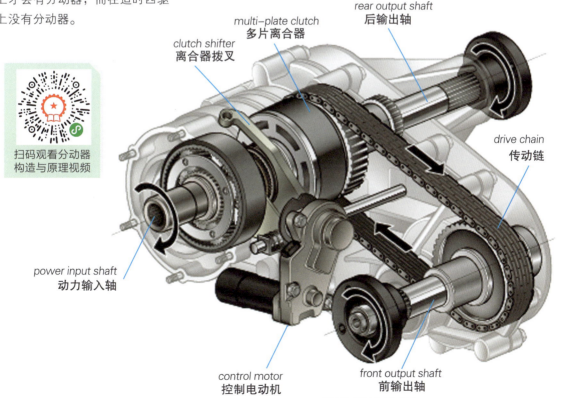

分动器构造图

第5章　电动汽车动力电池

5.1　电池的构成与原理

动力电池是怎样由电芯组成的？

电芯（Cell）

拆开电动汽车的底部，最先看到的动力电池系统并不是一块电池或一个大电池，而是由成百数千个"小电池"组合而成的。这些"小电池"称为"电芯"（Cell）或单体电池，它是电池的最基本单位。

电芯主要由四种组件构成：正极片、负极片、电解质和隔膜。电池在充电或放电时，所有的化学反应都是在电芯中发生的。

根据封装工艺的不同，可制造出三种形态的电芯：圆柱形、方形、软包。其中前两种都是用卷绕的方式制造，将正极片、负极片、隔膜卷成圆柱形或方形；软包电芯则是采用层叠工艺制造，像三明治那样，将正极片、负极版和隔膜堆叠而成。

模组（Module）

一个电芯的电压和能量极有限，必须将一定数量的电芯以串联或并联的方式连接在一起并放进一个框架中，组成一个电池"模组"（Module）。电池模组可以保护电芯免于受到外热或振动的影响。

电池包（Pack）

一个电池模组的能量还是不能满足电动汽车的需要，必须将多个电池模组组合在一起，并装上金属保护外壳、电池管理系统（BMS）、加热或冷却系统等，构成一个更大的"电池包"（Pack），最终以电池包的形态安装在汽车上。根据设计布局，一辆电动汽车可以由一个或多个电池包共同组成动力电池系统。

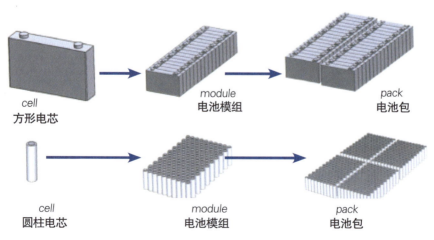

电池电芯、模组和电池包组装示意图

第 5 章　电动汽车动力电池

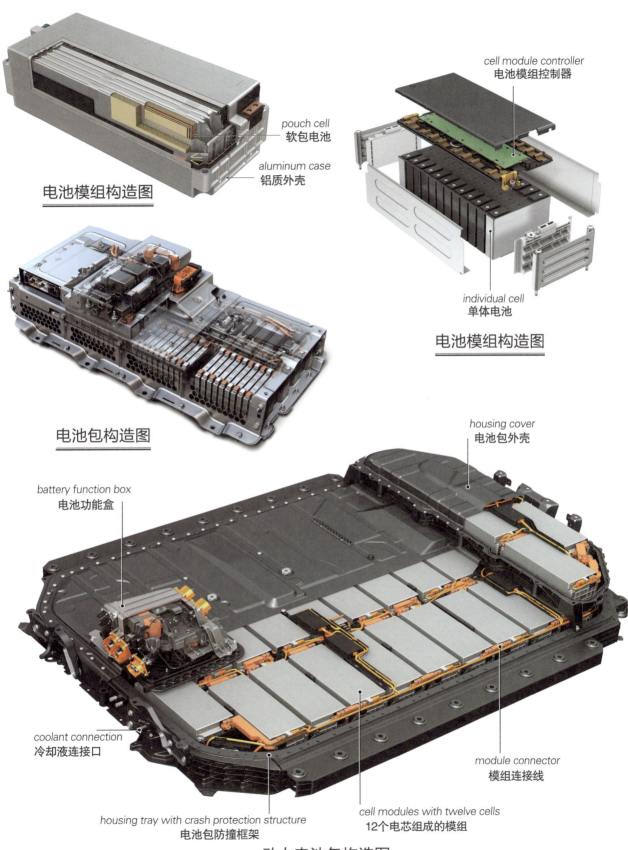

电池模组构造图

电池包构造图

电池模组构造图

动力电池包构造图

锂离子电池结构是怎样的？

目前用于动力的锂离子电池根据外形分为圆柱形电池、方形电池和软包电池。根据电池单体使用的正极活性物质不同，锂离子电池分为磷酸铁锂电池、锰酸锂电池、钴酸锂电池、三元电池等。其名字取自它的正极材料采用含锂离子的化合物。

锂离子电池的构成

与所有电池一样，锂离子电池也由正极、负极、电解液、隔膜、壳盖和箔材等组成。

正极：目前商品化的正极材料有钴酸锂、锰酸锂、三元材料（NCM和NCA）和磷酸铁锂。

负极：目前商业化锂离子电池负极材料主要是人造石墨、天然石墨、钛酸锂负极和硅碳复合石墨材料。

电解液：电解液由电解质和溶剂两部分组成，主要是起到在正负极间传输锂离子的作用。一般由高纯度的有机溶剂、电解质锂盐（六氟磷酸锂 $LiPF_6$）、必要的添加剂等原料组成。

隔膜：隔膜的作用是将正负极物理上隔离，阻止电池单体正负极短路，同时提供离子转移通道。隔膜一般由无纺布或聚合物薄膜制成。

壳盖：电池壳盖需要一定的强度和良好的密封性。圆柱形电池和方形电池一般使用镀镍钢和铝材，可考虑设置有效的安全保护装置，具备如断电、熔断、泄压等功能。

箔材：锂离子电池一般负极使用铜箔、正极使用铝箔，起到正负极集流的作用。箔材要求高延展率、高强度，保证全生命周期电池的安全性。

扫码观看锂离子电池原理视频

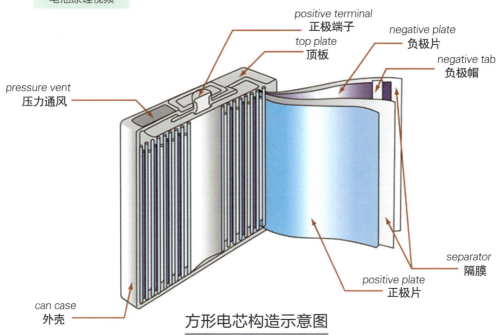

方形电芯构造示意图

锂离子电池工作原理是怎样的?

在对电池充电时,正极上的锂原子被氧化成锂离子,同时释放电子,而锂离子和电子兵分两路,分别向负极运动。锂离子通过电解质、隔膜跑向负极,电子通过外部电源跑向负极,两者到负极后结合,还原成锂原子并被嵌入负极石墨分子之间。

在电池放电时,嵌在负极石墨分子中的锂原子被氧化成锂离子,同时每个锂原子会释放一个电子,而锂离子和电子兵分两路,分别从负极跑向正极。锂离子通过电解质、隔膜跑向正极,电子通过外部用电设备跑向正极。两者到正极后结合,还原成锂原子并被嵌入正极材料。

就这样,在充电和放电过程中,锂离子不断在正极和负极之间来回"奔跑",所以锂离子电池也称摇椅式蓄电池。

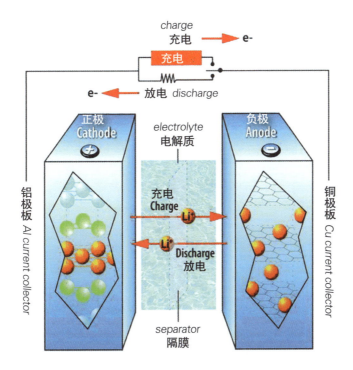

锂离子电池原理示意图

什么是正极、负极、阳极、阴极?

正极、负极是电池放电时的极性概念。正极是指电势较高的电极,负极是指电势较低的电极。放电时电子是从负极到正极,电流是从正极到负极。

阳极、阴极是电池充电时的极性概念。阳极是发生氧化反应的电极,阴极是发生还原反应的电极。

放电时的正极,在充电时就是阴极;放电时的负极,在充电时就是阳极。

扫码观看锂离子电池最流行视频

5.2 电池的管理与安全

为什么锂离子电池要配热管理系统?

电动汽车上通常使用的锂离子电池,既怕冷又怕热。它的工作温度不能太高,否则容易在内部形成结晶,可能导致内部刺穿,损坏电池;电池温度也不能太低,低于合理工作温度会让电池的锂离子活性降低,放电性能或者说续驶里程大打折扣。对于大多数锂离子电池来说,最佳工作温度约为20~30℃,合理工作温度约为0~45℃。

据研究,在低于-20℃时,锂离子电池放电容量只有常温时的31.5%左右。其主要原因是:
1)低温环境下,电解液的黏度增大,甚至部分凝固,导致导电率下降。
2)低温环境下,电解液与负极、隔膜之间的相容性变差。
3)低温环境下,锂离子电池的负极析出锂严重。

在温度高于45℃时,锂离子电池内部的化学平衡可能会被破坏,甚至导致击穿,出现热失控。热失控是指电池单体内部发生放热连锁反应引起温度急剧变化,从而可能导致电池过热、起火、爆炸等。目前分析引发电池热失控的原因主要有电池受到机械滥用、热辐射、电池内部短路、恶劣环境滥用等。

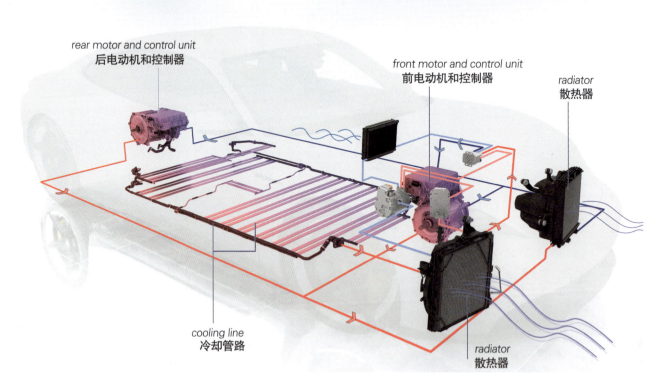

动力电池热管理系统示意图

第 5 章　电动汽车动力电池

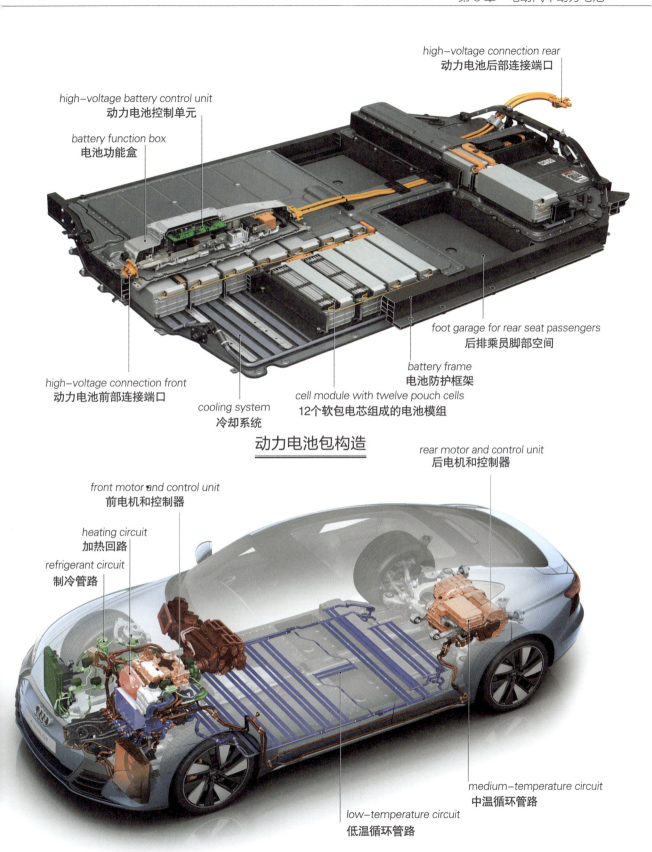

动力电池包构造

电动汽车热管理系统示意图

动力电池热管理系统是怎样工作的？

如果电池的工作温度超出合理温度区间，不论是过热或过冷，都可能发生热失控，电池性能都会明显甚至急剧下降。因此，电动汽车都会装备动力电池热管理系统，监测电池的工作温度等状况，出现异常时及时报警和处理。动力电池热管理系统主要有三方面内容：

冷却降温：当电池温度较高时，利用冷却液循环、自然风吹散热、热泵空调等冷却方式，对电池进行冷却降温。

加热升温：当电池温度较低时，利用收集到的电机电控模块工作时的热量，或利用热泵空调、PTC加热器等制热装置，对电池工作环境进行加热升温。

调整充放电策略：在充电和放电时，如果电池工作温度超过45℃或低于0℃时，应调整充放电策略，如降低充放电倍率，保证电池在安全温度内工作。充电策略一般包括充电温度、充电倍率和充电电压的调整。

比如，特斯拉Model S的电池组由7 000多个单体电池组成。针对锂离子电池过热的问题，它采用一套独特的热管理系统，让冷却液在围绕单体电池的密封管中穿梭循环，保证每个单体电池的工作温度控制在合理范围内，而且保证所有单体电池之间的温差不超过2℃。另外，通过分区隔离的方法，将失控电池尽可能控制在少量电池范围内，同时提供预警。

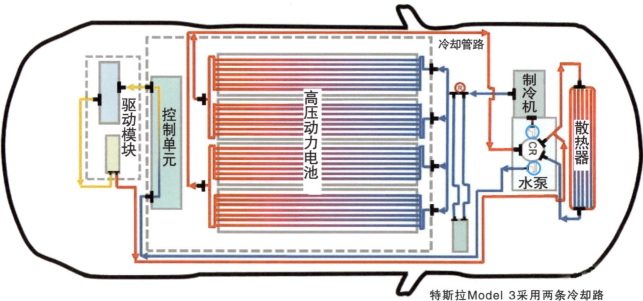

特斯拉Model 3采用两条冷却路线，其一是由制冷机对高压蓄电池进行冷却，其二是由水泵和散热器对驱动模块和控制单元进行冷却。

特斯拉Model 3 动力电池冷却系统

扫码观看充电和电池热管理系统视频

动力电池管理系统起什么作用？

一辆电动汽车由成百上千块电芯组成，尽管电池制造工艺已经让各个电芯之间的差异缩小，但是单节锂电池之间仍然存在内阻、容量、电压等方面差异，使用中容易出现散热不均匀或过度充放电等现象，时间一长，就很可能导致损坏甚至爆炸的发生。因此，必须为动力电池配备一套具有针对性的电池管理系统（Battery Management System，BMS），像管家那样照料电池，保证电池处于正常工作状态。

BMS 负责对电池进行检测、评估和处理。其中电池检测主要是通过各种传感器收集每个单体电池和每个电池模组的参数信息，比如温度、电压、电流等。

对电池的检测流程像是对电池进行"体检"，而且是在线、持续、不间断地进行。当发现数据异常时，可及时查询对应电池状况，并挑选出有问题的电池，从而保持整组电池运行的可靠性和高效性。当"体检"结束后，会进入分析、诊断、计算的阶段，之后生成"体检报告"，这个过程称为电池的状态评估。BMS 根据状态评估情况，会采取异常处理程序，如预警、隔离、断电等措施。

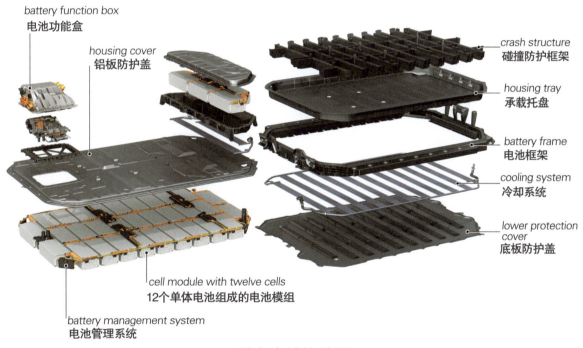

动力电池构造图

BMS怎样保护人身安全？

电池高压可达 300~500V，远超人体安全电压 36V，风险隐患极大。当电池过充、过放时，会带来局部过热问题，不仅会威胁到电池组的安全，严重时还会给人身安全带来危险。当 BMS 检测到电池的实际参数超出安全区间时，就会通过继电器开关、高压互锁、绝缘防护等高压控制手段，保护车上驾乘人员和维护人员的安全。

当发生碰撞或遇到烟雾或水进入电池组时，电池上的传感器可以在几毫秒内断开电池电源，保证安全。

第6章 电动汽车驱动电机

6.1 电机类型与构造

电机是怎样分类的?

电机的分类方式非常多,可以从电源类型(直流、交流)、工作原理(单相、三相)、运行方式(异步、同步)、转子结构(笼型、绕线转子)等多维度划分。还有以绕线形状命名的,如扁线电机等。当前电动汽车最常用的电机主要有两种:交流异步电机、永磁同步电机。它们都是三相交流电机。

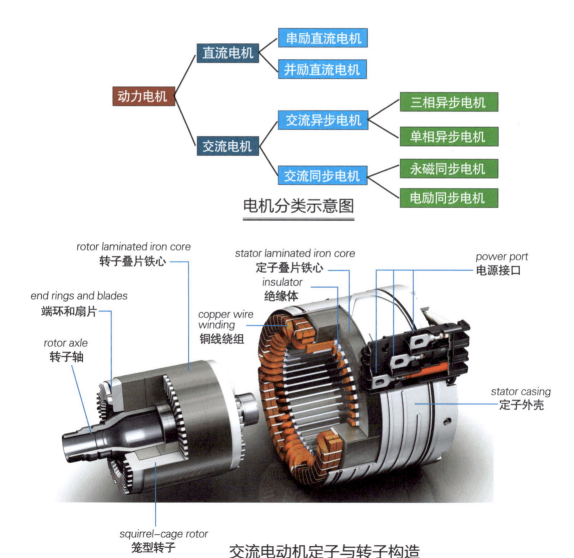

电机分类示意图

交流电动机定子与转子构造

电动汽车为什么都用交流电机驱动？

三相交流电在交流电机定子绕组中可以产生旋转磁场，而且这个磁场不仅相对直流电机更稳定，而且具有固定的旋转方向，只需要控制定子电流的相位和频率，就可控制电机的转矩和转速。而直流电机需要额外增加电流换向器或者电子功率控制器件，其换向器和电刷容易产生火花，还需要定期维护，运行成本高。另外，只要使用 AC/DC 转换器，就可将电池的直流电转换为交流电，或将交流电转换为直流电储存于电池中，非常利于电机再生制动能量回收，因此电动汽车一般都使用交流电机作为驱动电机。

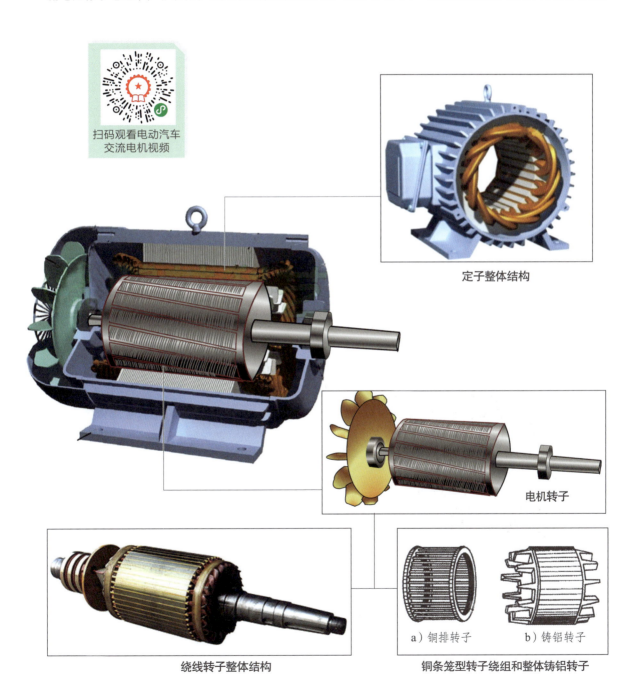

定子整体结构

电机转子

a）铜排转子　　b）铸铝转子

绕线转子整体结构　　铜条笼型转子绕组和整体铸铝转子

交流电机构造图

6.2 交流电机构造与原理

交流电机构造是怎样的?

交流电机主要有两大部件:定子和转子。定子是最外面的圆筒,圆筒内侧缠绕有很多绕组,这些绕组与外部交流电源接通,整个圆筒则与机座连接在一起,固定不动,因此称为"定子"。

在定子内部,要么是缠绕有很多绕组的圆柱体,要么是笼型结构的圆柱体,它们与动力输出轴连接在一起并同速旋转,因此称为"转子"。

转子与定子之间没有任何连接和接触,它们之间存在气隙,一般为 0.2~2mm。当定子上的绕组接通交流电源时,在电磁感应定律和楞次定律的作用下,转子就会立刻旋转并输出动力。

转子形状主要有笼型和绕线两种。顾名思义,如果转子采用笼型,由金属条组成一个封闭的导电环路,像是仓鼠笼的形状,因此称其为笼型异步电机;如果转子采用绕线转子,也就是由绕组绕成封闭的导电环路,就称其为绕线转子异步电机。笼型异步电机在电动汽车上更为常用。

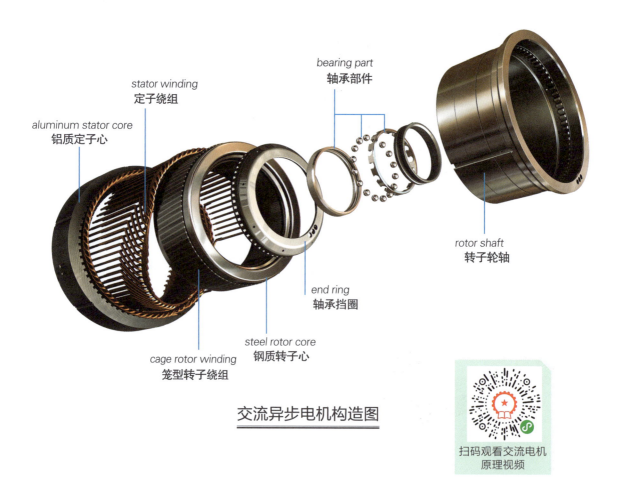

交流异步电机构造图

扫码观看交流电机原理视频

第6章 电动汽车驱动电机

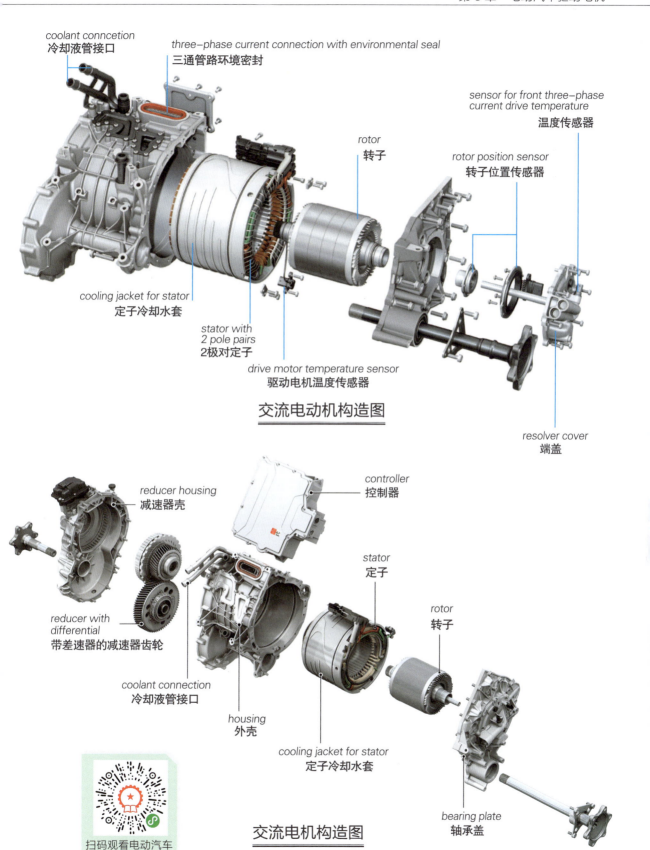

异步电机是怎样工作的？

异步电机的定子绕组接通三相电源后，由于三相电源的相与相之间在相位上相差120°，而且定子中的三个绕组在空间方位上也相差120°，这样，定子绕组就会产生一个旋转磁场。

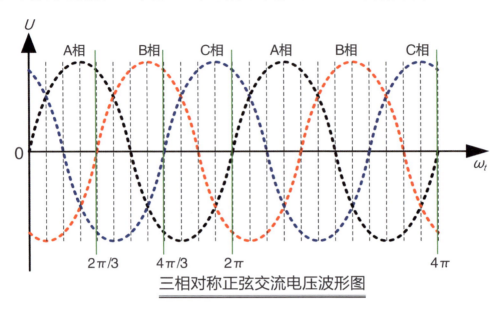

三相对称正弦交流电压波形图

三相交流电由A、B、C三相组成，按每个交流周期360°算，每相间距120°。黑色为A相波形，红色为B相波形，蓝色为C相波形。当定子绕组中通入三相电流后，三相电流不断地随时间变化，它们共同产生的合成磁场也随着电流的变化而在空间不断地旋转，这就是旋转磁场，如下图所示：

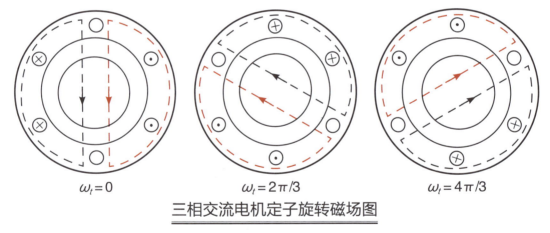

三相交流电机定子旋转磁场图

转子上的绕组是一个闭环导体，它处在定子的旋转磁场中就相当于在不停地切割定子的磁感应线，那么，根据电磁感应定律，闭合导体的一部分在磁场中做切割磁感应线的运动时，导体中就会产生电流。

感应电流产生后，再根据楞次定律，感应电流的效果总是反抗引起感应电流的原因。这就是说，感应电流产生后的效果是，它将尽力使转子导体不再切割定子旋转磁场的磁感应线，也就是让转子导体尽力"追赶"定子旋转电磁场，使两者不再产生相对运动。

就这样，在楞次定律的作用下，为了反抗引起感应电流产生的原因，转子追着定子旋转磁场跑，而交流电机的定子磁场一直在旋转，转子就一直追逐，一直转动下去。由于转子总是在"追赶"定子旋转磁场，但又必须能够切割磁感应线而产生感应电流，否则就没有什么"反抗"和"追赶"，因此转子的转速总要比定子旋转磁场的转速慢一点点（1%~5%）。也就是说，它们是异步运行，所以才将这种产生感应电流的电机称为交流异步感应电机，简称异步电机。

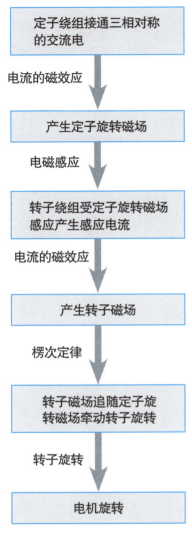

异步电机工作原理流程图

n_1=定子磁场转速
n_2=转子速度
交流异步电动机：$n_1 > n_2$

异步电机工作原理示意图

扫码观看异步电机
工作原理视频

转子总是在"追赶"定子旋转磁场，但又必须能够切割磁感应线而产生感应电流，因此转子的转速总要比定子磁场的转速慢一点点

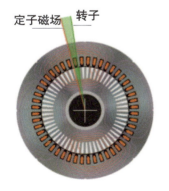
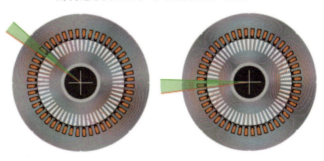

"转子追着定子磁场跑"示意图

永磁同步电机是怎样工作的?

前面说过,在异步电机中,转子磁场的形成要分两步走:第一步是定子旋转磁场先使转子绕组产生感应电流;第二步是感应电流再产生转子磁场。在楞次定律的作用下,转子跟随定子旋转磁场转动,但又"永远追不上",因此才称其为异步电机。

如果转子绕组中的电流不是由定子旋转磁场感应的,而是自己产生的,则转子磁场与定子旋转磁场无关,而且其磁极方向是固定的,那么根据同性相斥、异性相吸的原理,定子的旋转磁场就会推拉转子旋转,使转子磁场和转子本身一起与定子旋转磁场"同步"旋转。这就是同步电机的工作原理。

根据转子自生磁场产生方式的不同,又可以将同步电机分为两种:

一种是将转子绕组通上外接直流电(励磁电流),然后由励磁电流产生转子磁场,进而使转子与定子磁场同步旋转。这种由励磁电流产生转子磁场的同步电机称为励磁同步电机。

另一种是干脆在转子上嵌上永久磁体,直接产生磁场,省去了励磁电流或感应电流的环节。这种由永久磁体产生转子磁场的同步电机,就称为永磁同步电机。永磁同步电机是电动汽车上应用最广的两种电机之一。

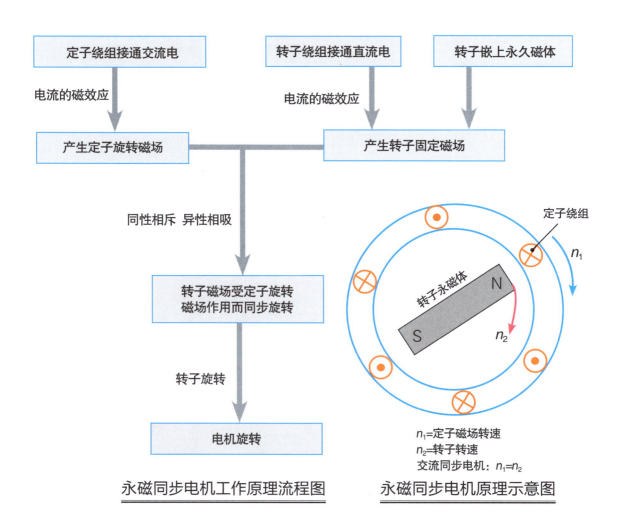

永磁同步电机工作原理流程图　　永磁同步电机原理示意图

n_1=定子磁场转速
n_2=转子转速
交流同步电机:$n_1=n_2$

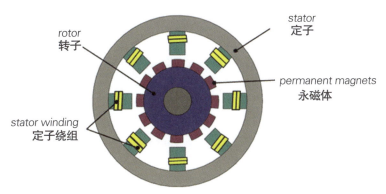

扫码观看电动机与发电机互换角色视频

永磁同步电机构造示意图

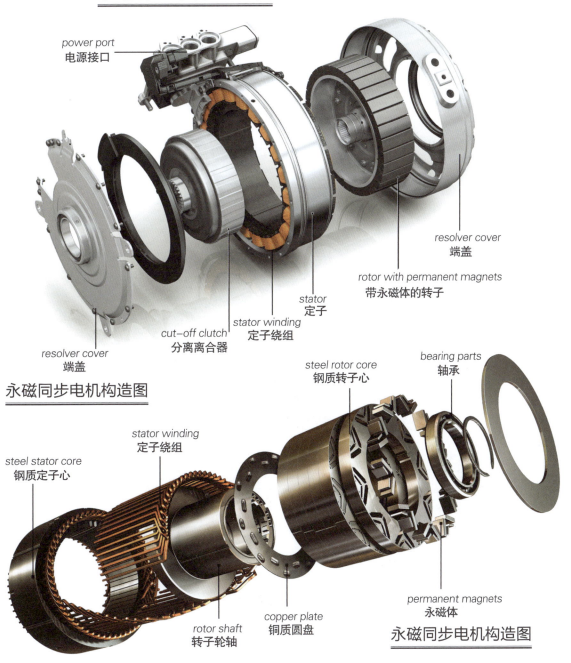

永磁同步电机构造图

永磁同步电机构造图

第7章 电动汽车控制系统

7.1 电机的控制与调速

别看电机的体积较小，只有一个西瓜大小，但它输出的功率和转矩并不小，完全可以与燃油发动机相媲美。更重要的是，电机的转矩特性让其更适合作为汽车的驱动装置，因为电机在起动时就能达到最大转矩，而发动机的最大转矩至少要在发动机转速达到 1 200r/min 时才可能达到。

为什么电机一起动就能达到最大转矩呢？

因为电机的转子与定子没有直接连接和接触，它们之间存在一定的气隙，一般为 0.2~2mm。当定子上的绕组接通三相对称的交流电源时，在电磁感应定律和楞次定律的作用下，转子立刻旋转并输出转矩。由于转子旋转时不会受到任何阻力，因此可以很容易地达到最大转矩。只有当最大功率出现时，其转矩输出才开始下降。

而燃油发动机旋转机构有很多"累赘"，例如飞轮、曲轴、连杆和活塞等，不仅有重力，而且还有摩擦力等因素影响旋转机构的运转。发动机的转矩输出必须随着转速的提高而逐渐提升。

扫码观看电动汽车
没有变速器视频

电机在起动时就能达到最大转矩

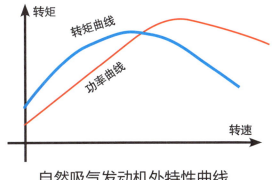

自然吸气发动机外特性曲线

扫码观看电动汽车起步特别快视频

涡轮增压发动机外特性曲线

电机外特性曲线

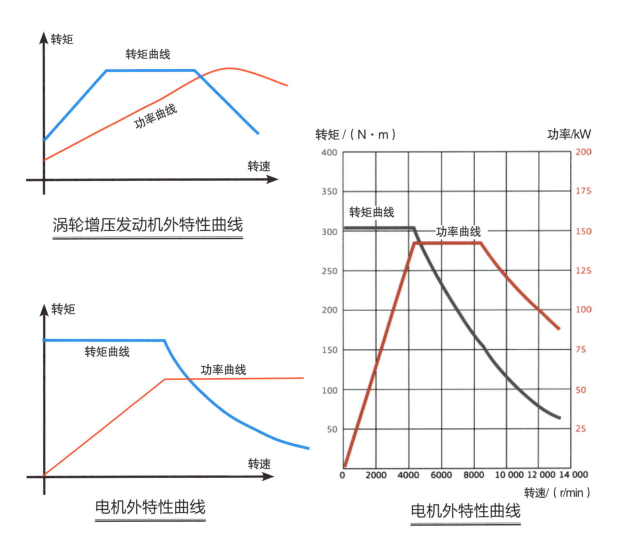

电机外特性曲线

电机转速是怎样调节的？

根据前面的介绍我们知道，异步电机的转速总要比定子磁场的转速慢一点点（1%~5%），而同步电机的转速与定子磁场转速相等。所以，只要调节定子旋转磁场的转速，就能控制电机的转速。而定子磁场的转速与电源频率和磁极对数有关，具体计算公式是：

$$n = 60f/p$$

式中，n 为定子磁场转速（r/min）；f 为电源频率（Hz）；p 为磁场的磁极对数（磁极数除以2）。

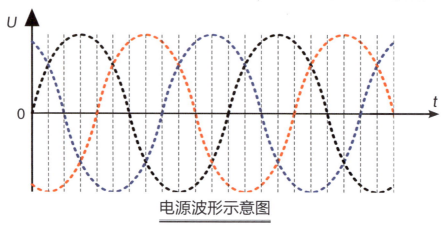

电源波形示意图

据此，我们可以得出电动机的转速：

异步电动机转速：$n=(1-s)60f/p$

永磁同步电动机转速：$n=60f/p$

式中，s 是磁场转速与转子转速之间的转速差，称为转差率（约为1%~5%）。

根据此式，异步电动机和永磁同步电动机的转速调节方法一样，都有两种：

1）变磁极法（即调节 p），改变磁极对数 p，就能改变转速，转速与磁极对数成反比。

2）变频法（即调节 f），改变电源频率 f，就能调节转速，转速与频率成正比。

以往多用变磁极法来调节电动机的转速。但随着电子技术的进步，现在的电动汽车大多是利用变频器来调节电源频率，从而实现对交流电机转速的控制，而且是无级调速。

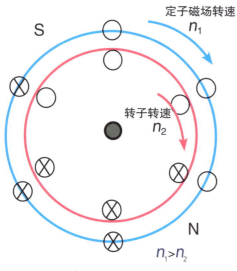

异步电机原理图

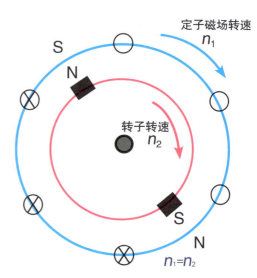

永磁同步电机原理图

第 7 章 电动汽车控制系统

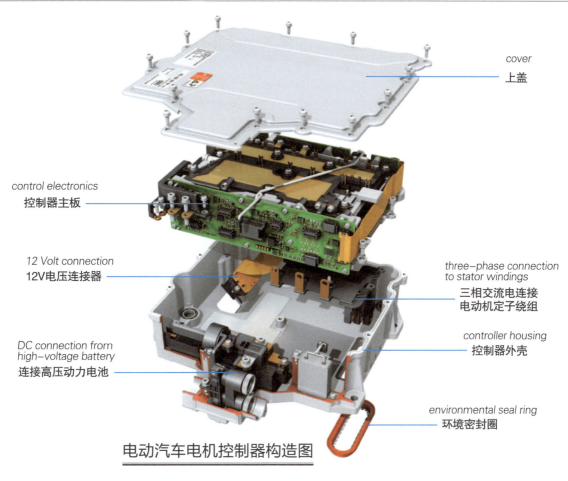

电动汽车电机控制器构造图

电动汽车控制器布置

变频器是怎样工作的？

电动汽车上的变频器都是采用脉冲宽度调制（Pulse Width Modulation，PWM）方式调节频率。PWM 是指通过对逆变电路中功率开关器件（IGBT）的导通和关断动作进行控制，把直流电变成一系列幅值相等而宽度不相等的脉冲，用这些脉冲来代替正弦波作为电机所需要的交流电波形，从而作为交流电源供给电机。

在由直流变交流的过程中，通过控制功率开关器件（IGBT）的导通和关断方式，可以控制所输出脉冲的周期、脉宽时间。

脉冲周期决定脉冲的频率（两者成反比），即供给电机的交流电的频率。频率越高，电机的转速越大。控制 IGBT 通断→调节脉冲频率→调节电机转速。

脉宽时间也称占空比，脉宽时间决定脉冲信号电压，即供给电机的交流电的电压。电压越高，电机输出转矩越大。控制 IGBT 通断→调节脉宽时间→调节电机转矩。

因此，只要对逆变电路中每个 IGBT 的通断时机和时长进行控制，就可调节交流电的频率和电压，达到调节电机转速和转矩的目的。

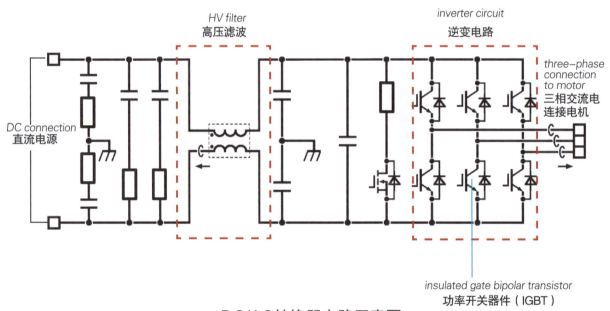

DC/AC转换器电路示意图

为什么说IGBT是控制器的最核心？

IGBT 是"绝缘栅双极型晶体管"的简称，它相当于一个非通即断的半导体开关。它没有放大电压的功能，导通时可以看作导线，关断时当作开路。

DC/AC 逆变技术的基本原理是通过 IGBT 模块的导通和关断，把直流电能变换成交流电能。在电动汽车的逆变电路中，每相电路配备两个 IGBT 模块，总共由 6 个 IGBT 模块组成逆变电路。通过控制 IGBT 的导通和关断，调节所输出脉冲的周期、脉宽时间，进而调节输入到交流电机的交流电的频率和电压。

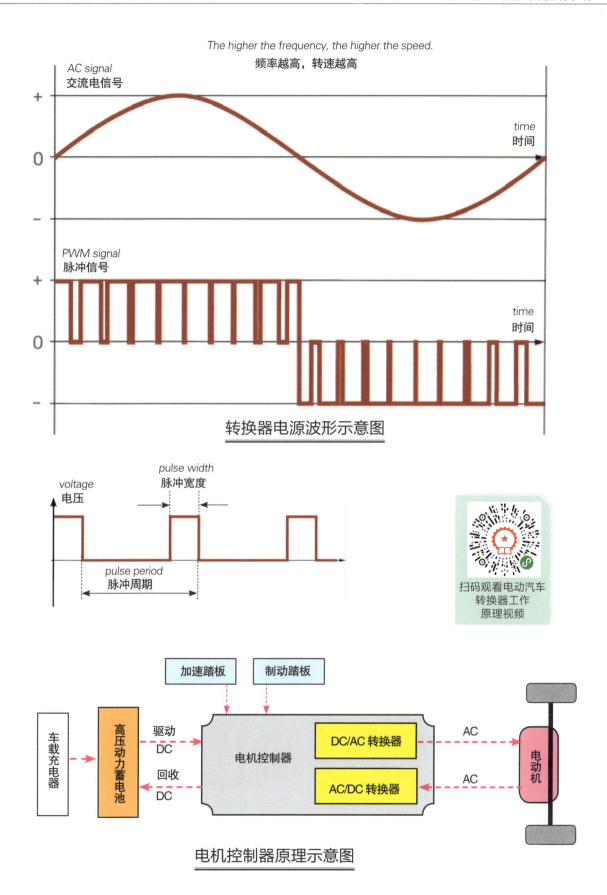

转换器起什么作用？

在纯电动汽车上，由于动力电池是高压直流电，而电机都是使用交流电，车载辅助电气系统使用低压直流电，因此必须使用转换器（Inverter）将动力电池的高压直流电调整为可以使用的交流电或低压直流电。电动汽车上一般使用三种转换器。

DC/DC转换器

使用 DC/DC 降压转换器，将动力电池的高压直流电转换为 12V 的低压直流电，用于 12V 低压蓄电池、真空制动泵、音响、仪表显示、照明等。

DC/AC转换器（逆变器）

纯电动汽车上的动力电池都是直流电，而纯电动汽车上电机使用交流电，因此要将直流电转换为交流电，其转换装置就是 DC/AC 转换器，又称 DC/AC 逆变器。在进行 DC/AC 转换的同时，也能调节电源的频率和电压，从而达到调节电机转速和转矩的目的，因此 DC/AC 转换器也称 DC/AC 变频器。

AC/DC转换器

当纯电动汽车制动或减速时，车轮带动电机旋转，此时电机作为发电机使用，用来回收能量。但不论是直流电机还是交流电机，当它们作为发电机使用时都是输出交流电。要想将交流电储存于蓄电池中，必须将交流电转换为直流电，完成这个转换工作的就是 AC/DC 转换器。

电动汽车电驱动系统

第 7 章 电动汽车控制系统

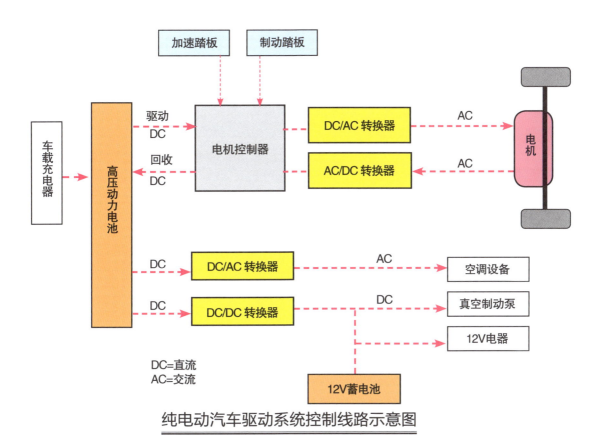

纯电动汽车驱动系统控制线路示意图

电动汽车电驱动系统

电动汽车是怎样奔跑的?

电机输出动力后,要通过减速器、差速器、半轴才能传递到车轮上。电动汽车上没有传统的变速器,而是利用电机控制器进行速度和转矩调节。

当初发明变速器的目的,主要是将发动机转矩进行放大,帮助汽车起步和爬坡。因为燃油发动机的初始转矩较小,驱动笨重的汽车起步时就比较困难,更无法驱动汽车爬坡。变速器则可以通过齿轮组合在将转速降低的同时,同时将传递转矩放大,从而让汽车拥有更大的驱动力,使汽车顺利起步和爬坡。

电机的初始转矩是最大的,不需要变速器放大就可以驱动汽车顺利起步和爬坡。因此,电动汽车可以不配备变速器,只需配个减速机构,将电机的转速减下来,以适应车轮的转速。

电动汽车没有变速器,不仅少了一个传动环节,节省了制造成本和维护修理成本,而且动力传递更直接,能量损耗也更小。

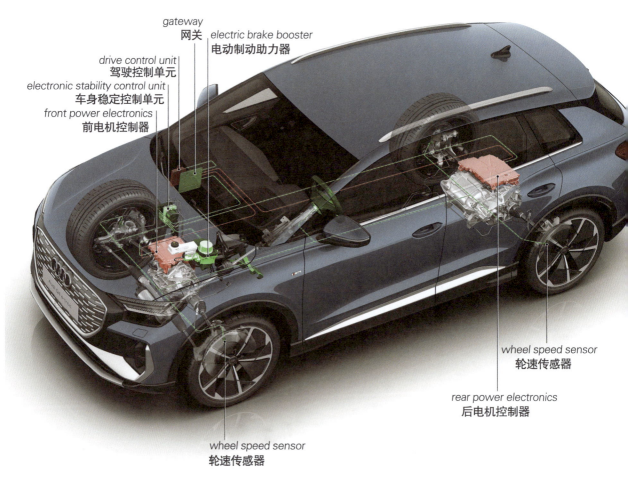

电动汽车电驱动系统控制器示意图

通电启动：当驾驶人转动起动钥匙时，纯电动汽车并没有什么反应和动静，只是附件电器接通电源，但电机并没有开始运转。

电机转动：当驾驶人踩加速踏板时，电机控制器根据加速踏板位移传感器的信息，发出接通电机电源的指令，蓄电池通过DC/AC转换器向电机定子绕组提供三相交流电，使电机开始旋转。

减速：当抬起加速踏板时，电机控制器根据加速踏板位移传感器的信息，通过降低电源频率来降低电机转速使车辆减速；或转为能量回收模式，车辆拖动电机转动，电机变身发电机，逐渐使汽车减速或停车。

加速：当继续向下踩加速踏板希望汽车加速时，电机控制器根据加速踏板位移传感器的信息，向电机输出更高的电源频率和电压，从而使电机转速升高，进而使车速上升。

减速器：电机起动后就能达到最大转矩，只要将电机的高转速降下来即可顺利起步。

制动：当踩制动踏板时，立即进入能量回收模式，车辆在惯性作用下拖动电机转动，电机变身发电机，使汽车减速停车。

<u>电动汽车电驱动控制原理流程图</u>

扫码观看电动汽车不是一制动就停视频

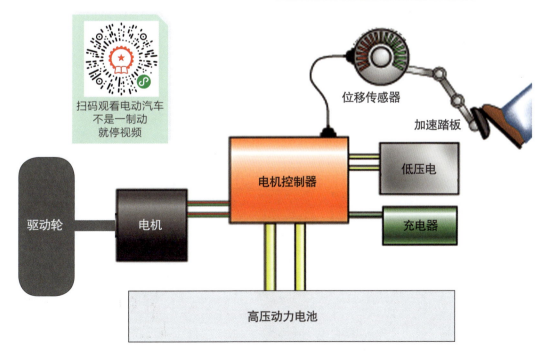

<u>纯电动汽车变速原理示意图</u>

7.2 控制器的工作原理

为什么说数据总线是汽车的中枢神经?

传统汽车上的电子控制单元（Electronic Control Unit，简称ECU）较少，往往只有一个发动机ECU，因此大多采用点对点的简单信息传输方式，几根信号线就可以解决问题。而电动汽车上的ECU非常多，除了整车控制器（VCU）、电机控制器（MCU）、电池管理系统（BMS）三大控制器外，还有制动、转向、巡航、辅助驾驶、空调、照明、多媒体控制器等。每个控制器都需要向众多传感器、执行机构等传递信息，控制器之间也需要交换和共享一些信息，并且对实时性还有不同的要求。为此，一种称为"数据总线"（Data BUS）的信息传输技术便应运而生。

数据总线的基本原理像是公交汽车运行，总线是两条数据线，像是公交运行线路。而每个控制器引出两条线连在总线上，就像是一个公交站点。每个控制器都将信息传递到数据总线上，连接在总线上的每个控制器都能按需要接收信息，从而实现多个控制器共享和交换信息。

数据总线技术也在不断发展，传输速度越来越高，但制造成本也与传输速度成正比。现在电动汽车上一般采用四种数据总线，考虑到成本和传输速度要求，分别应用在不同区域。

LIN总线
传输速度10~125KB/s，一般应用于车门锁、电动座椅、电动车窗、灯泡照明等。

CAN总线
传输速度125KB/s~1MB/s，一般应用在仪表显示、空调、电机控制、电池控制和故障检测。这也是目前汽车上应用最多的数据总线。

FlexRay总线
传输速度1~10MB/s，一般应用于安全系统，如制动、安全气囊等。

MOST总线
传输速度10MB/s以上，一般应用于多媒体娱乐、导航和智能网联系统。

电气控制线路布置示意图

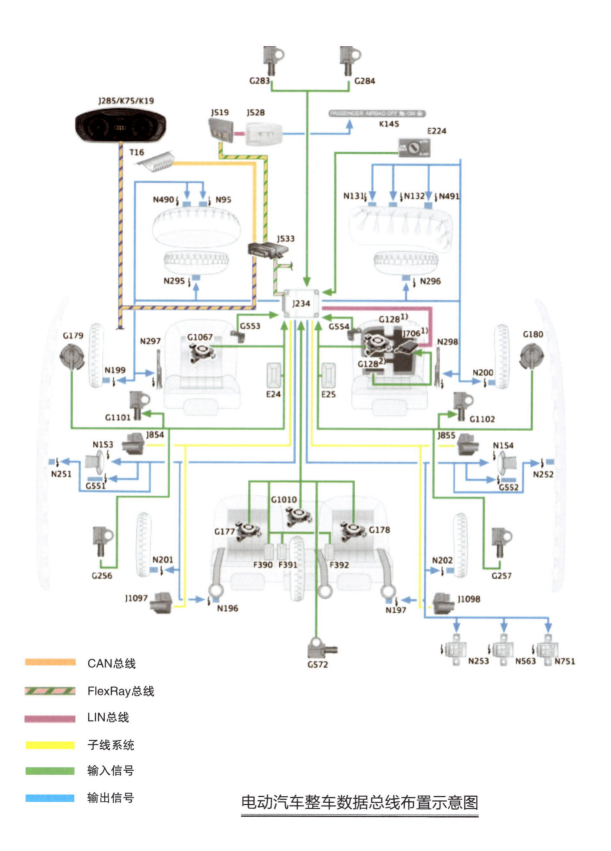

电动汽车整车数据总线布置示意图

为什么说整车控制器是电动汽车的"大脑"?

整车控制器是电动汽车的控制中心,像大脑一样控制汽车的全局。在电动汽车控制系统中,主要包括4个控制节点,即整车控制器(VCU)、电机控制器(MCU)、电池管理系统(BMS)、控制总线系统(通常为CAN)。

整车控制器接受汽车上传感器的信息,如钥匙信号、档位信号、制动信号等直接传递来的信号,以及通过控制总线CAN传递来的电池管理系统、电机控制器、充电系统等信号,通过模/数(A/D)转换后计算,编码为CAN报文,发送到CAN控制其他节点的工作。同时,将一些相关的整车信息,如车速、电池状态评估、踏板位置、电池状态、门锁信息等,在组合仪表上显示出来。

整车控制器根据传感器的输入值、系统当前状态等条件计算出电机的目标转速和转矩值,通过CAN发送到电机控制器,指挥电机的工作,使电机工作在需要的转速下。同时根据电机的温度变化控制电机的冷却系统,从而有效调节电机的温度。同理,整车控制器根据传感器的信息,通过电池管理系统来控制电池的工作。

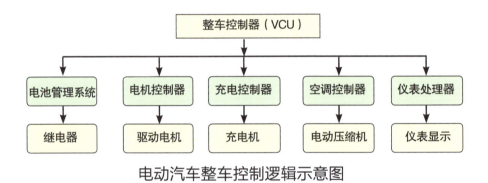

电动汽车整车控制逻辑示意图

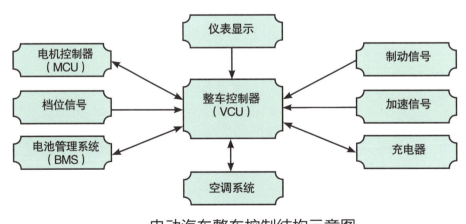

电动汽车整车控制结构示意图

控制器是怎样工作的?

几乎所有控制系统的工作原理都差不多,都分为监测、运算、执行三个步骤完成。

1)监测:传感器收集被监测对象的参数信息,如温度、电压、电流、车速等。
2)运算:电气电子系统(计算机)对收集的信息进行运算、处理、评估后发出指令。
3)执行:执行机构根据收到的指令启动执行动作,完成控制。

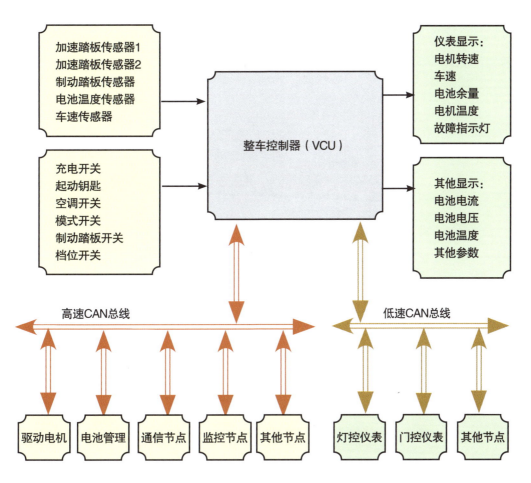

电动汽车整车控制和信号传输示意图

整车控制器有哪些工作模式？

整车控制器时刻监测车辆的每个工作状态，并控制车辆的工作模式，主要控制如下工作模式：

自检模式

当钥匙门信号处于 ON 档位时，整车控制器启动自检模式，对车辆本身状态进行检测。如果检测通过，则进入等待启动模式，否则进入故障模式。

启动模式

当钥匙门信号处于 START 档位时，整车控制器唤醒整车通信网络上的其他节点开始工作，如电机、转换器等，并进行高压上电，一切正常后进入 READY 状态，仪表上的 READY 绿色灯亮起，告诉驾驶人可以进入起步模式。

起步模式

进入起步模式以后，如果车辆处于水平路面，车辆会以较小的速度开始行驶；如果车辆处于斜坡上，车辆至少会维持住原地不动的状态。该模式下不必踩踏加速踏板，电机自动输出一个基础转矩，防止溜车。

正常驱动模式

车辆处于正常运行状态，包括加速，减速，倒车。整车控制器持续监测各个电气系统电流、电压、温度等参数，以及车辆自身的车速、滑移率等行车参数；识别驾驶人的意图，按照加速踏板的开度和开度变化率，计算电机的驱动转矩和电池的输出功率。

空档模式

电机与车辆的传动系统之间没有机械连接，电机处于悬空状态，不会向外输出任何转矩。

制动和能量回收模式

制动踏板被踩下，启动制动模式。整车控制器分析制动踏板的开度和开度变化率以及车速等行车参数，推算制动力矩，指挥制动控制器做出最合理的制动力矩分配和能量回收方案。

失效保护模式

电动汽车运行过程中，根据故障等级进行处理。故障等级最低的，一般只是提示驾驶人，比如电池温度达到50℃；故障等级最高的，会强制车辆在一个比较短的时间内停车，比如检测出了系统绝缘故障；故障等级中等的，不会强制停车，但会对车辆的运行状态进行限制，比如电池电量评估低于30%，限速行驶。

充电模式

充电枪与车辆充电插座物理连接确认后，整车控制器协调电池管理系统（BMS）启动充电系统，确认是否可以以最大能力充电，若不可以，则发送电池包的最大接受能力。

进入正式充电阶段后，充电机和 BMS 实时互相发送状态信息，BMS 周期性发送需求参数。

在充电过程中，如果出现过温、过电流等现象，充电机都会发出报警，根据故障等级的不同，直接终止充电或等待人为处理。

在充电最后恒压阶段，电流衰减到一个设定值或者设定的倍率，即认为电池包已经充满，充电过程可以结束。

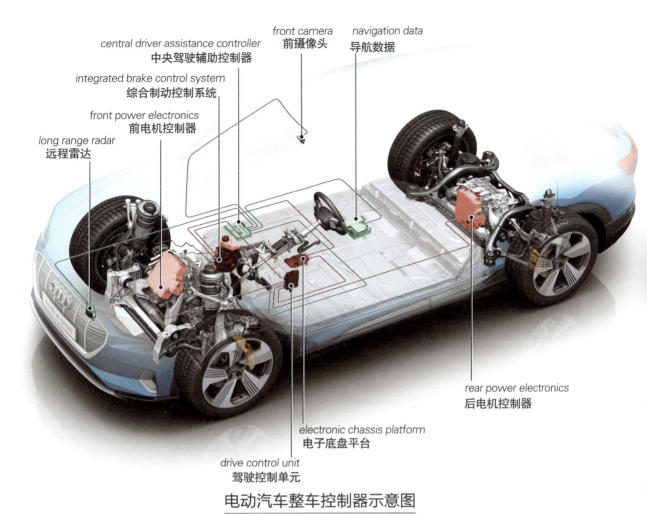

电动汽车整车控制器示意图

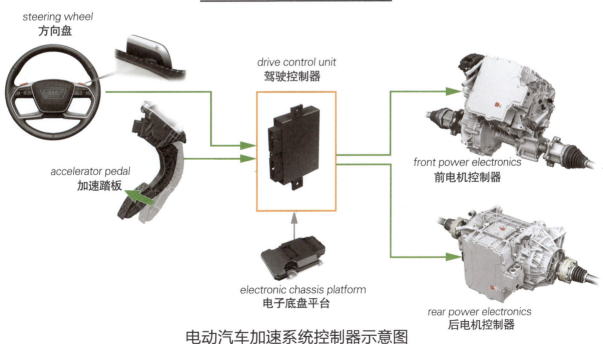

电动汽车加速系统控制器示意图

7.3 电动汽车热管理系统

电动汽车有哪些热量来源?

电动汽车的动力电池在室外温度较低时,需要有稳定的热源保持电池工作在合理的温度区间;驾乘舱也需要暖风进入,以保证驾乘人员处于温度舒适的环境中。电动汽车上的热源主要有三方面供给:PTC加热器(往往不止一个)、热泵空调的制热循环、电机电控系统的余热收集。其中,电机电控系统的余热收集是一举两得的技术,在防止电机电控系统热失控的同时,还能辅助为驾乘舱提供暖风。

以奥迪e-tron为例,在其前桥上,电子控制器和电机串联在冷却环路中,冷却液首先流经电子控制器,然后流经电机转子内腔,之后流经定子水套,最后返回冷却循环管路中;在其后桥上,电子控制器和电机串联在冷却环路中,冷却液首先流经电子控制器,随后流经定子冷却水套,再流经转子内腔,最后返回冷却循环管路中。

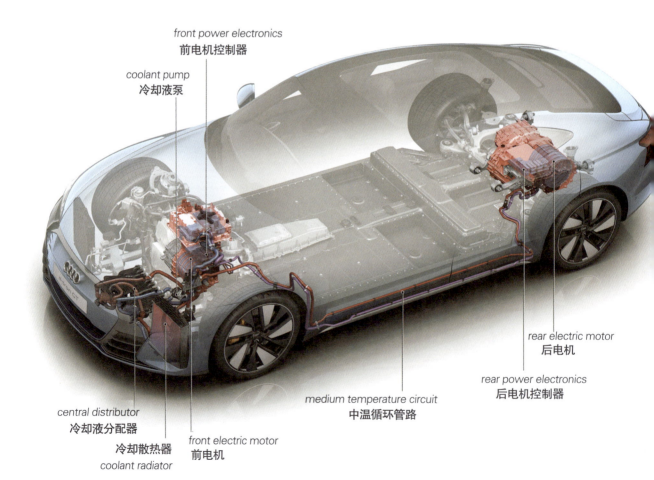

电动汽车电机冷却系统

第 7 章 电动汽车控制系统

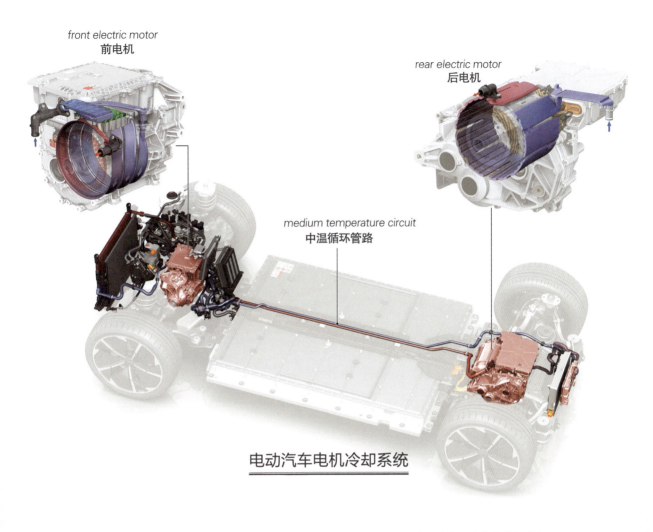

电动汽车电机冷却系统

电机和控制器冷却液温度示意图

为什么热泵空调制冷又制热？

电动汽车也装有空调系统，它也可以像传统的燃油汽车那样为车内乘员提供冷风，并且采用同样的制冷原理，也就是压缩机＋制冷剂的方式。与燃油汽车所不同的是，电动汽车上的压缩机不是由发动机或电机驱动，而是采用一体式的电动压缩机（电机与压缩机的组合），直接由动力电池的直流电驱动。

动力电池驱动压缩机

传统汽车都是由发动机驱动压缩机，那么纯电动汽车为什么不用动力电机驱动压缩机呢？因为动力电机只在汽车前进时才运转，在停车时它也停止工作，如果用它来带动压缩机，那么在等红灯时制冷系统就要停止工作了，这样显然会让车内人感觉不舒适。因此，只好采用一套与动力系统无关的独立制冷系统，无论是停车还是行驶，它都能工作。

纯电动汽车上的电动空调系统主要由电动压缩机、压缩机控制器、冷凝器、蒸发器、膨胀阀、储液干燥器和若干管路组成。它的压缩机电机采用脉宽调制 PWM 技术，可以实现无级调速。

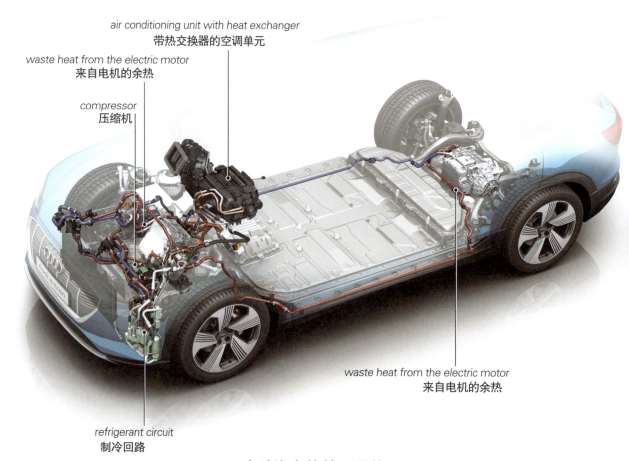

电动汽车热管理系统

热泵空调工作原理

　　一些高端电动汽车上采用热泵空调,可以在制冷和制热两种方式下运行,提供冷风和热量。热泵空调其实就是在普通空调器的基础上安装一个四通换向阀。只要改变阀的操作,就可以让蒸发器与冷凝器的功能互换,实现制冷循环与制热循环相互切换。这样,热泵空调在冬季时可以把室外较低空气中的热量抽取进室内,而在夏季时可以把室内空气中的热量抽到室外去。

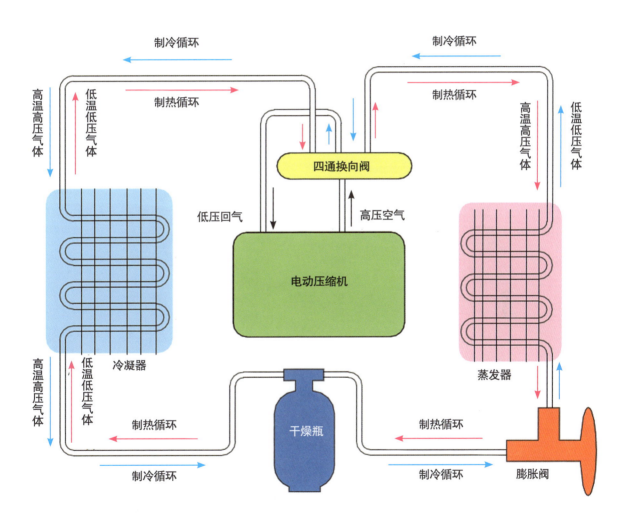

电动汽车热泵空调系统工作原理示意图

PTC加热器是怎样工作的？

纯电动汽车上一般使用 PTC 加热器提供热量。PTC 是英文 Positive Temperature Coefficient 的缩写，意为"正温度系数"。虽然它是采用向电阻材料通电生热的方式，但它使用的是一种热敏陶瓷元件，由若干单片组合后与波纹散热铝条经高温胶黏结而成。其最大特点是可以使加热器的表面温度维持在设定的居里点温度左右。居里点温度是一个人为设置的温度，在电动汽车上一般为 240℃。

当 PTC 的温度低于上述温度时，PTC 电阻值随之减小，发热量相应会增加；当超过此温度时，电阻值会突然长高，成倍增大，直至接近绝缘。这相当于本身自动切断电源，从而使温度回落。因此，PTC 加热器不会发生像电吹风机中电阻线"发红"的现象，从而避免发生事故。

为了能照顾到动力电池和驾乘舱内的温度，一般电动汽车上都设置不止一个 PTC 加热器。

PTC空气加热器

利用动力电池直接加热 PTC，使 PTC 周围空气温度升高，然后利用电风扇将暖风吹入驾乘舱。这种 PTC 空气加热器可以快速实现加热，一般不到 1min 就能使驾乘舱加热到舒适温度。这也是目前多数电动汽车通常采用的加热办法，它的安装位置一般非常靠近驾乘舱前端。

PTC 冷却液加热器

将 PTC 的热量通过冷却液回路传导到驾乘舱。这种加热器适合插电式混合动力汽车和增程式电动汽车，它可与发动机冷却液循环回路整合到一起，共同为驾乘舱提供热量。

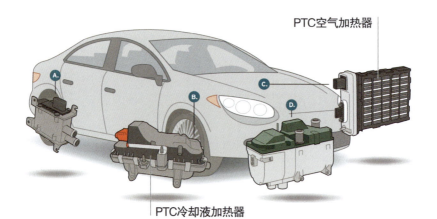

PTC加热器示意图

PTC加热器特性曲线

扫码观看电动汽车"闭口不言"视频

第8章 插电混合动力系统

可以使用外接电源为车载动力电池充电的混合动力汽车，称为插电式混合动力汽车（Plug-in hybrid electric vehicle，简称 PHEV）。它既有传统汽车的发动机、变速器、传动系统、油路、油箱，也有纯电动汽车的电池、电机、控制器，而且电池容量比较大，有充电接口。它既可实现纯电动、零排放行驶，也能通过混动模式增加车辆的续驶里程。

根据发动机与电驱动系统之间的关系，插电式混合动力可分为并联式、串联式和混联式混合动力汽车三种。其中，串联式混合动力汽车也称为增程式电动汽车。

8.1 串联插电混合动力（增程式电动）

串联式插电混动（增程式电动）汽车是怎样工作的？

如果在纯电动汽车上增加一台小型燃油发动机，但并不用它直接驱动车轮，而是用来带动一台发电机发电，通过向动力电池充电并最终依靠电机驱动汽车前进，那么这就是一台串联式插电混合动力汽车。发动机的作用相当于增加了纯电驱动的续驶里程，而且汽车只依靠电驱动行驶，因此串联式插电混动汽车也称为增程式电动汽车。

增程式电动汽车具有电动车的安静、起步转矩大的优点，可以当纯电动车使用。在充电方便的条件下只充电、不加油，使用成本较低。与其他插电式混合动力模式相比，增程式电动汽车可以不用变速器，成本略有降低。而且只要有加油站，就可以一直跑下去，没有里程焦虑症。

另外，因为发动机不直接驱动车轮，发动机转速和车轮转速、汽车速度没有直接关系，通过对控制系统和控制逻辑的优化设计，可以让发动机一直工作在最佳状态，从而达到节能、噪声小的效果。

由于发动机并不直接驱动车轮，需要将机械能转换为电能，然后再通过电机转换为机械能，增加了转换过程中的能量损耗。

代表车型：理想 ONE、岚图 FREE、雪佛兰沃蓝达（Voltec）、广汽传祺 GA5、AITO 问界 M5、赛力斯 SF5 等。

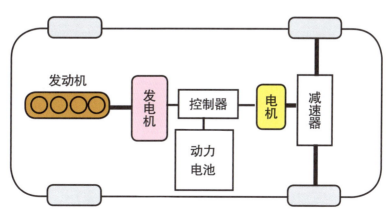

串联式插电混动（增程式电动）汽车

8.2 并联插电混合动力

并联式插电混动汽车是怎样工作的?

并联式插电混合动力汽车一般只有一台电机,这台电机与发动机的动力系统是并联关系,它们的动力通过动力复合装置整合后,共同向汽车提供驱动力。

并联式插电混动汽车的布置保留了发动机、变速器及后续传动的机械连接,由电驱动系统提供的动力在原驱动系统的某一处与燃油发动机动力汇合,或者发动机和电驱动产生的动力完全分开,分别驱动不同的驱动桥,即汽车可以发动机和电驱共同驱动,或者各自单独驱动。

并联式插电混合动力汽车是在燃油汽车的基础上增加动力电池、电驱动系统组成的混合动力车型,日常可作为电动汽车使用,在上坡、加速时可以实现全混合动力行驶。这类汽车的特点是结构简单,动力较强,还有不错的节能效果。

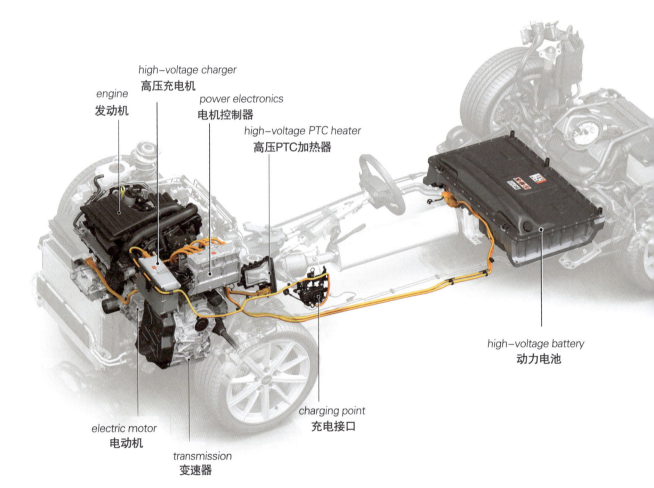

并联式插电混合动力汽车动力系统

并联式插电混合动力汽车动力系统

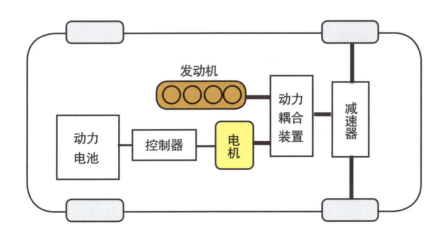

并联式插电混动汽车

8.3 混联插电混合动力

混联式插电混动汽车是怎样工作的？

混联式插电混合动力汽车一般都会拥有两台电机和一台燃油发动机。其中一台电机、燃油发动机都可分别独立向汽车提供驱动力（并联关系），而在动力电池的电量不足时，发动机还可以带动另一台电机作为发电机发电，并向电驱动系统供电（串联关系），因此这类汽车称为混联式插电混动汽车。

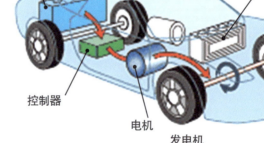

混联式插电混动汽车构造示意图

1）当起步或低速行驶时，汽车依靠电机驱动车轮前进，此时由动力电池向电机提供电能。

2）只有当汽车急加速或高速行驶，或动力电池电量不足时，发动机才参与工作并直接驱动车轮，同时发动机还带动发电机发电并将电能供给电机。此时，电机与发动机共同驱动车轮，使汽车拥有更大的驱动力。

3）动力电池的电能有三种来源：一是当车辆减速或制动时，车轮带动电机旋转，此时电机作为发电机发电；二是发动机直接带动发电机发电；三是外接电源为汽车充电。

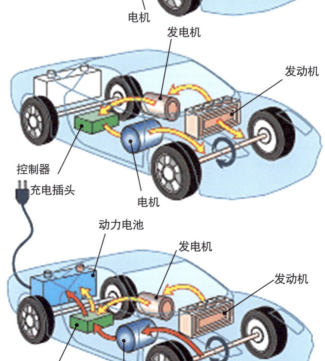

混联式插电混动汽车动力系统

上汽集团推出名为 EDU 的混合动力系统，并应用在荣威 eRX5、荣威 ei6 等插电式混合动力车型上。EDU 混合动力系统的最大特点是配备了一台 2 速变速器。这台变速器相当于一台 2 速双离合变速器，具有手动变速器的齿轮传递构造，又具有自动变速的功能，不需要人工操作。在这个 2 速变速器的两端，分别装备一台电机，其中一台为主电机，功率较大，主要用于动力驱动，另一台功率较小，主要用于发电。这两台电机分别通过离合器与 2 速变速器相连。

当动力电池中电量较充足并且车辆对转矩的需求适中时，离合器 1 分离，发动机和发电机不工作，只有主电机工作，离合器 2 闭合，车辆处于纯电驱动状态。

当动力电池中电量较低、转矩需求也较低时，离合器 1 分离，发动机带动发电机发电，向动力电池充电，同时主电机也工作，离合器 2 闭合，车辆处于纯电驱动状态。

当有较大的转矩需求时，发动机、发电机和主电机都工作，两个离合器都闭合，车辆处于电力驱动和燃油动力驱动状态。滑行和制动状态下，两个离合器都闭合，在车身惯性的拖动下，主电机与发电机都处于发电状态，共同向动力电池充电。

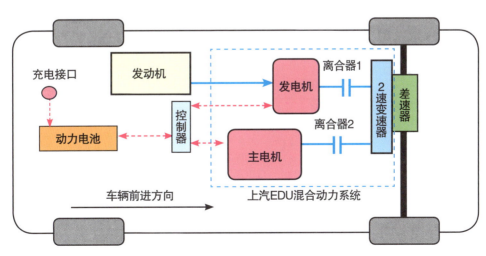

上汽EDU插电式混合动力两驱汽车构造示意图

第9章 燃料电池动力系统

9.1 燃料电池汽车构造

为什么说燃料电池汽车边跑边发电？

燃料电池汽车（Fuel Cell Vehicle，简称 FCV）是一种将车载燃料电池产生的电力作为动力的汽车。

燃料电池汽车也是一种完全由电力驱动的电动汽车，但它的电能不是从外接电源获得的，而是利用可以实时发电的车载燃料电池获得的。燃料电池汽车相当于自带一个发电站，边跑边发电。

燃料电池汽车一般由燃料电池反应堆、储氢罐、蓄电装置（动力电池或超级电容）、电动机、电控系统等组成。其工作过程可划分为5个步骤：

第1步：氢气和氧气被输送至燃料电池系统。
第2步：氢气与氧气产生电化学反应，发电和生成水。
第3步：燃料电池和动力电池向驱动电机供电。
第4步：电机驱动汽车前进。
第5步：排出电化学反应生成的水。

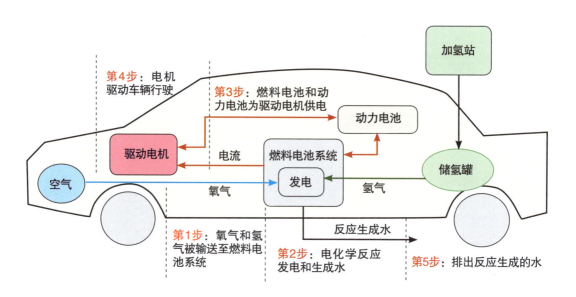

氢燃料电池汽车工作过程示意图

燃料电池混动汽车的结构是怎样的？

燃料电池一般由燃料电池反应堆、储氢罐、蓄电装置（动力电池或超级电容）、电机、电控系统等组成。储氢罐向燃料电池堆提供燃料氢，氢在燃料电池堆中与氧气进行电化学反应产生电，然后供电机使用，在电控系统的指挥下驱动汽车前进。当汽车制动或减速时，回收的能量可以储存在动力电池或超级电容中，用来辅助驱动车轮。

与纯电动汽车相比，纯燃料电池汽车只是电能来源不一样，而动力传递和驱动部分基本一样。现在的燃料电池汽车还都配有动力电池或超级电容，不仅可以进行能量回收，可以从外接电源充电，而且还能将燃料电池堆多余的电能储存起来。带有蓄电池或超级电容的燃料电池汽车又称为燃料电池混合动力汽车。

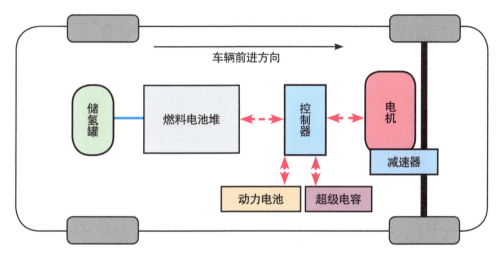

燃料电池混合动力汽车构造示意图

燃料电池汽车为什么还要装备蓄电装置？

既然已有燃料电池作为汽车的动力源，为什么还要再准备一个动力电池或超级电容来储存电能呢？主要有以下两个原因：

1）动力电池或超级电容可以用来储存减速或制动时回收的能量，而燃料电池本身没有储存电能的功能。

2）由于燃料电池是车载实时发电设备，当驾驶人踩加速踏板要急加速时，从控制器监测到加速信息，到燃料电池产生电能，再到电机接收到电力，都需要一个过程，从而造成"加速迟滞"现象，影响车辆性能。如果此时另有储存电能的动力电池或超级电容及时为电动机提供电能，那么就可以避免燃料电池汽车的"加速迟滞"现象。

扫码观看丰田 MIRAI 燃料电池汽车视频

9.2 燃料电池发电原理

燃料电池是怎样产生电能的？

燃料电池是一种不燃烧燃料而直接以电化学反应方式将燃料的化学能转变为电能的高效发电装置。其发电的基本原理是：电池的阳极（燃料极）输入氢气（燃料），氢分子（H_2）在阳极催化剂的作用下被离解成为氢离子（H+）和电子（e−）；H+ 穿过燃料电池的电解质层向阴极（氧化极）方向运动，电子因不能通过电解质层而由外部电路流向阴极；在电池阴极输入氧气（O_2），氧气在阴极催化剂的作用下离解成为氧原子（O），与通过外部电路流向阴极的电子和燃料穿过电解质的 H+ 结合生成稳定结构的水（H_2O），完成电化学反应放出热量。

$$2H_2+O_2= 2H_2O$$

这种电化学反应与氢气在氧气中发生的剧烈燃烧反应是完全不同的，只要阳极不断输入氢气，阴极不断输入氧气，电化学反应就会连续不断地进行下去，电子就会不断通过外部电路流动形成电流，从而持续地向汽车提供电力。

燃料电池与锂离子蓄电池等迥然不同，其结构由正极、负极和质子交换膜构成，但它并不储存电能，不是"蓄电池"，而是"发电池"，它利用供给的燃料（氢）不停地发电。

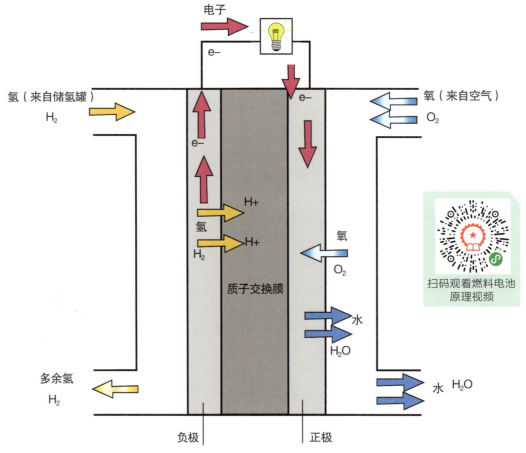

单体燃料电池工作原理示意图

9.3　燃料电池动力系统图解

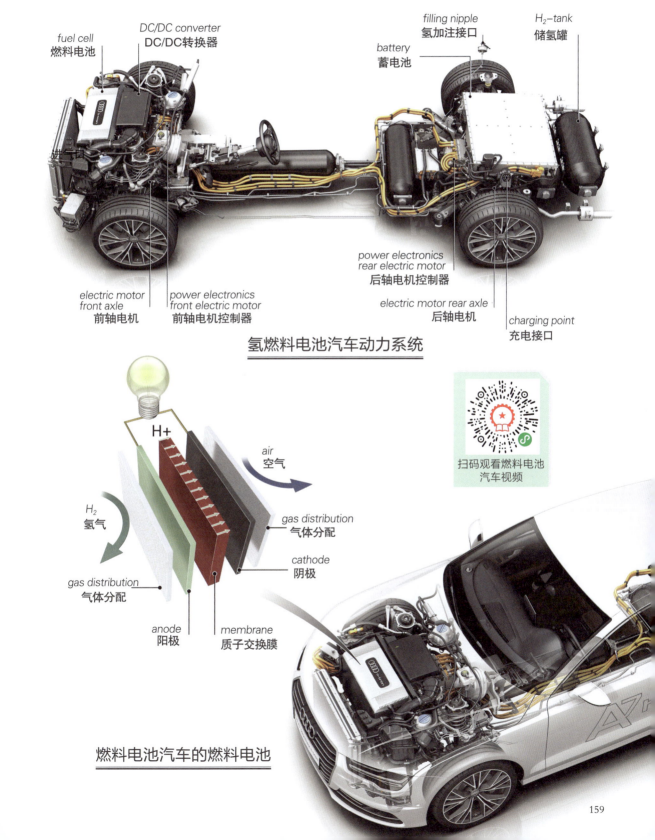

氢燃料电池汽车动力系统

燃料电池汽车的燃料电池

第10章 悬架系统

10.1 悬架的作用和构造

悬架起什么作用?

为什么我们有时走在坑坑洼洼的路面上身体仍然能保持平衡?甚至我们上楼梯时身体也能保持垂直和平稳,就是因为我们的双腿能根据路况而自动弯曲和伸直,这样我们走起路来就不会左摇右晃。汽车也一样,当在不平路面上行驶时,车轮与车身之间的悬架系统也会自动压缩、弯曲和伸直,使车轮尽量与地面保持最大的接触面,让车身尽量保持原来的平稳行驶状态。因此,悬架就像是汽车的腿,上面连接车身,下面连接车轮,起到承上启下的作用,可以保证汽车平稳行驶。悬架是指车轮与车身之间连接的部分,从形式上看,它主要有两个作用:一是将车轮悬挂在车身下面;二是将车身支撑在车轮上面。

如果从悬架自身性能上看,它主要起两大作用:一是减振作用,这也是当初在汽车上采用悬架的主要原因;二是支撑作用,它要对庞大的车身起到支撑作用(你总不能将车身直接放在车轮上吧)。

扫码观看前悬架系统视频

悬架系统构造图

悬架由哪些部件构成？

悬架系统主要由三种部件组成：连杆、弹簧和减振器。

连接车轮和车身的连杆，控制了车轮运动的方式和角度。我们常听到的双臂式、单臂式、扭转梁式、多连杆式等，就是指连杆结构的种类。

位于连杆与车身之间的弹簧，用来支持车身的重量，也可在车轮通过凸凹不平的路面时发挥缓冲作用。弹簧的种类很多，有螺旋式、钢板式、扭杆式，还有一种橡胶或者是一个充满空气的胶囊。

减振器的功能是抑制弹簧的过分振荡，除了能稳定车身，更重要的是确保车轮与地面有良好的接触。减振器有液压式、充气式、电磁式等。一般来讲，充气式和电磁式的减振器，还可随行车情况而主动调节减振器的性能，实时改变减振器的阻尼。

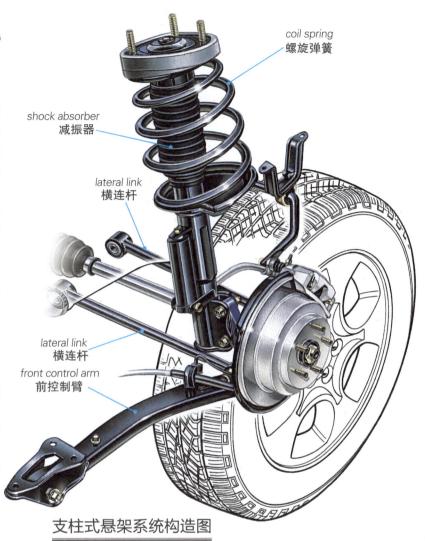

支柱式悬架系统构造图

为什么液压减振器能减振？

液压式减振器是最常用的一种减振器。其原理是在一个钻有小孔和装有活塞的筒内注满压力油，当弹簧振动时油液会被迫流过小孔，因此产生限制作用。而小孔直径的大小，决定了限制（或减振）的作用大小。如果小孔直径较小，则有较强的限制，汽车稳定性会较高；反之，汽车舒适性则较高。设计时，小孔直径的大小要兼顾稳定性和舒适性。

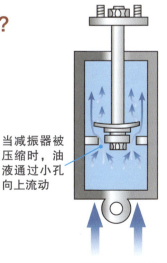
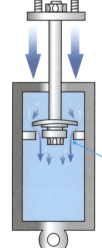

液压减振器工作原理示意图

第 10 章　悬架系统

减振弹簧是怎样起减振作用的？

弹簧在车辆受到路面冲击时，会以本身的压缩变形吸收振动的力量，缓冲不平路面对车身造成的颠簸和振动。然后，在冲击力量消失时，弹簧会在恢复原状的同时释放吸收的能量，自身拉伸变长，从而将车辆往上弹，这种现象即称为回弹（Rebound）。回弹会使车中乘客感到不舒适，而且会造成车辆操控困难，容易发生危险。因此，在悬架中（一般是在弹簧圈中）装置减振器（Shock Absorber），阻止产生回弹。

如果悬架中缺少了减振器，情况就如有些车轮上加装了弹簧的手推车，走起路来车身会不停地摇动。因为，虽然弹簧发挥了它的弹性功能，却没有减振器将车身稳定下来。

弹簧的作用是缓冲地面的冲击，而减振器的作用却是限制弹簧的过分弹力，二者作用截然不同。

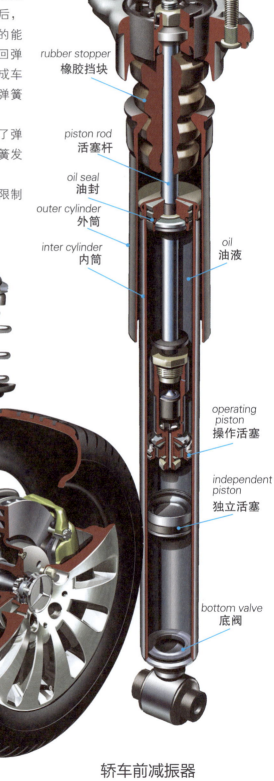

轿车前减振器

10.2 悬架形式

什么是独立悬架和非独立悬架？

简单地说，如果左右两个车轮之间没有硬轴连接、一侧车轮跳动时不会影响到另一侧车轮，就可以定义为独立悬架。

非独立悬架则是指两个车轮之间有硬性连接物，两侧车轮是连接在一体的，当一侧车轮跳动时，另一侧车轮也会受到影响。

独立悬架由于车轮之间没有干涉，可以调校出更好的舒适性和操控性。而非独立悬架由于结构简单，可以获得更好的刚性和通过性。

目前，绝大多数轿车的前悬架是独立式的，后悬架则各有不同：经济型轿车可能采用非独立悬架；中档和高档轿车都采用独立悬架。

↑ 如果没有悬架吸收路面带来的振动，快速奔跑的汽车会非常颠簸，不仅丧失了舒适性，也可能就此失去了使用价值

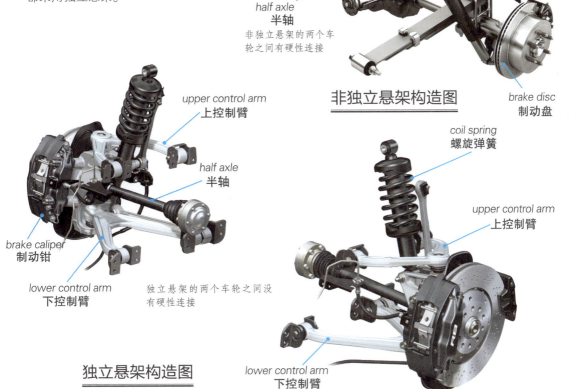

非独立悬架构造图
- shock absorber 减振器
- leaf spring 钢板弹簧
- differential 差速器
- half axle 半轴
- brake disc 制动盘

非独立悬架的两个车轮之间有硬性连接

独立悬架构造图
- upper control arm 上控制臂
- half axle 半轴
- brake caliper 制动钳
- lower control arm 下控制臂
- coil spring 螺旋弹簧
- upper control arm 上控制臂
- lower control arm 下控制臂

独立悬架的两个车轮之间没有硬性连接

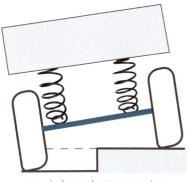
non-independent suspension
非独立悬架形式

独立悬架的两侧车轮间没有硬连接，当一个轮子跳动时，另一个轮子不会跟着跳动。因此，两侧车轮可以各自保持相互独立，都可以尽量与地面保持垂直状态，使轮胎与地面的接触面积较大，保证轮胎的抓地力和行驶的稳定性

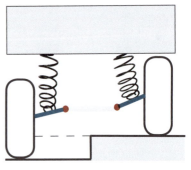
independent suspension
独立悬架形式

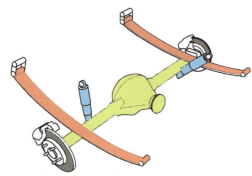
leaf spring suspension
钢板弹簧式悬架

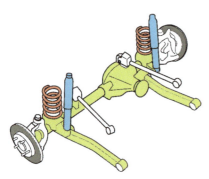
coil spring suspension
螺旋弹簧式悬架

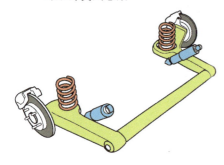
torsion beam suspension
扭转梁式悬架

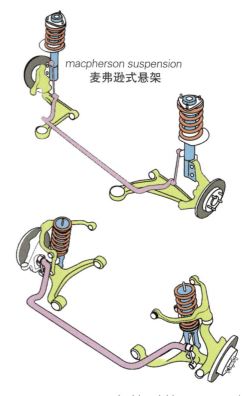
macpherson suspension
麦弗逊式悬架

double wishbone suspension
双叉臂式悬架

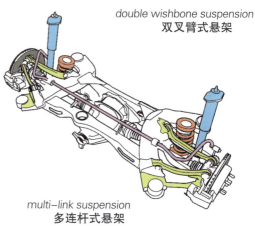
multi-link suspension
多连杆式悬架

悬架形式示意图

什么是麦弗逊式悬架?

麦弗逊悬架由A形控制臂与减振支柱共同组成,车轮的上部通过一根减振支柱与车身相连,下部则是通过一根A形控制臂与车身相连。

上部的减振支柱集成了弹簧和减振器,这根支柱不仅承担支撑车体和减振的任务,而且还要承受车轮上端的横向力。下部的A臂则可以承担车轮下端的横向力和纵向力。

连杆支柱式悬架是麦弗逊式悬架的变种,一般出现在后悬架中。它的下部不再是A臂,而是两根平行连杆和一根纵向拉杆。

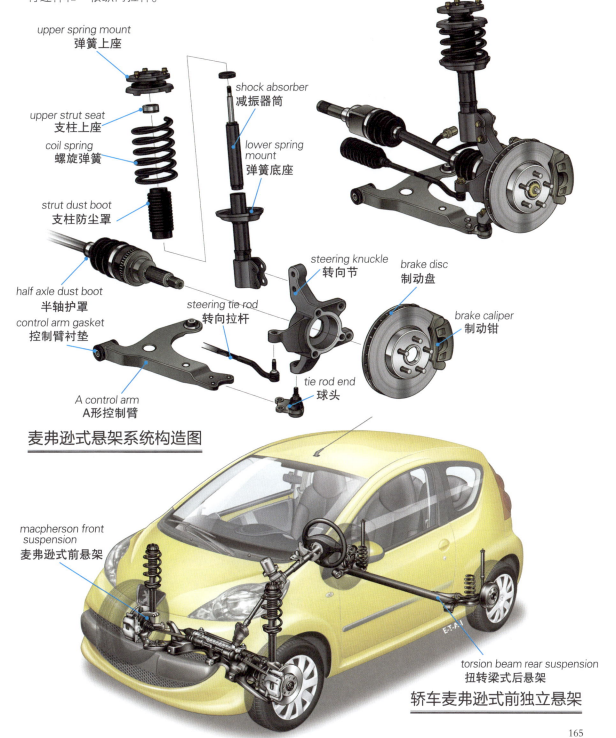

麦弗逊式悬架系统构造图

轿车麦弗逊式前独立悬架

什么是扭转梁式悬架?

扭转梁式悬架的别名有转矩梁式悬架、扭梁杆式悬架等。这种悬架的左右车轮之间通过一个扭转梁连接。一个车轮遇到非平整路面时,那个粗壮的"扭转梁"仍然会对另一侧车轮产生一定的干涉,只不过其干涉程度没有硬轴大而已。现在,厂家一般都把它宣传为半独立悬架。其实,严格来说,应将它归入非独立悬架的范畴。

前麦弗逊、后扭转梁式悬架构造图

扭转梁式后悬架构造图

什么是双叉臂式悬架？

　　双叉臂式又称双 A 臂、双横臂式悬架。它的下部构造与麦弗逊式悬架一样，是一根 A 臂（或称叉臂），同时车轮上部也有一根 A 臂与车身相连，减振弹簧和减振器则一般与下 A 臂相连。此时的减振支柱只承担支撑车体和减振的任务，车轮的横向力、纵向力则都由 A 臂来承担。

　　从构造上看，这种悬架的强度和耐冲击力都要比麦弗逊式悬架强很多。其强度高的特点被 SUV 设计师看中，这也是我们在大多数 SUV 上都能看到它身影的原因。另外，由于轮胎上下均有 A 臂支撑，在悬架被压缩时，两组 A 臂会形成反向力，可以很好地抑制侧倾和制动点头等问题。由于支撑力强，在弯道上也有利于轮胎定位的精准化，从而可以提高过弯极限。因此，它也得到高级别轿车和跑车设计师的青睐。

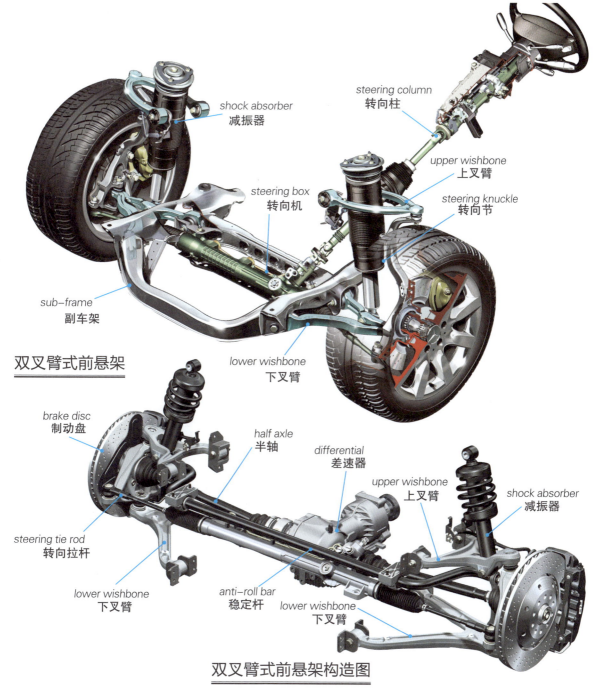

双叉臂式前悬架

双叉臂式前悬架构造图

汽车为什么会跑　图解汽车构造与原理（精装典藏版）　第5版

什么是多连杆式悬架？

悬架是由连杆、减振器和减振弹簧组成的。多连杆式悬架，顾名思义，就是它的连杆比一般悬架要多些。按惯例，一般都把4连杆或更多连杆结构的悬架，称为多连杆式悬架。

多连杆式悬架不仅可以保证一定的舒适性（因为它是完全独立式悬架），而且由于连杆较多，它可以允许车轮与地面尽最大可能保持垂直，减小车身的倾斜，维持轮胎的贴地性。因此，它们的操控性一般都不错。从理论上讲，多连杆式悬架是目前解决舒适性和操控性矛盾的最佳方案。

upper control arm　上控制臂
负责车轮的上下跳动

steering knuckle　转向节
转向节，又称定位臂，它主要负责车轮转向和左右摆动

front control arm　前控制臂

steering tie rod　转向拉杆
和转向节相连，负责传递转向力。正是它的推拉动作才使车轮能够左右转动

rear axle　后桥

rear differential　后差速器

sub-frame　副车架

shock absorber　减振器

upper control arm　上控制臂

brake hydraulic line　制动液管

anti-roll bar　稳定杆

front control arm　前控制臂

lower control arm　下控制臂

稳定杆起什么作用？

稳定杆也称平衡杆或防倾杆，它的两端分别固定在左右悬架上。在汽车转弯时，它可减小车身侧倾程度，使车身尽量保持平衡。稳定杆一般在注重运动性的车型上使用，前后悬架都可使用。

当汽车转弯时，外侧悬架会压向稳定杆，这样稳定杆就会发生扭曲。由于稳定杆是个弹性杆，相当于一根扭杆弹簧，它的弹力会阻止车轮抬起，从而使车身尽量保持平衡。

5连杆后悬架构造图

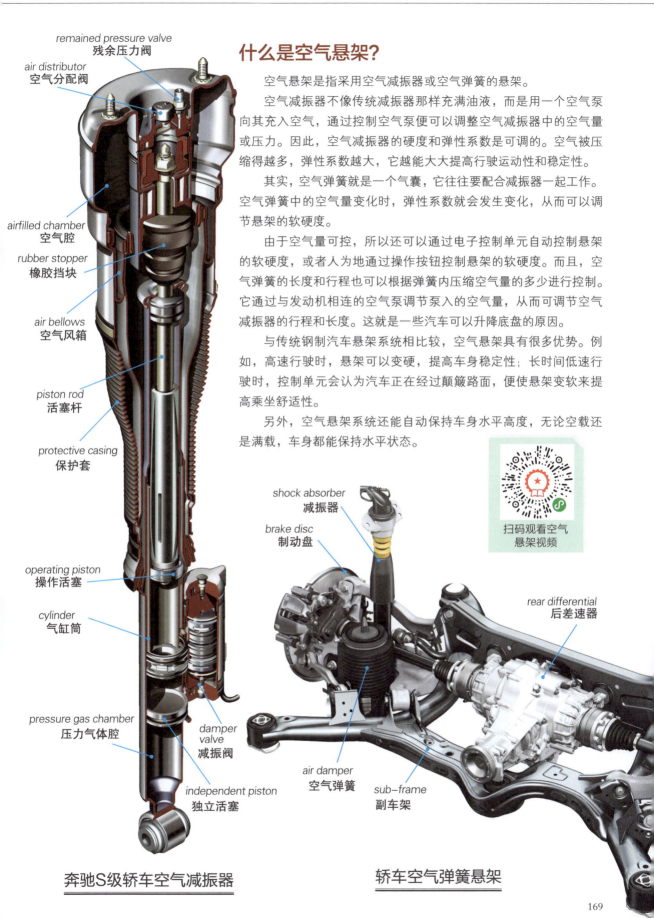

什么是空气悬架？

空气悬架是指采用空气减振器或空气弹簧的悬架。

空气减振器不像传统减振器那样充满油液，而是用一个空气泵向其充入空气，通过控制空气泵便可以调整空气减振器中的空气量或压力。因此，空气减振器的硬度和弹性系数是可调的。空气被压缩得越多，弹性系数越大，它越能大大提高行驶运动性和稳定性。

其实，空气弹簧就是一个气囊，它往往要配合减振器一起工作。空气弹簧中的空气量变化时，弹性系数就会发生变化，从而可以调节悬架的软硬度。

由于空气量可控，所以还可以通过电子控制单元自动控制悬架的软硬度，或者人为地通过操作按钮控制悬架的软硬度。而且，空气弹簧的长度和行程也可以根据弹簧内压缩空气量的多少进行控制。它通过与发动机相连的空气泵调节泵入的空气量，从而可调节空气减振器的行程和长度。这就是一些汽车可以升降底盘的原因。

与传统钢制汽车悬架系统相比较，空气悬架具有很多优势。例如，高速行驶时，悬架可以变硬，提高车身稳定性；长时间低速行驶时，控制单元会认为汽车正在经过颠簸路面，便使悬架变软来提高乘坐舒适性。

另外，空气悬架系统还能自动保持车身水平高度，无论空载还是满载，车身都能保持水平状态。

空气悬架是怎样调节性能的?

空气悬架是一种主动悬架,它可以控制车身高度、车身倾斜度和减振阻尼系数等。空气悬架中的电子控制单元(ECU)根据惯性传感器、车身高度、车速、转向角度和制动等信号实时控制空气压缩机的工作情况。空气压缩机将高压空气输送到每个空气悬架中,根据需要控制每个悬架的行程、阻尼系数和高度等,从而使汽车具有良好的乘坐舒适性和操纵稳定性。

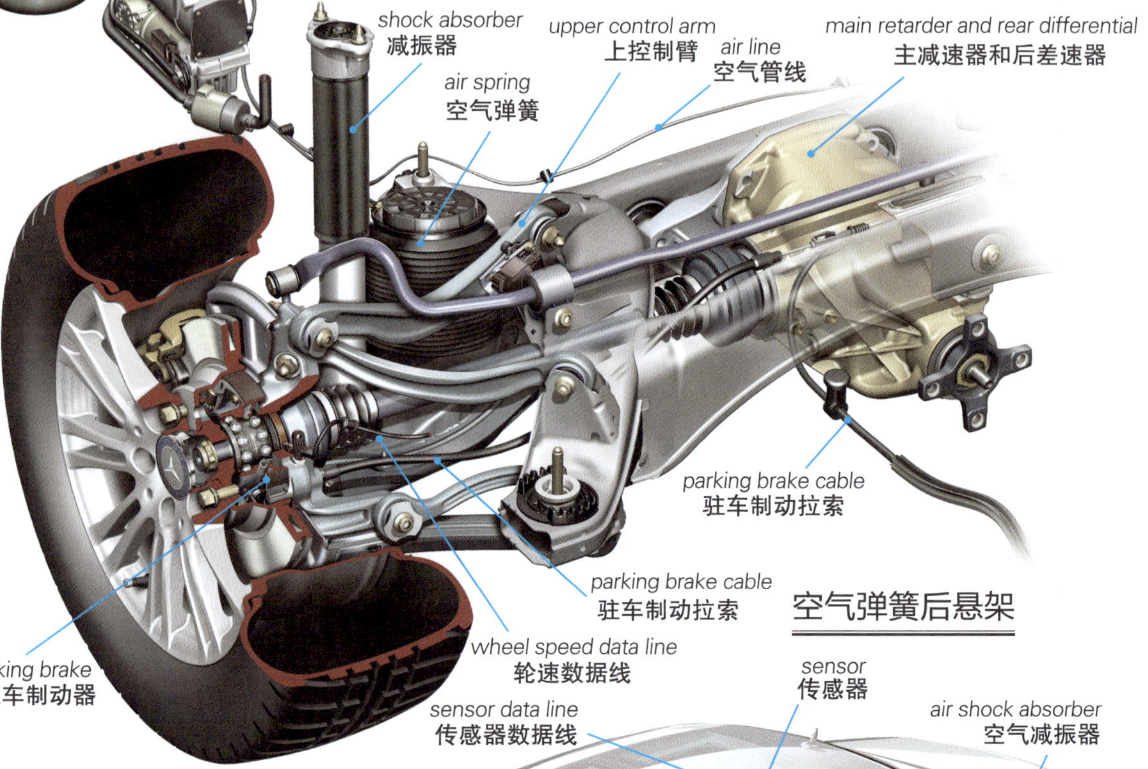

空气弹簧后悬架

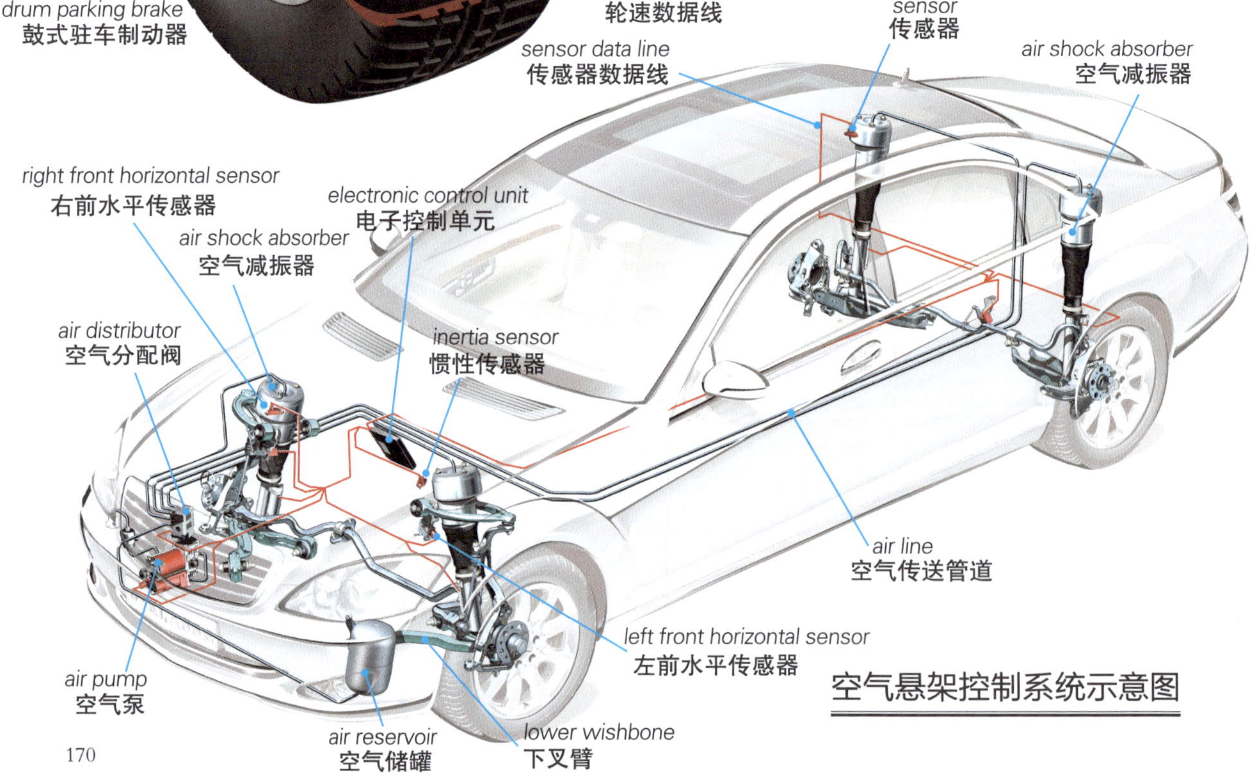

空气悬架控制系统示意图

什么是电磁减振器?

电磁减振器是利用电磁反应原理开发的一种减振器,它可以针对路面情况,在1ms内做出反应,抑制振动,保持车身稳定。特别是在车速很高又突遇障碍时,更能显出它的优势。

在减振器内采用的不是普通油,而是一种被称作电磁液的特殊液体。它由合成碳氢化合物以及3~10μm大小的磁性颗粒组成。一旦控制单元发出脉冲信号,线圈内便会产生电压,从而形成一个磁场,并改变粒子的排列方式。这些粒子马上会按垂直于压力的方向排列,阻碍油液在活塞通道内流动的效果,从而提高阻尼系数,调整悬架的减振效果。

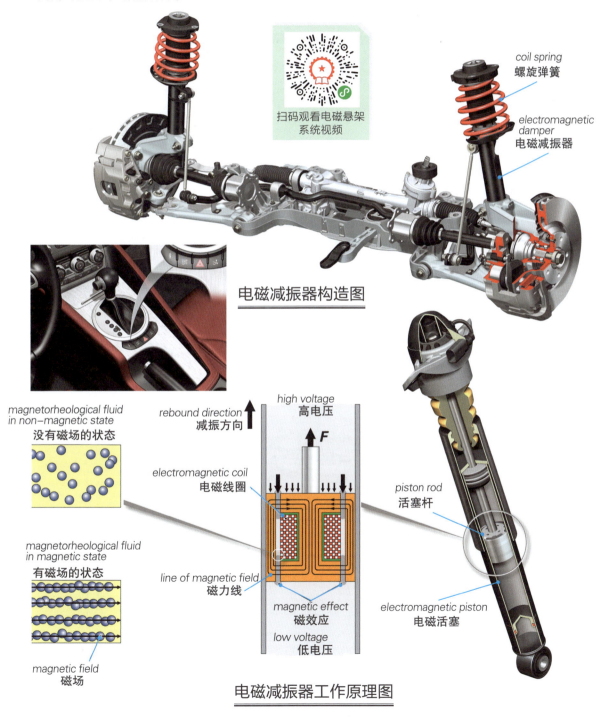

什么是瓦特连杆悬架？

瓦特连杆最初是由英国发明家兼工程师詹姆斯·瓦特发明的，曾在别克英朗、奔驰A级（W169）、奔驰B级车上使用过。当汽车转向时，离心力会作用在车轮上。瓦特连杆的作用就是平衡两边车轮上的这些离心力，将这些力反转到另一边，以减小后轮侧向力对车轮前束的影响，从而使两侧车轮受力始终与路面保持最适宜的接触，达到最佳的附着力。瓦特连杆不仅提高了车辆的驾乘舒适性，也加强了车辆循迹性。

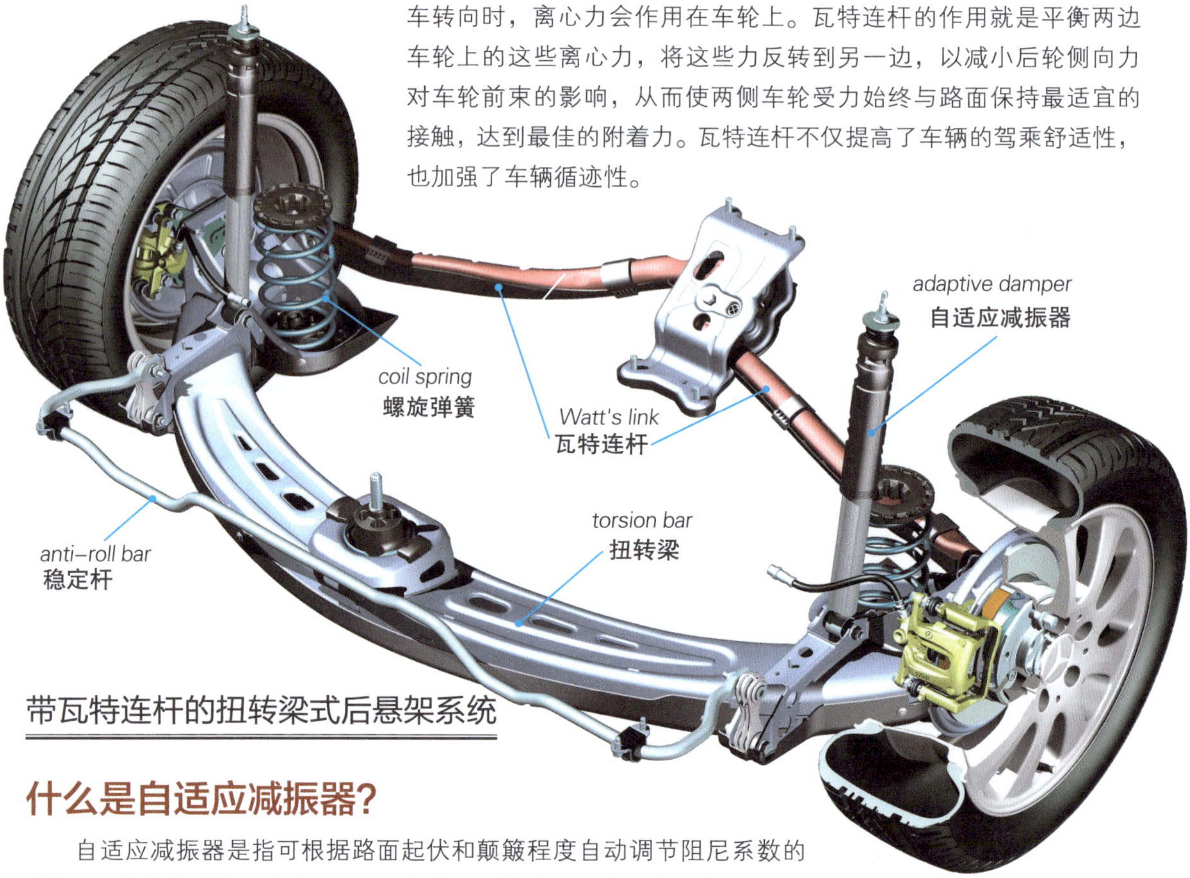

adaptive damper
自适应减振器

coil spring
螺旋弹簧

Watt's link
瓦特连杆

anti-roll bar
稳定杆

torsion bar
扭转梁

带瓦特连杆的扭转梁式后悬架系统

什么是自适应减振器？

自适应减振器是指可根据路面起伏和颠簸程度自动调节阻尼系数的减振器。它有多种实现方式，下图是奔驰A级车曾使用过的自适应减振器，它通过控制油液流动来调节阻尼系数，以适应不同的路面情况。

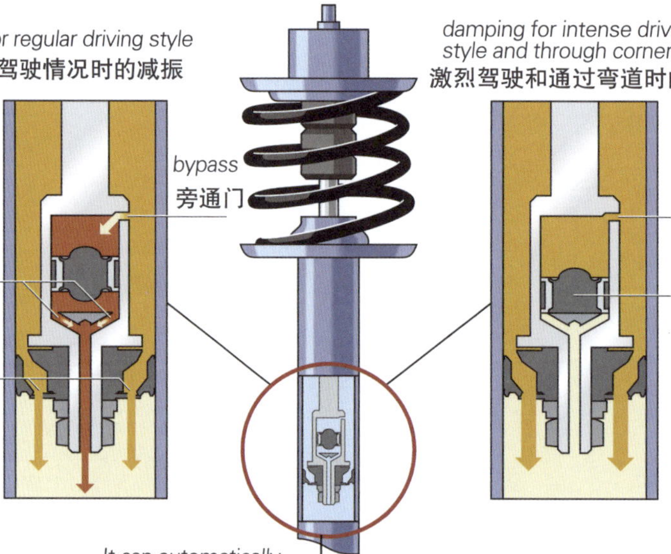

damping for regular driving style
常规驾驶情况时的减振

damping for intense driving style and through corners
激烈驾驶和通过弯道时的减振

slight wheel movements prompt metered oil flow out of the bypass to chamber, reducing overall damping
车轮的柔和运动可以让油液通过旁通门进到中间腔，从而降低整个阻尼效果

bypass
旁通门

bypass
旁通门

intense wheel movements cause the piston to close the bypass, enabling the full damping effect.
激烈驾驶时，将导致旁通门自动关闭，从而使减振器的阻尼增强，呈现出"强硬"的减振效果

less oil flows through the operating piston, allowing a more comfort oriented damping effect.
在常规驾驶中，如果车轮经历幅度很小的垂直运动，那么控制活塞将会位于中心位置，同时保持溢流槽开启，油液流经阻尼阀，同时降低减振器的整体液压阻力，呈现出"柔和"的减振效果

It can automatically adjust the damping of the soft and hard according to the fluctuation of the road surface.
可根据路面起伏和颠簸的程度自动调节阻尼的软硬度

自适应减振器构造示意图

10.3 悬架性能

为什么说簧下质量对悬架性能影响较大？

簧下质量是指不由悬架系统中的弹性元件所支撑的质量，一般包括车轮、弹簧、减振器、制动轮缸以及其相关部件等的质量。簧上质量则是指车辆剩余部分的质量，包括车架、动力系统、传动装置和驾乘人员等的质量。

对于一辆汽车来讲，簧上质量与簧下质量之比越大，就意味着该车拥有越好的乘坐舒适性。同时，较小的簧下质量也意味着悬架系统拥有较好的动态响应能力和操控性。

当车轮遇到来自路面的冲击时，如果簧下质量较大，那么它就会有较大的运动惯性，应对路面的反应能力就会变弱，就会将这种路面的起伏状态直接传递给车身，而悬架系统不能完成过滤振动、吸收冲击的任务。反之，较小的簧下质量就会使悬架系统拥有更好的动态响应，可迅速灵活地应对路面的冲击，以达到车身平稳。

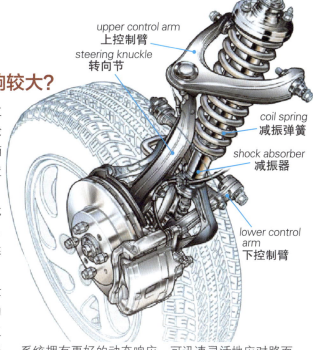

为什么说悬架都是妥协设计？

悬架系统既要满足舒适性的要求，又要兼顾操纵稳定性的要求，而它们往往又是相互矛盾的。悬架软时，乘坐较舒服；但悬架太软，就会出现制动点头、操纵不稳等现象，影响运动性能。因此，悬架设计只好在舒适性和运动性之间做出妥协，根据车型定位确定它们的具体妥协点。

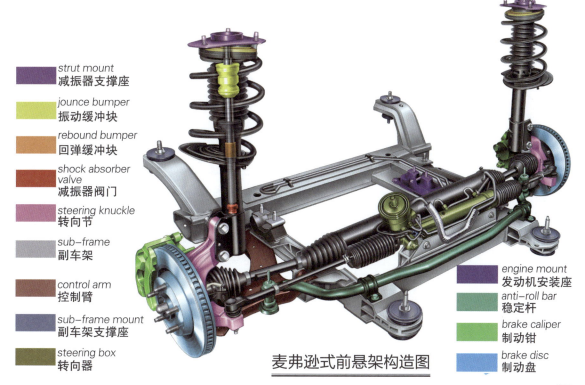

麦弗逊式前悬架构造图

第11章 转向系统

11.1 转向形式

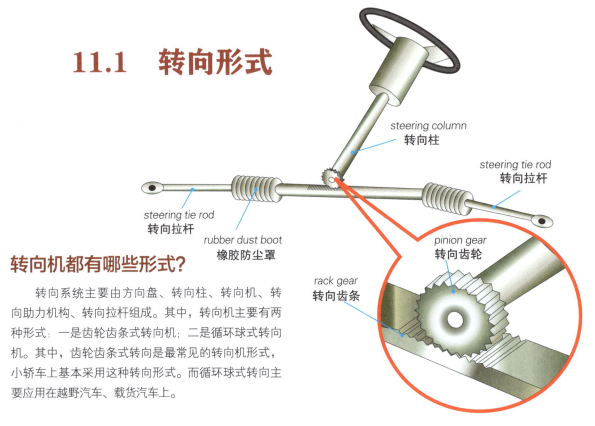

齿轮齿条式转向系统构造示意图

转向机都有哪些形式？

转向系统主要由方向盘、转向柱、转向机、转向助力机构、转向拉杆组成。其中，转向机主要有两种形式：一是齿轮齿条式转向机；二是循环球式转向机。其中，齿轮齿条式转向是最常见的转向机形式，小轿车上基本采用这种转向形式。而循环球式转向主要应用在越野汽车、载货汽车上。

什么是齿轮齿条式转向？

在现代轿车上，最常见的转向机是齿轮齿条式转向机。方向盘下面的转向柱末端是个齿轮，这个齿轮与一个齿条相啮合，而齿条则通过转向拉杆与前轮相连。当转动方向盘时，转向齿轮便会带动转向齿条左右运动，进而由转向拉杆推拉前轮进行左右摆动，这样就可以控制汽车向左转、向右转。齿轮齿条式转向结构简单，可靠性强，而且传递路感比较直接和清晰。

扫码观看转向系统视频

齿轮齿条式转向工作原理图

可变齿比转向是怎么回事？

转向机的作用是将方向盘的转动转换成横向的左右运动。为了使转向操作轻便，转向机被设计成减速传动机构，其减速比就称为转向机的传动比。

为了让驾驶人在低速转动方向盘时更轻便、高速转动方向盘时更沉稳，可将齿条上的齿比设计成可变的，即可变齿比转向系统。

与传统齿轮齿条式转向系统上疏密一致的齿条构造有所不同，可变齿比转向系统采用两边稀疏、中间细密的齿比结构。也就是说，它的转向齿比是可变的，齿条中间位置的转向齿比较小，而两端的转向齿比较大。

高速行驶时，一般转动方向盘的角度较小，此时只使用齿比较密的中间齿条段，这样转向就会精确、稳定；而在低速状态下，则往往要大幅度转动方向盘，此时则使用齿比较疏的两端齿条段，可以让转向更灵敏。

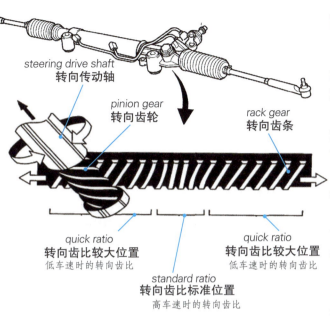

可变转向齿比转向机构造示意图

什么是循环球式转向？

循环球式转向机是利用滚球沿着沟槽运动来传递转向力的转向机。循环球能使驾驶人获得非常圆滑的转向手感，遇到颠簸路面时也不会使方向盘产生较大的振动。因此，在大货车、大客车、越野车和重型 SUV 上较多使用循环球式转向机。

循环球式转向机结构复杂，零部件较多，制造成本也较高，而且转向灵敏性较差，因此在普通轿车上很少采用。

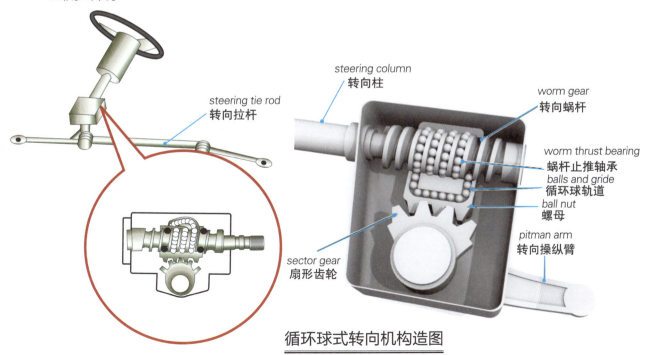

循环球式转向机构造图

11.2 转向助力

为什么转向需要助力？

开车应该是一件轻松愉快的事，因此汽车工程师们想尽办法提高汽车的操控性，如在操控制动系统、离合器等必须消耗体力的驾车动作上，都尽量提供助力。转动方向盘也需要消耗体力，尤其是对于女性驾驶人来说，如果方向盘太沉，可能会更加费力。为此，工程师们为汽车转向增加了液压助力或电动助力，利用液压机构或电动机的力量帮驾驶人轻松转动方向盘。

但是，后来人们发现，太大的转向助力对高速行驶时的稳定性不利。在高速公路上行驶时，稍微一动方向盘，在助力的帮助下，前轮就可能有很大的转向动作，这对于高速行驶的车辆来说非常危险。因此，后来又出现了随速助力转向，也就是转向助力的大小可以根据车速的高低而变化。当车速较低时，转向助力较大，以增加停车入位或转弯掉头时的灵活性；当车速较高时，转向助力较小，以保持行驶稳定性。

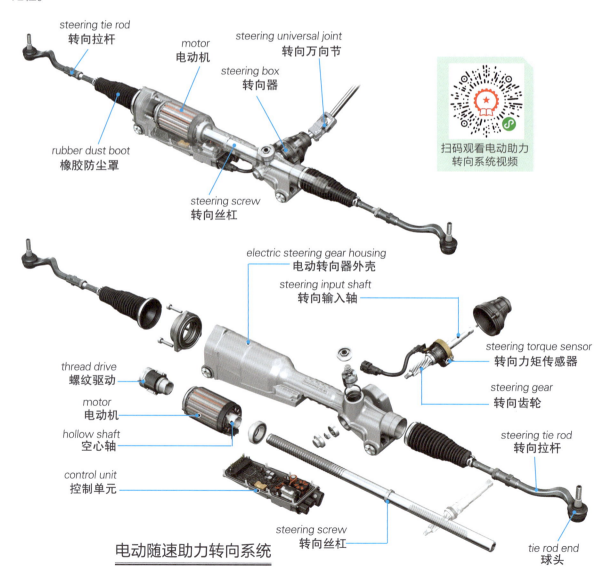

电动随速助力转向系统

电动随速助力转向系统有什么优势？

电动随速助力转向系统简称EPS，是Electric Power Steering的缩写。它可以根据当前车速、发动机转速、转向力和方向盘角度来调整转向助力。车速越高，转向助力越小；反之，则越大。

电动随速助力转向系统的转向助力根据车速大小而自动调节，因此它使汽车驾驶更加轻便和安全。同时，因为它在转向时才会工作，而在直线行驶时并不工作，所以与液压助力相比还可以节省燃油。另外，由于它不存在液压泵工作的问题，即使没有将方向盘回正，长时间停车也不会对转向系统造成伤害。

更为重要的是，在电动随速助力转向系统的基础上还可以实现更多的功能，如泊车辅助、车道保持等。

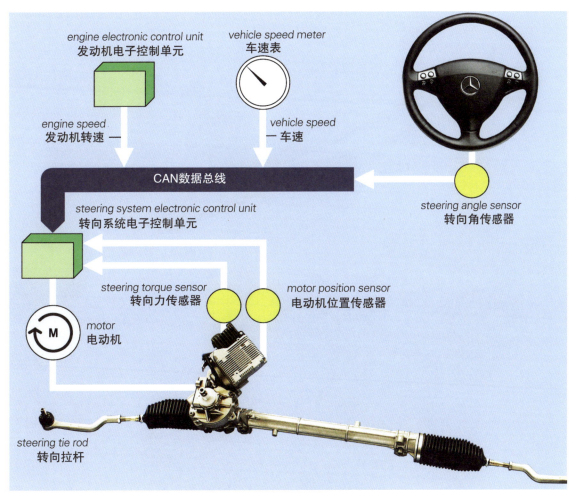

电动随速助力转向原理示意图

电动随速助力转向系统是怎样工作的？

转向助力电动机收集汽车速度的信号，根据汽车速度调整转向助力的大小。当车速较低时，所施加的转向助力较大；当车速较高时，所施加的转向助力较小。施加助力的具体过程是：

1）收集信号决定施加助力的大小。
2）助力电动机根据控制指令旋转电动机蜗杆A。
3）蜗杆A带动中间蜗轮B旋转，并带动同轴的中间齿轮C转动。
4）中间齿轮C与转向丝杠D上的齿条啮合，从而对转向拉杆施加一定的助力。

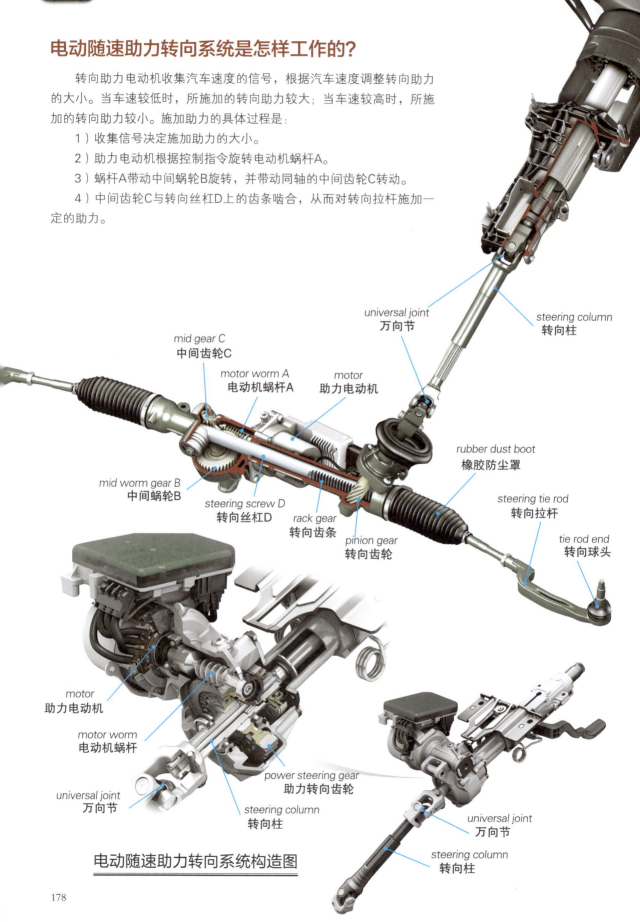

电动随速助力转向系统构造图

11.3 四轮转向

四轮转向有什么优点？

现在，轿车上装备的四轮转向系统，一般都是通过一个电动机来改变后轮的转向角（宝马7系后轮转向角最大达3°，雷诺Laguna GT后轮转向角最大可达3.5°）。

在低速时，后轮与前轮转向相反，以增进汽车的灵敏性，减小转弯直径。这样不仅明显改善了灵活性，而且由于减小了转向力，还进一步提高了驾乘舒适性。

在车速较高的情况下，后轮与前轮转向方向相同，从而可使汽车的转向更加平稳，更顺畅地通过弯道。

↑低速转向时，前轮和后轮转向方向相反　　↑正常车速转向时，后轮不转向　　↑高速转向时，前轮和后轮转向方向相同

四轮转向系统工作原理示意图

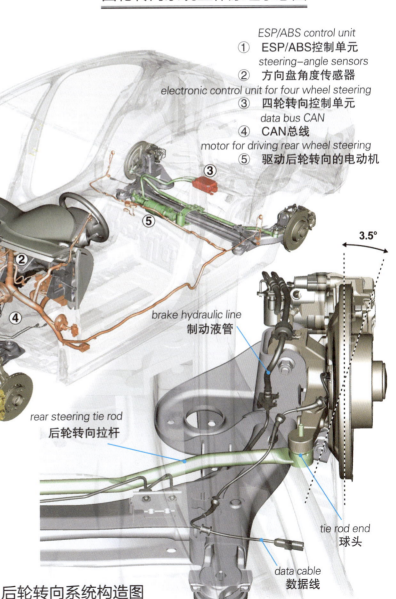

ESP/ABS control unit
① ESP/ABS控制单元
steering-angle sensors
② 方向盘角度传感器
electronic control unit for four wheel steering
③ 四轮转向控制单元
data bus CAN
④ CAN总线
motor for driving rear wheel steering
⑤ 驱动后轮转向的电动机

brake hydraulic line 制动液管
rear steering tie rod 后轮转向拉杆
tie rod end 球头
data cable 数据线

后轮转向系统构造图

扫码观看奥迪四轮转向系统视频

第12章 制动系统

12.1 制动系统形式

扫码观看制动系统视频

什么是鼓式制动？

汽车的制动形式主要分鼓式和盘式两大类。它们的原理都是由固定不旋转的部分(制动蹄或制动钳)以一定的力量压迫与车轮一同旋转的部分(制动鼓或制动盘)，从而强制车轮制动。

之所以叫鼓式制动，是因为有一个制动"铁鼓"。制动鼓安装在轮毂上，随车轮一起旋转。它由铸铁制成，形状像是圆鼓。制动时，轮缸活塞推动制动蹄，制动蹄上有摩擦衬片，它压迫制动鼓，使制动鼓受到摩擦而减速，迫使车轮停止转动。

鼓式制动有制动片磨损较少、成本较低和维修较容易等优点。因此，它目前仍广泛应用在经济型轿车后轮上。

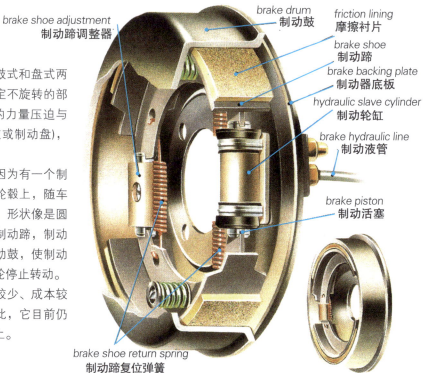

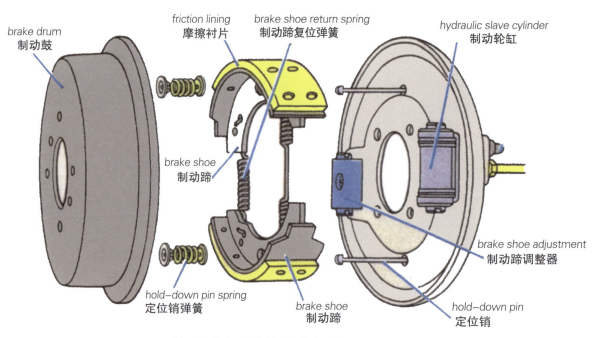

鼓式制动系统构造分解图

什么是盘式制动?

盘式制动器又称为碟式制动器,是因其形状而得名。它由液压控制,主要零部件有制动盘、制动轮缸、制动钳、制动液管等。制动盘用合金钢制造并固定在车轮上,随车轮转动。制动轮缸固定在制动器的底板上。制动钳上的两个摩擦片分别装在制动盘的两侧。制动轮缸的活塞受制动液管输送来的液压作用,推动摩擦片压向制动盘发生摩擦制动,动作起来就好像用钳子钳住旋转中的盘子,迫使它停下来一样。

盘式制动器散热快,重量轻,构造简单,调整方便。特别是高负载时的耐高温性能好,制动效果稳定,而且不怕泥水侵袭(离心力的作用可将雨水飞散出去)。也正是因为盘式制动器的性能更出众,所以除经济型轿车的后轮制动外,现在轿车大都采用盘式制动。

扫码观看盘式制动系统视频

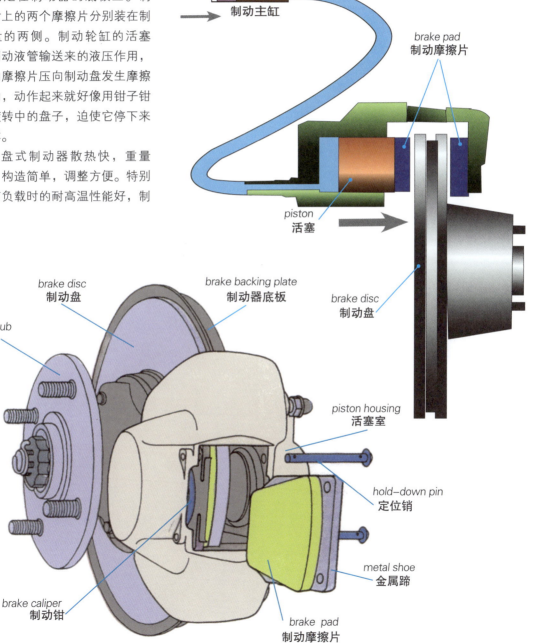

盘式制动系统构造分解图

为什么通风盘式制动性能更好？

制动过程实际上是利用摩擦力将动能转化为热能的过程。如果能尽快将热能释放出去，那么无疑会加快能量转化速度，从而使汽车尽快失去动能而制动。由于盘式制动的散热性能较好，可以使制动系统快速散热，因此从制动理论上讲，盘式制动的性能要优于鼓式制动的性能。

为了进一步提高制动性能，有些制动盘上还打有许多小孔，或将制动盘设计成空心通风式，从而加速散热效果。这就是我们常说的通风盘式制动。

制动盘通风示意图

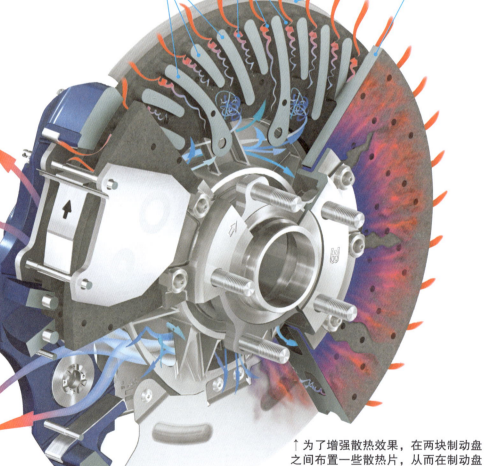

↑为了增强散热效果，在两块制动盘之间布置一些散热片，从而在制动盘之间形成通气孔。当制动盘旋转时，在离心力的作用下，制动盘产生的热气就会顺着通气孔迅速发散。

通风制动盘散热示意图

12.2 驻车制动

驻车制动系统装置在哪里？

一般轿车的驻车制动器（俗称"手刹"）都采用鼓式制动器，而且都是安装在后轮盘式制动器内。因此，当拉起驻车制动器手柄时，制动效应只对两个后轮起作用。

驻车制动时，往往只对两个后轮起制动作用。因此，在做"漂移"动作时，为了让后轮产生滑动、前轮保持转动，一般都是通过拉驻车制动器手柄（手刹）来实现的。

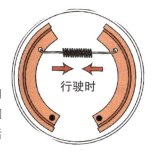
行驶时

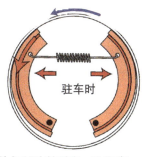
驻车时

↑汽车行驶时，制动摩擦片与制动鼓脱离，没有摩擦；拉起驻车制动器手柄时，实际上就是将制动摩擦片拉向制动鼓的内壁，让它们之间产生摩擦作用，从而使车轮停止转动，达到驻车不动的目的

鼓式驻车制动器工作原理示意图

电子驻车制动是怎样工作的？

电子驻车制动（俗称"电子手刹"）是指以电传线控（Drive By Wire）方式操作驻车制动系统。它不再通过驾驶人手拉拉索的方式传递驻车指令，而是通过电子信号来传递驻车指令，并通过电控单元和电动机来完成驻车动作。电子驻车制动主要有两种形式：

一是拉索牵引式。它与传统的机械式驻车制动的最大区别就是将手拉拉索改为电动机牵引拉索。电动机由电控单元控制。当驾驶人操作电子驻车制动按键时，就可以控制驻车制动器动作。

二是整体卡钳式。它不再采用额外的鼓式驻车制动，而是采用电动机和减速机构直接作用在原来的制动钳上，由电动机产生的驱动力作用在制动盘上，从而帮助车辆驻车制动。

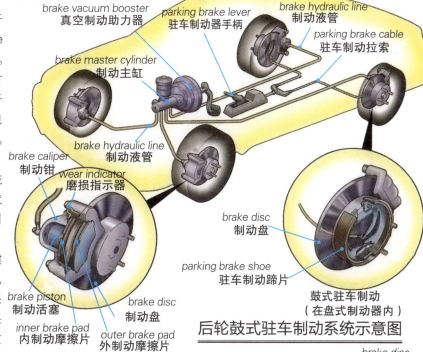

后轮鼓式驻车制动系统示意图

拉索牵引式电子驻车制动器

整体卡钳式电子驻车制动器

为什么一踩制动踏板制动灯就会亮？

我们知道，当驾驶人踩制动踏板时，车尾部的制动灯就会亮起，哪怕你稍一踩制动踏板，制动灯也会很敏捷地亮起。这是为什么呢？

其实，道理非常简单，在制动踏板的上方有制动灯继电开关，在正常行驶状态下制动踏板和制动灯开关是完全接触的，此时制动灯不亮。只要制动踏板被踩下，这个继电开关就会断开，从而接通制动灯的电路，使制动灯被点亮。

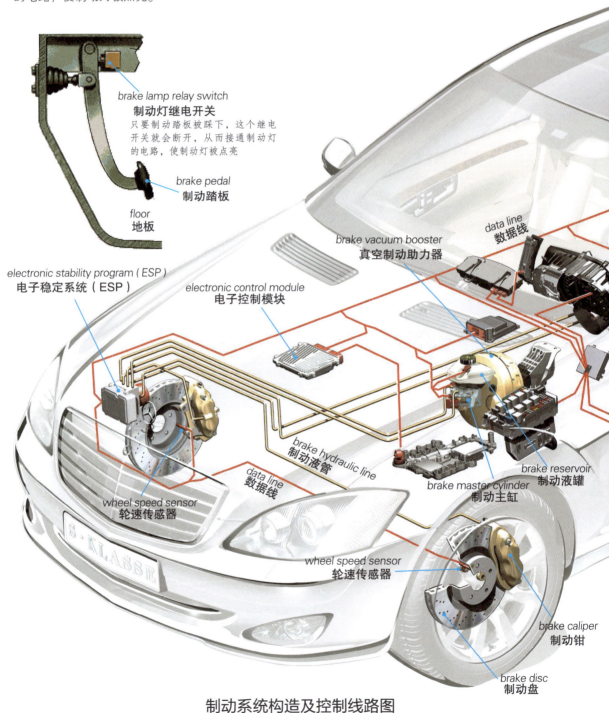

制动系统构造及控制线路图

12.3　陶瓷复合制动盘

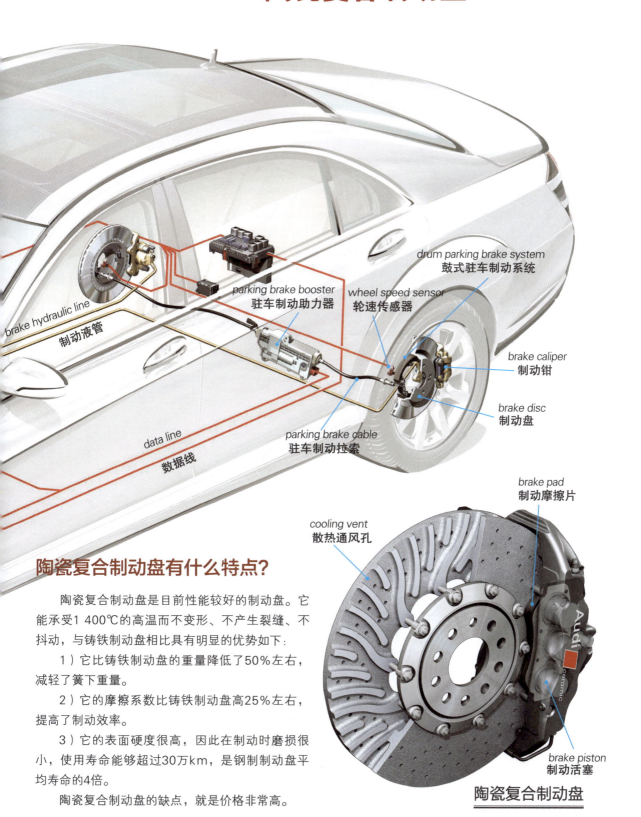

陶瓷复合制动盘有什么特点？

陶瓷复合制动盘是目前性能较好的制动盘。它能承受1 400℃的高温而不变形、不产生裂缝、不抖动，与铸铁制动盘相比具有明显的优势如下：

1）它比铸铁制动盘的重量降低了50%左右，减轻了簧下重量。

2）它的摩擦系数比铸铁制动盘高25%左右，提高了制动效率。

3）它的表面硬度很高，因此在制动时磨损很小，使用寿命能够超过30万km，是钢制制动盘平均寿命的4倍。

陶瓷复合制动盘的缺点，就是价格非常高。

陶瓷复合制动盘

扫码观看真空制动助力器视频

12.4 制动助力器

真空制动助力器是怎样帮助制动的?

即使有液压助力帮助驾驶人进行制动，但对于力量相对弱小的女性驾驶人来说，如果没有足够的力踩制动踏板，那么遇到紧急情况时也非常危险。因此，几乎在所有轿车的发动机室靠近驾驶人的位置，也就是在制动踏板与制动主缸之间，都安装了一个像炒菜锅一样的部件，那就是帮助制动的真空制动助力器。

真空制动助力器的原理非常简单，它中间有一个橡胶膜片将真空助力器的内腔一分为二，其中一侧引入发动机进气歧管内的负压。当驾驶人踩制动踏板时，真空助力器内腔的另一侧就会流进大气，这样在橡胶膜片两侧就会产生压力差（一侧是真空，另一侧是大气），膜片就会在压力差的作用下被推动，从而产生制动助力。

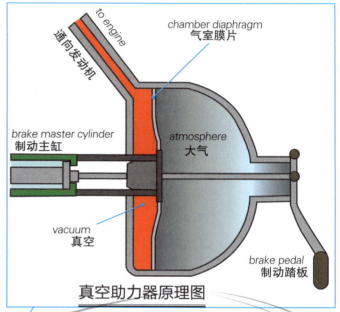

真空助力器原理图

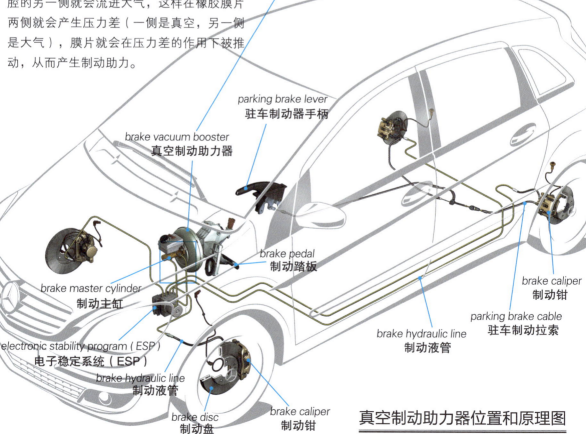

真空制动助力器位置和原理图

第13章 电气系统

13.1 灯光照明

什么是卤素灯？

卤素灯的发光原理是：灯丝在充有卤素气体的石英灯泡内发光。温度越高，发出的光就越强。卤素气体的作用就是在高温下保护灯丝。卤素车灯的能耗较高，每只灯泡的功率一般为55W。

氙气灯是怎样发光照明的？

氙气灯是一种含有氙气的前照灯，又称高强度放电式气体灯（High Intensity Discharge，缩写为HID）。它的发光原理是通过安定器以23kV高压刺激氙气与金属卤化物，使其发出原子光谱而发光。光谱的色温与金属卤化物的成分有关，通常HID的色温可以达到4 000~12 000°F（1°F=-17.22℃）。仔细观察你会发现，在HID灯泡的灯管内还有一颗小小的玻璃球，玻璃球两端有两个电极，里面没有灯丝，这便是HID与卤素灯的区别。

一般的55W卤素灯只能产生1 000lm的光，而35W氙气灯能产生3 200lm的强光，亮度提升了300%。

氙气灯是利用电子激发气体发光，无钨丝存在，因此寿命长，约为3 000h，而卤素灯的寿命只有500h。另外，氙气灯功率只有35W，而发出的光是55W卤素灯的3倍以上，能节省大约40%汽车电力系统的负荷。

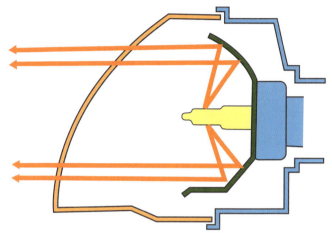

↑普通卤素前照灯一般利用反射原理，发光体位于反射灯罩抛物线面的焦点。当光线照射到反射罩上后就会向车前方反射灯光，而且反射面越完整，发光效率就越高。普通汽车前照灯的反射面左右比上下完整，光源利用率大约只有40%，就是说只有40%的灯泡的光被反射到路面上

卤素前照灯构造示意图

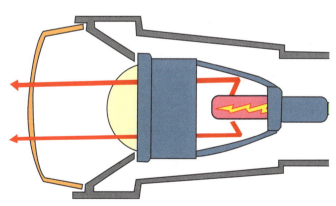

↑氙气前照灯一般采用凸透镜装置，也就是采用所谓的投射式灯具。氙气前照灯的发光体位于后面椭圆镜面的焦点，而前面凸透镜的焦点与椭圆的焦点重叠，这样就可把灯光直射到车前方。与反射式灯具相比，投射式灯具光源的利用率更高，可以达到80%，是普通卤素前照灯的两倍

氙气前照灯构造示意图

随动转向前照灯有什么优点?

随动转向前照灯系统也称自适应前照灯系统（Advanced Frontlighting System，简称AFS）。在行驶过程中，当驾驶人转动方向盘时，前照灯也会转动一定角度（一般为15°），以消除照明死角。尤其是当弯道边上有行人或骑车人时，随动转向前照灯就显得尤为重要。

随动转向前照灯的随动功能一般在车速大于10km/h时自动激活。前照灯上装有步进电动机及其控制器。转弯时，该步进电动机跟随驾驶人转动方向盘的角度，不断地调整灯光在水平方向上的照射方向。灯光转动的角度在转弯方向的内侧最大可达15°，在外侧最大可达7.5°。

随动转向前照灯构造图

随动转向前照灯可在包括驾乘人员变化在内的载荷变化或者路面变化时，自动调整照射距离和上下角度。例如：在汽车上坡时，稍向上抬起一定角度，以照亮坡道上方的路面；下坡时降低一定角度，以保证照射距离。如果前后载荷发生变化，它也会根据情况自动调整照射角度，以便让驾驶人看清更宽阔的前方路面情况。它既可以让驾驶人看清楚路面，又可避免对面驶来的车辆使驾驶人眩目。

驶入弯路时的车灯照射范围：无随动转向前照灯的车为虚线区域，有随动转向前照灯的车为黄色区域

随动转向前照灯弯道照明示意图

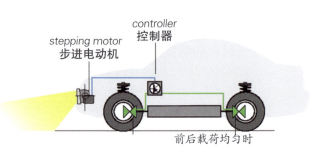

前后载荷均匀时

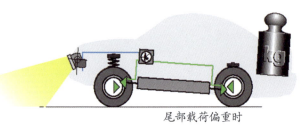

尾部载荷偏重时

随动转向前照灯角度调节示意图

什么是矩阵LED前照灯？

奥迪的矩阵LED前照灯已装配在多个车型系列中。以奥迪A8为例，矩阵LED前照灯由25个发光二极管组成，它产生的光线与日光相似，色温约为5 500K。每只灯的能耗仅为40W，比目前高效的氙气前照灯还低。LED灯红色发光二极管的最高温度约120℃，白色约150℃，远低于最高400℃的卤素前照灯，因此不会过热。同时，风扇能将LED灯产生的热量吹向灯罩，从而避免灯罩在冬天可能出现的冰雪凝结现象。

当前照灯开关处于"自动"状态，并同时开启了远光灯，且车辆速度达到或超过60km/h时，矩阵LED前照灯将会被激活。在激活状态下，一旦灯光系统所连接的摄像头检测到前方有其他交通对象，比如骑车人等，灯组控制器就会立即关闭射向该对象的LED灯源，其他灯源继续保持照明，或使灯光分成64个阶段变暗。矩阵LED前照灯组投射出的光线能够自动避开逆向驶来的车辆和前方行驶的车辆。一旦逆向车辆驶离，矩阵LED前照灯会自动切换回全功率状态，继续为驾驶人提供最佳的照明视野，并且不会对道路上的其他车辆或行人造成眩目，同时它还能为车辆旁边区域提供充足的照明。

在奥迪A8等车型上，矩阵LED前照灯可与夜视辅助系统相互配合。当夜视辅助系统监测到有行人出现在车辆前方的关键区域时，矩阵灯组中的一个LED灯会对着前方行人自动连续快速闪烁3次，目的是将行人突出照亮，与周围背景形成明显的对比，起到警告行人和驾驶人的作用。

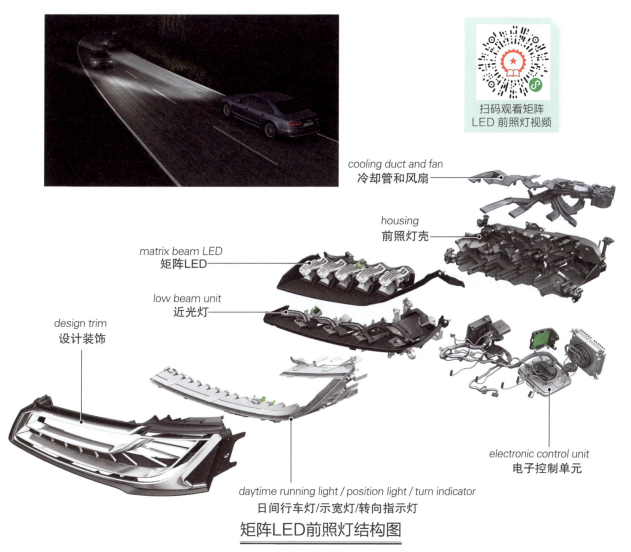

扫码观看矩阵LED前照灯视频

矩阵LED前照灯结构图

采用日间行车灯有什么好处？

为提高行车安全性，欧盟规定，自2011年起，欧盟境内所有新车必须安装LED日间行车灯（Daytime Running Light，简称DRL）。日间行车灯不是为了照亮车前道路，而是为了让其他车辆和行人看到自己，从而提前避让。

随着LED灯光技术的进步，LED日间行车灯越来越流行，加上LED日间行车灯对车辆的辨识度非常高，又能增强汽车造型的美感和个性，现在几乎成为新车型上的必备车灯。

当发动机起动后，日间行车灯就会自动点亮。当打开近光灯时，它便自动熄灭。现在，大多车型都采用LED灯作为日间行车灯，因此它的耗电量极小，甚至可忽略不计。

边灯在转弯时才会点亮，以照亮转弯方向的道路。第一代AFS上就存在边灯，第三代AFS时它仍然存在。

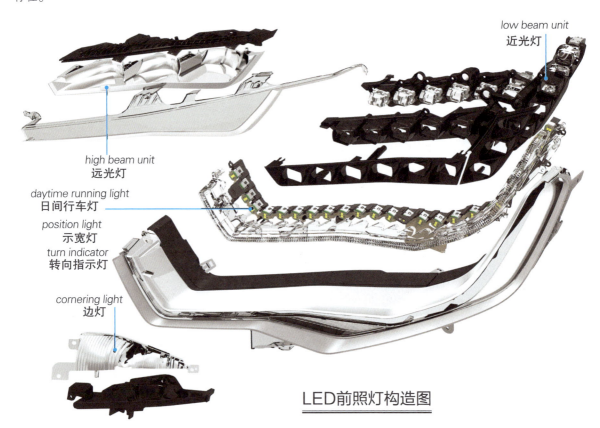

LED前照灯构造图

什么是全天候灯？它有什么特点？

全天候灯现在已替代了传统的雾灯，它与传统雾灯有两大不同：一是它与前照灯整合在一起；二是当在下雨、潮湿的路面行驶时，它会自动调整，以防驾驶人被自己车的灯光反射眩目。

由于雾灯被全天候灯所取代，因此在这样的汽车上已看不到设置在下方的雾灯。

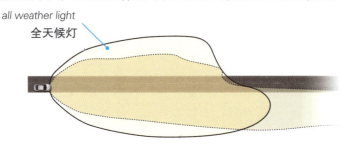

激光前照灯有什么优势？

2014年，奥迪在高性能超级跑车R8 LMX上配备激光远光灯，实现了该技术在全球的首次量产。在此之前，该技术曾安装在奥迪R18 e-tron quattro赛车上，并经过"勒芒24h耐力赛"的严酷检验。

新一代激光远光灯可以照射出长度达数百米的光柱，它的照明距离是普通LED远光灯的2倍。这个超长的光柱是由前照灯总成内的一个激光模块生成，每个模组内含有4个直径仅为0.3毫米的激光二极管，它们可以发出一束波长为450nm的蓝色单色激光，然后通过转换器将激光转化为色温5 500K的白光。

激光远光灯在车速超过60km/h后被激活，配合智能摄像头，它还可以自动识别对向的行车人员并自动开启防眩目功能。得益于此，激光前照灯不仅为驾驶人提供了更远的视野，同时还大大提高了行车安全。

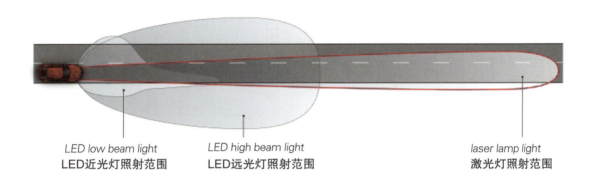

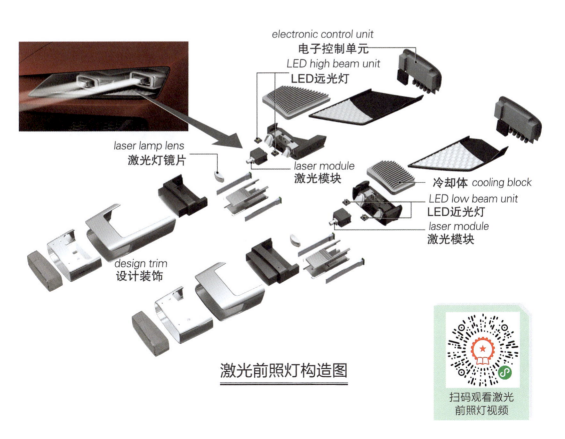

激光前照灯构造图

扫码观看激光前照灯视频

自动前照灯是怎样工作的？

自动前照灯系统中有两个光线传感器，一般都固定在车内后视镜与前风窗玻璃之间，一个用来检测车辆前方的光线，另一个用来检测车辆周围的光线。事先设定一个光亮度区间，当前方或周围的光亮度低于设定亮度区间的下限时，光线传感器就会将信息传递给中央控制单元，由中央控制单元指挥前照灯点亮；当前方或周围亮度高于设定亮度区间的上限时，前照灯就会熄灭。

① housing
　外罩
② light sensor
　光线传感器
③ frontal light sensor
　前方光线传感器
④ ambient light sensor
　周围光线传感器
⑤ central cabin control unit
　中央控制单元
⑥ lighting
　前照灯

自动前照灯控制系统示意图

雨感刮水器是怎样感应雨水的？

雨感刮水器的核心部件是雨量传感器。它可以检测落在前风窗玻璃上的雨量，然后将信号传递到中央控制单元，由它来控制刮水器电动机的工作。

雨量传感器有多种形式，如红外线等。右图是法国雷诺公司采用的二极管传感器，它利用发光二极管向风窗玻璃投射光线，如果有雨滴落在玻璃上，就会反射光并被光敏二极管接收，光敏二极管的电压就会发生变化。二极管有一个设定好的电压值，当超过这个电压值后，中央控制单元就会指挥刮水器电动机的工作，并根据电压值的大小来自动调节刮水器的工作频率。

① housing
　外罩
② rain sensor
　雨量传感器
③ transmitter diode
　反射二极管
④ receiver diode
　接收二极管
⑤ central cabin control unit
　中央控制单元
⑥ window-wiper motor
　刮水器电动机

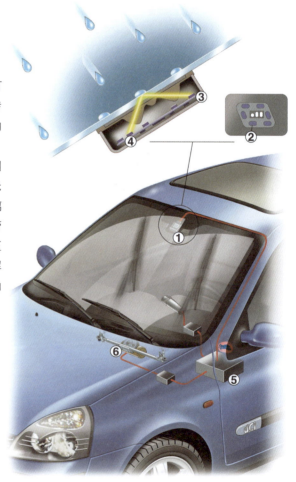

自动刮水器控制系统示意图

13.2 空调

汽车空调制冷的原理是什么？

当小孩发高烧时，最有效的物理降温法是用酒精来擦拭皮肤，酒精挥发时（由液体变成气体）就会带走孩子身上的热。也可以用烧开水来比喻，当水烧开时，水便由液体变成了气体，在此过程中，水吸收了很多热量。空调正是利用了这个原理：通过压缩机把制冷剂由气体压缩为液体，也就是先对制冷剂进行"液化"，此后，再通过管路把液态制冷剂释放到压力正常的环境中，制冷剂汽化的过程中吸收热量，从而冷却了周边的空气。为了将汽化后的制冷剂再变成液体并释放出它携带的热量，采用空气压缩机以高压压缩制冷气体，使它转变成液体后再循环使用，这样就可持续地制冷。

压缩机由发动机驱动，因此只有在汽车起动后，空调系统才会工作。

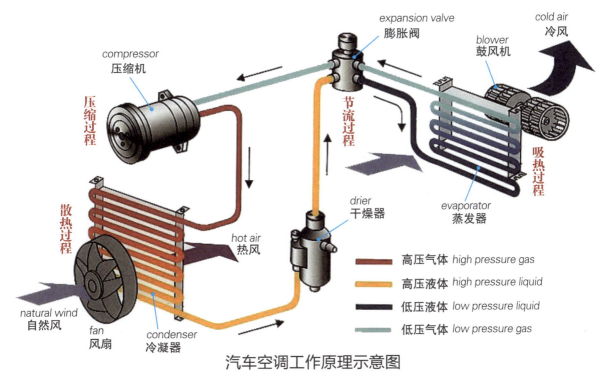

汽车空调工作原理示意图

汽车空调是怎样制冷的？

空调系统工作时，制冷剂以不同的状态在这个密闭系统内循环流动。每个循环由四个基本过程组成：

压缩过程 压缩机吸入蒸发器出口处低温低压的制冷剂气体，把它压缩成高温高压的气体排出压缩机。

散热过程 高温高压的过热制冷剂气体进入冷凝器，由于压力和温度的降低，制冷剂气体冷凝成液体，并排出大量的热量。

节流过程 温度和压力较高的制冷剂液体通过膨胀装置后体积变大，压力和温度急剧下降，以雾状（细小液滴）排出膨胀装置。

吸热过程 雾状制冷剂液体进入蒸发器，因此时制冷剂沸点远低于蒸发器内温度，所以制冷剂液体蒸发成气体。在蒸发过程中大量吸收周围的热量，而后低温低压的制冷剂蒸气又进入压缩机。

上述过程周而复始，从而达到降低温度的目的。

13.3 主动安全系统

防抱死制动系统（ABS）起什么作用？

汽车在制动过程中，如果车轮未抱死，车轮本身具有承受一定侧向力的能力，汽车在横向干扰力的作用下一般不会发生侧滑现象。如果车轮被抱死，也就是车轮停止旋转，车轮就会立即丧失承受侧向力的能力，汽车在横向干扰力的作用下就很容易发生侧滑。ABS的作用相当于"点制动"，当检测到车轮抱死时，它会自动松开制动，然后再重新进行制动，从而让车轮一直保持转动而非滑动状态。ABS松开和重新制动的频率，可以达到每秒10～20次。

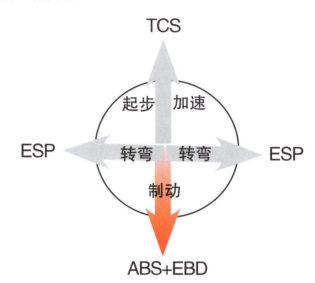

电子制动力分配（EBD）起什么作用？

当汽车制动时，如果给车轮同样的制动力，就会导致四个车轮的制动效果或摩擦阻力不一致，从而使汽车失去平衡。EBD的作用就是合理地分配每个车轮上的制动力，让汽车制动时尽量保持平衡。

EBD可以依据汽车的重量和路面条件来控制制动过程，自动以前轮为基准去比较后轮轮胎的滑动率。如果发觉前后车轮有差异，而且当差异程度大到必须调整时，就会调整汽车制动液压系统，使前后车轮的制动液压接近理想化的分布，从而改善制动力的平衡，达到防止发生侧滑现象的目的。

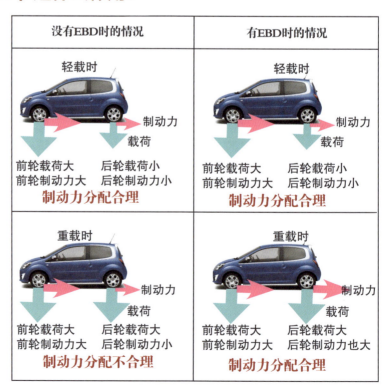

EBD工作原理示意图

什么是牵引力控制系统（TCS）？

汽车行驶时，驱动力取决于发动机的输出转矩，但又受到驱动轮附着力的限制，而附着力的大小又取决于路面的附着系数。对于雨雪、湿滑的路面，发动机过大的输出转矩将会引起驱动轮打滑，从而破坏了车辆的行驶稳定性。东北地区的驾驶人可能都有在冰雪路面上起步时踩加速踏板太猛而导致车辆不能起步的经历；在行驶中如加速太猛，车辆还会在冰雪路面上打转。这都是驱动力过大惹的祸。在制动时，如能切断发动机施加给车轮的驱动力，也有利于快速制动。

为了适时地根据行驶条件来调节发动机的驱动力，牵引力控制系统（Traction Control System，简称TCS）应运而生。TCS与加速防滑控制系统（Acceleration Slip Regulation，简称ASR）、DTC（宝马）、TRC（丰田）等系统都是起同样作用的，只是名称不同。

TCS也是在ABS的基础上发展而成的。它遵循于车轮的滑转差介于10%～30%时车轮附着力最大这一原则进行设计。在汽车起步或加速时，一旦电子控制单元监测到驱动轮的滑转差大于30%，就向发动机发出指令减小驱动力，发动机便会减少喷油量，从而减小发动机转矩输出，使驱动轮的滑转差回到10%～30%，保证车轮始终拥有较大的附着力。如果需要，发动机还会向某个驱动轮施加一定的制动力，以阻止车轮打滑。同理，在制动时，除了完成防抱死和制动力自动分配外，电子控制单元还向发动机发出停止喷油的指令，从而切断发动机动力输出，帮助车轮快速制动。

扫码观看牵引力控制系统视频

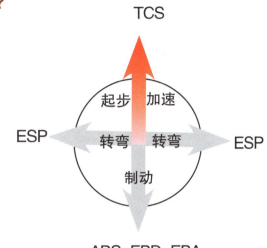

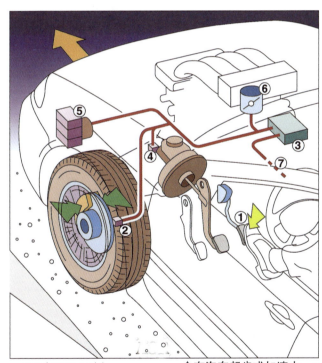

① 加速踏板 accelerator pedal
② 轮速传感器 wheel speed sensor
③ 发动机控制单元 engine management control unit
④ 制动压力传感器 brake pressure sensor
⑤ ABS控制单元 ABS control unit
⑥ 节气门体 throttle valve
⑦ CAN总线 controller area network

牵引力控制系统（TCS）原理示意图

↑在汽车起步或加速中，一旦电子控制单元监测到驱动轮的滑转差大于30%，就向发动机发出指令减小驱动力，发动机便会减少喷油量，从而减小发动机转矩输出，使驱动轮的滑转差回到10%~30%，保证车轮始终拥有较大的附着力。同时，如果需要，发动机还会向某个驱动轮施加一定的制动力，以阻止车轮打滑

ESP是怎样起作用的？

ESP（电子稳定程序）是更高级的车辆稳定控制系统，它是在ABS、EBD、TCS的基础上发展而来的。它不仅具有TCS等的功能，可以控制驱动轮的制动力，而且可以控制从动轮的制动力，也就是可以分别独立控制每个车轮的制动，从而可以"纠正"车辆更危险的不稳定状况。例如：后轮驱动汽车在转弯中发生转向过度而要出现"甩尾"的现象时，ESP会制动外侧前轮来稳定车辆；当前轮驱动汽车在转弯时发生转向不足而要出现"推头"现象时，ESP便会制动内侧后轮来纠正车辆的行驶方向。尤其是急打方向盘时（如紧急躲闪路中突然出现的行人），ESP的介入能够大大降低车身失控（如侧滑、甩尾）的危险。

ESP是博世、奔驰对车辆稳定控制系统的称呼，其他汽车公司对类似的系统有不同的称呼。比如，本田称之为VSA，丰田称之为VSC，宝马和马自达称之为DSC等。其实，它们的原理和作用基本类似。

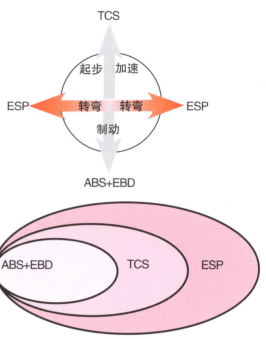

↑从功能上讲，ESP是目前最为强大的主动安全系统，它包括了ABS、EBD、TCS等系统的功能

↑当汽车产生转向过度现象时，ESP会对外侧前轮进行适当制动，在物理定律作用下，车头便会向弯道外侧移动，车尾向弯道内侧移动，使车身恢复稳定状态

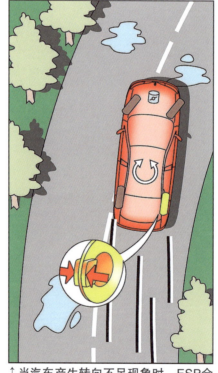

↑当汽车产生转向不足现象时，ESP会对内侧后轮进行适当制动，这样在物理定律作用下，车头向弯道内侧移动，车尾向弯道外侧移动，使车身恢复稳定状态

ESP工作原理示意图

① ABS控制单元 *ABS control unit*
② 轮速传感器 *wheel speed sensor*
③ 方向盘角度传感器 *steering wheel angle sensor*
④ 偏航速度和侧向加速度传感器 *yaw speed and lateral acceleration sensor*
⑤ 发动机电子控制单元 *engine management control unit*
⑥ 节气门 *throttle valve*
⑦ 制动压力传感器 *brake pressure sensor*
⑧ CAN控制总线 *controller area network*

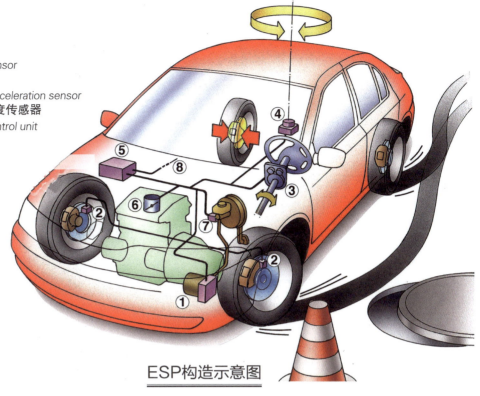

扫码观看ESP工作原理视频

ESP构造示意图

制动力辅助起什么作用？

制动力辅助系统（BAS，Brake Assist System）发现驾驶人迅速大力地踏制动踏板时，便会认为是一个突发的紧急事件，马上自动提供更大的制动力，增大制动效果。而且，其施压的速度也远远快于驾驶人，这能大大地缩短制动距离，增强安全性。

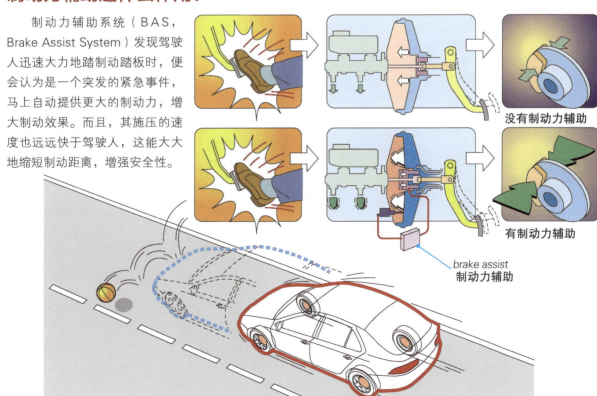

没有制动力辅助

有制动力辅助

brake assist 制动力辅助

制动力辅助系统（BAS）原理示意图

13.4 被动安全系统

预紧式安全带是怎样工作的?

人们在研究汽车安全带的性能时发现,如能在碰撞发生的瞬间把安全带拉紧几厘米,使发生正面碰撞时驾乘人员不会因惯性作用而先向前冲,而是紧紧地贴在座椅靠背上,这样的安全带会更大限度地保护驾乘人员。因此,"预紧式安全带"诞生了。

预拉紧装置有多种形式,常见的预拉紧装置是一种爆燃式的,由气体引发剂、气体发生剂、导管、活塞、绳索和驱动轮组成。当汽车受到碰撞时,预拉紧装置被激发,密封导管内底部的气体引发剂立即自燃,引爆同一密封导管内的气体发生剂,气体发生剂立即产生大量气体膨胀,迫使活塞向上移动拉动绳索,绳索带动驱动轮旋转,进而使卷收器卷筒转动,织带被卷在卷筒上被回拉。最后,卷收器会紧急锁止织带,固定驾乘人员身体,防止其身体前倾,避免其与方向盘、仪表板和风窗玻璃碰撞。

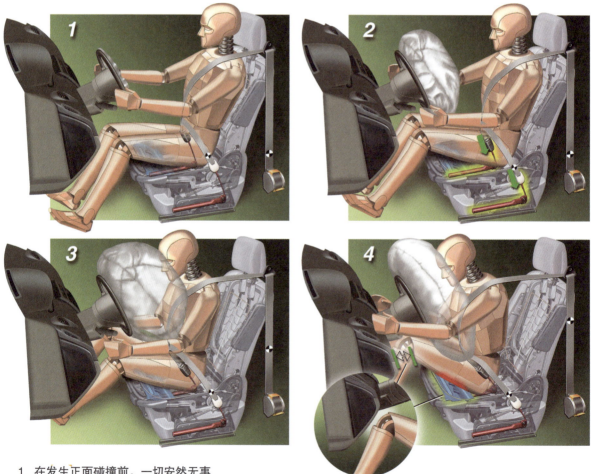

1. 在发生正面碰撞前,一切安然无事
2. 在碰撞的瞬间,预紧式安全带的横带在第一时间拉紧(图中绿色箭头所示),安全气囊开始起爆
3. 人体开始向前倾,并带动竖带开始释放,横带被锁止不动,安全气囊越来越大
4. 安全带继续释放到极限,安全气囊也百分百充满气体,由于安全带被预先拉紧,所以可以避免人体膝盖碰到方向盘下部

安全气囊是怎样工作的？

安全气囊由折叠好的气囊、充气器、点火器、氮气固态粒子和相应的加速度传感器、控制器等组成。它的工作过程是：当碰撞发生时，控制器根据传感器发出的加速度信号识别和判断碰撞的强度，当碰撞强度达到设计条件时，引爆气囊的传感器迅速触动点火器并引爆炸药，爆炸时产生的氮气固态粒子迅速充满气囊，使气囊膨胀起来，以缓冲前排驾乘人员所遭受的冲击力，主要保护其头部不受伤害。

由此看来，安全气囊就是个爆炸装置，但它不会轻易启爆。一般说来，只有以一定速度撞击硬性物体时，汽车的安全气囊才可能会打开。汽车后碰、翻转或较低车速碰撞时，甚至轿车追尾钻入大货车尾部时，安全气囊都不一定能启爆。

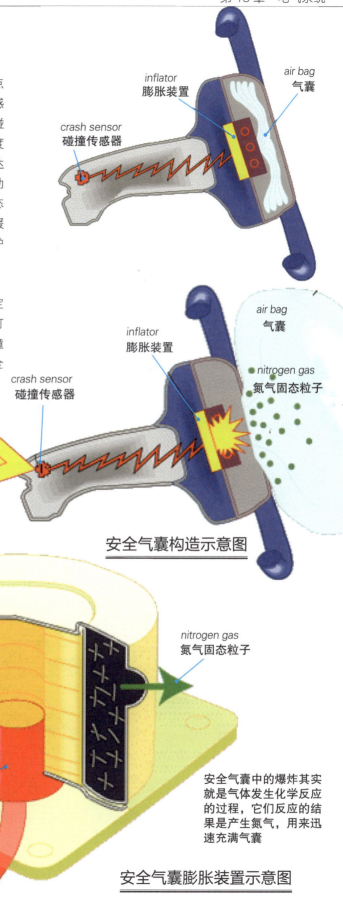

安全气囊构造示意图

安全气囊中的爆炸其实就是气体发生化学反应的过程，它们反应的结果是产生氮气，用来迅速充满气囊

安全气囊膨胀装置示意图

第14章　智能网联汽车

14.1　谁是智能网联汽车

智能网联汽车有哪三大关键技术？

就像手机从功能机发展到智能机一样，汽车也正从功能化向智能化发展。智能网联汽车拥有"自动驾驶""智能座舱""车联网"等关键技术。汽车的智能化功能主要包括：

1）能够替代人来操作车辆，按照人的意愿到达目的地（自动驾驶）。
2）能够自动分析车辆行驶的安全及危险状态并自动避让（自动驾驶）。
3）能够实现完全智能化的车内操作（智能座舱）。
4）能够通过车载传感系统和信息终端实现与人、车、路等的智能信息交换（车联网）。

燃油汽车和电动汽车都可以实现智能化，一般把具有智能化功能的电动汽车称为智能电动汽车。

自动驾驶级别是怎样划分的？

自动驾驶功能是汽车的最重要智能化体现，因此一般按自动驾驶技术水平的高低来划分智能汽车的智能级别。国内将自动驾驶技术水平划分为从 L0 到 L5 6 个级别，自动驾驶技术水平逐步提高，实际上是将驾驶权限逐步转让，直到最高级别的无人驾驶。

"无人驾驶"

L5 级
完全自动驾驶：在全道路和全天候下，可由车辆完成所有驾驶操作，车内所有乘员可以从事其他活动甚至睡眠，不需要任何人员监控车辆的行驶状态。

"脱脑"

L4 级
高度自动驾驶：由车辆完成所有驾驶操作，驾驶人无须保持注意力来监控车辆及周围情况，但对道路和环境条件还有一定的要求。

"脱眼"

L3 级
有条件自动驾驶：车辆能够在大部分时间内代替驾驶人操作，但仍需驾驶人对车辆的运行状态进行监控，在必要时仍需要驾驶人接管车辆的操控。

"脱手"

L2 级
组合驾驶辅助：在驾驶人收到警告却未能及时采取相应行动时，车辆能够自动进行干预，如自适应巡航控制、车道保持、自主变道等。

"脱脚"

L1 级
部分驾驶辅助：车辆配备一些驾驶辅助系统，如定速巡航控制系统、变道警告系统等。

"脑眼手脚"

L0 级
应急辅助

<u>自动驾驶级别划分示意图</u>

传感器示意图标注：周围视野、盲点检测、交通信号识别、十字路口警报、停车辅助、后部碰撞警报、停车辅助周围视野、自适应巡航控制、紧急制动系统、行人检测系统、碰撞避免系统、车道偏离警报、盲点检测、周围视野

图例：远程雷达、激光雷达、摄像头、短/中程雷达、超声波

<u>自动驾驶汽车传感器示意图</u>

14.2 自动驾驶技术

自动驾驶系统是怎样工作的？

　　自动驾驶是指利用电子信息与自动控制技术辅助或替代驾驶人对汽车进行控制的技术，它的基本原理是通过各种环境感知系统（如摄像头、测距雷达、激光雷达、超声波传感器、卫星导航系统和惯性测量单元等）来感知周围环境，收集驾驶信息、车辆信息和道路信息，经控制单元运算决策后，指令控制执行系统（如动力控制、车身控制、安全控制等系统）操纵汽车的方向、制动和加速等，使汽车能够具备一定的辅助驾驶和自动驾驶功能。

　　自动驾驶系统主要由感知系统、决策系统和执行系统组成。自动驾驶系统就像是一位专职驾驶人，而这三大系统分别像是驾驶人的眼睛、大脑、手脚。

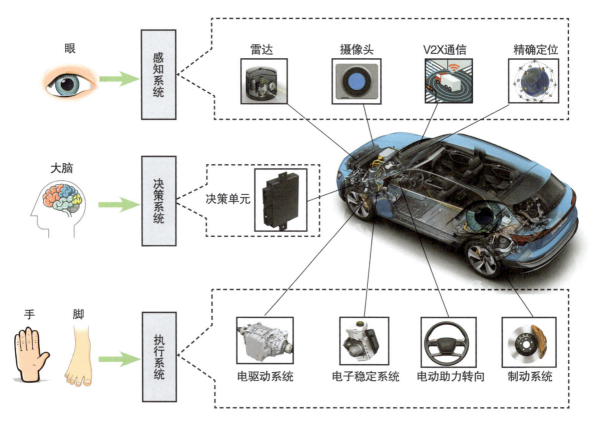

自动驾驶工作原理示意图

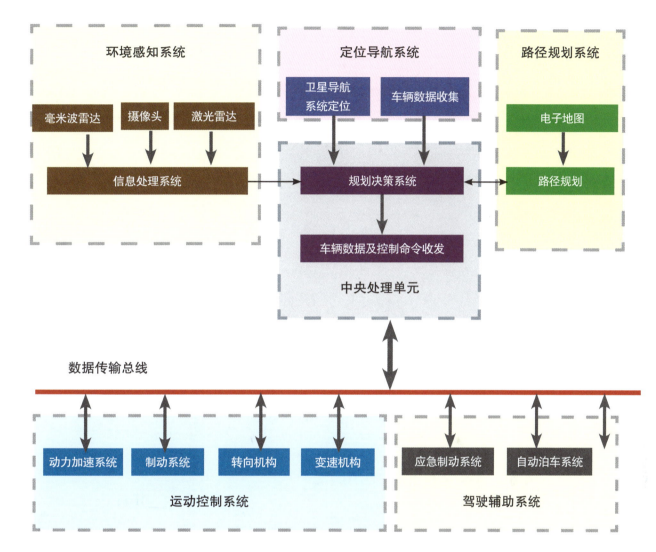

自动驾驶汽车整体架构图

扫码观看智能汽车自动驾驶视频

为什么说感知系统像是智能汽车的"眼睛"?

汽车要实现自动驾驶首先需要能够"看见"周围环境,并对环境内的各种静态、动态物体有一定的认知,这个过程便是自动驾驶的"感知"。"感知"依赖安装在车体上的各种传感器实现,例如摄像头、激光雷达、毫米波雷达等。

毫米波雷达

雷达(Radio Detection And Ranging,RADAR)利用电磁波探测和定位。毫米波雷达是指工作频段在毫米波频段的雷达,它也是一种主动传感器。由于雷达波在空气中传播的速度是固定不变的,那么金属物体反射回来的时间与物体间的距离就成正比,只要计算出反射回来的时间,就能确定发射点与物体之间的距离。利用这个原理,汽车上装备的雷达就可以检测到周围是否有其他车辆,以及其他车辆离发射点的距离。

由于金属物体能够像"回声"那样将大部分雷达波反射回来,因此可以用雷达来测量车与车之间的距离。而塑料等非金属物体几乎不能反射雷达波,因此雷达无法侦测非金属物体的位置数据。

毫米波是指 30~300GHz 频域(波长为 1~10mm)的波段。毫米波雷达可以实现在 1m 范围内探测到物体,但它的空间分辨率较低,随着距离增加,对于小特征物体的分辨能力降低。不过毫米波雷达利用多普勒频移可以直接测量速度,同时在黑暗、雨、雪、雾天气下均能保持良好的鲁棒性。毫米波雷达对物体的分类性能较差,无法识别如车道线、交通标识等二维结构。

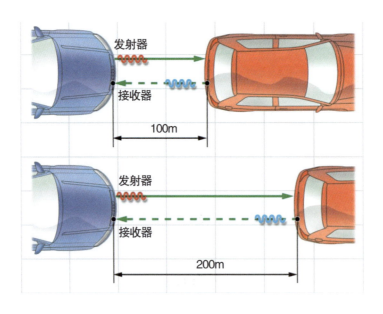

雷达测量车间距离原理示意图

激光雷达

激光雷达 (LiDAR) 是一种主动传感器，通过发射红外激光并接收反射光的方式判断物体距离，分析目标物体表面的反射能量大小，反射波谱的幅度、频率和相位等信息，并输出点云，从而呈现出目标物精确的三维结构信息。

激光雷达由激光发射单元和激光接收单元组成，发射单元的工作方式是向外发射激光束层，层数越多，精度也越高，不过这也意味着传感器尺寸越大。发射单元将激光发射出去后，激光遇到障碍物会反射，从而被接收器接收，接收器根据每束激光发射和返回的时间，创建一组点云，高质量的激光雷达每秒可以发出 200 多束激光。

目前主要使用波长为 905nm 和 1 550nm 的激光发射器。波长为 1 550nm 的光线不容易在人眼液体中传输，可在保证安全的前提下提高发射功率。

激光雷达的视距范围一般为 30~200m，对于特别近的物体很难探测到。它的空间分辨率较高，角度精度可达 0.1°，但速度测量精度较低。它在黑暗中鲁棒性好，但在雨、雪、雾天气下鲁棒性差。它能对物体进行大致分类，但无法识别二维结构。相较于毫米波雷达和摄像头，激光雷达在探测距离、可靠度、行人判别、夜间出行等方面都更有优势。激光雷达可增强感知系统的冗余性，有效提高车辆的行驶安全性。

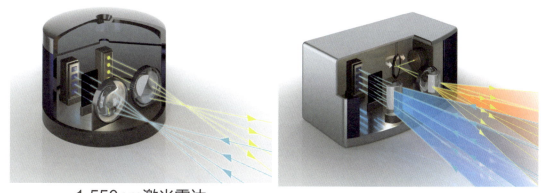

1 550nm 激光雷达　　　　　固态 MEMS 激光雷达

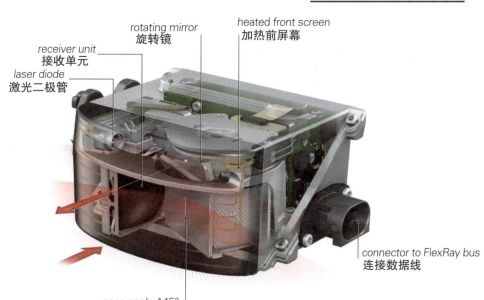

激光雷达构造图

摄像头

摄像头是一种被动传感器，通过被动感光成像技术来进行识别感知。摄像头的工作原理是：目标物体通过镜头生成光学图像投射到图像传感器上，光信号转变为电信号，再经过 A/D 转换（模/数转换）后变为数字图像信号，最后送到数字信号处理芯片（DSP）中进行加工处理，并传送到运算决策系统，作为判断车辆运行环境的信息。

摄像头具有成本低、算法及技术成熟度高、物体识别率高等优点，在分辨维度上多于激光雷达和毫米波雷达，可以同时识别到物体颜色等信息，通过物体在图像上的时空信息可以计算速度，同时对物体的分类多样性更强，且能够识别车道线等二维结构，但其缺点是受天气、光照变化影响大，极端恶劣的天气下视觉传感器会失效，其测距、测速性能不如激光雷达和毫米波雷达。

超声波传感器

非金属物体不能反射雷达发射的电磁波，因此，真正的雷达并不适用于检测车辆周围障碍物，如树木、石头、人、动物等。雷达在汽车上只适用于检测车辆之间的距离。

科学家们将发声物体每秒钟振动的次数称为声音的频率，它的单位是赫兹（Hz）。我们人类耳朵能听到的声波频率为 20~20 000Hz。因此，把频率高于 20 000Hz 的声波称为超声波。

超声波检测障碍物的原理与雷达近似，是根据超声波反射回来的时间来确定汽车与障碍物间的距离。超声波在空气中的传播速度约为 340m/s。安装在保险杠上的发射器向某一个方向发射超声波，在发射的同时开始计时。超声波碰到障碍物时会被反射，接收器收到反射波就停止计时。根据计时器记录的时间，系统就会自动计算出发射点与障碍物之间的距离，并将距离显示在倒车影像上，或以蜂鸣声的急促程度来提示汽车与障碍物之间的距离。

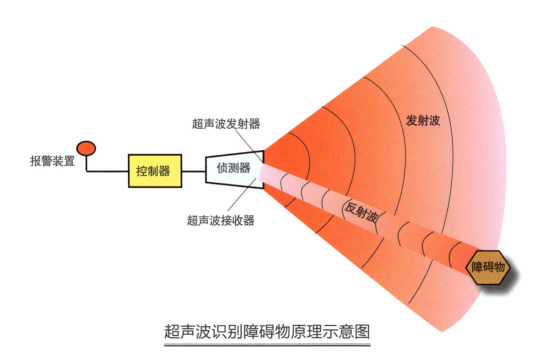

超声波识别障碍物原理示意图

纯视觉与多传感器融合各有什么特点？

目前主流的感知方案有两种：一种是多传感器融合方案，即同时使用摄像头和雷达采集信息，分别利用摄像头和雷达的特点，让其处理各自擅长的数据类型和任务，并将处理结果进行融合得到统一的感知结果；另一种是以特斯拉为代表的纯视觉路线，即仅使用摄像头作为传感器进行信息采集，构建纯计算机视觉网络进行感知结果输出，类似于人眼的感知模式。

激光雷达看得远，看得清，但看不见近处，是个远视眼，拥有夜视能力，但对恶劣天气无能为力，同时只能看见三维结构，看不见二维平面结构；毫米波雷达能看远，也能看近，但越远越看不清楚，是个近视眼，不仅拥有夜视能力，且拥有恶劣天气条件下能看见的超能力，不过同样看不见二维平面结构；而摄像头仅凭自身能力很难准确判断距离，但有算法加持，可以发展出这项能力，且摄像头能看见更多的信息，包括车道线等二维结构、物体分类、颜色等，是个超级眼，但在光线不佳、有雨雪雾等恶劣环境下，能力存在短板。

鉴于以上各传感器的特性，目前多传感器融合路线的思路是各取所长，通过激光雷达在各种光照条件下探测距离并完成物体形状分类，通过毫米波雷达探测附近物体距离并保障自动驾驶感知在恶劣天气条件下的鲁棒性，通过摄像头识别物体细致分类及车道线、交通标识、信号灯等参与交通必须掌握的信息。

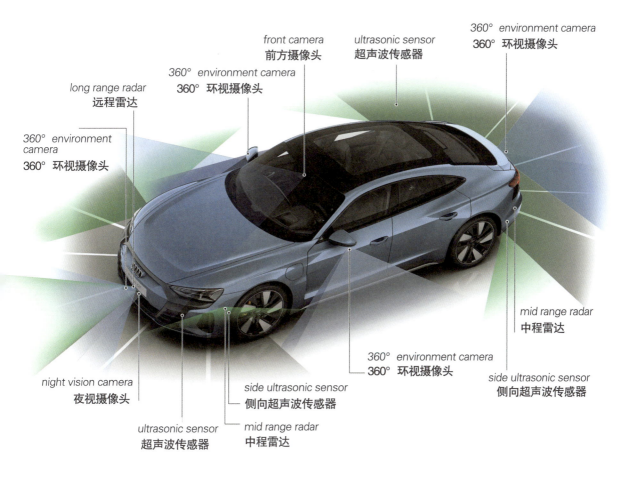

自动驾驶感知系统示意图

定速巡航系统是怎样工作的？

定速巡航系统（Cruise Control System，CCS）也称巡航控制系统，是较早的驾驶辅助系统。它可以减轻驾驶人的疲劳，不需要驾驶人踩加速踏板，汽车就能保持固定速度前进。

定速巡航系统是一个车速闭环控制系统，也称反馈控制系统或自动控制系统。反馈控制应用广泛，从抽水马桶到火箭发射，再到管理科学，都离不开反馈控制理论。具体到定速巡航上，它不断地将实际车速与驾驶人设置的车速进行比对，一旦发现它们有偏差就会发出调整动力输出的指令，使实际车速与设置车速尽量一致。比如，车辆上坡时速度下降，车速传感器发来的车速比设置的车速低，控制单元将发指令给伺服执行机构，加大动力输出，以保持车速；下坡时实际车速比设置的车速高，控制单元将发出指令，减小动力输出，以保持车辆按设置速度行驶。

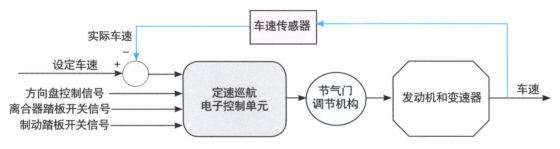

定速巡航原理示意图

定速巡航系统工作过程

1）驾驶人开启定速巡航系统，设置想要匀速行驶的车速值。

2）轮速传感器采集车轮转速的实时信号，经ABS模块运算处理加工成车速的实时信息。

3）电子控制单元（ECU）将车速设定值和实时车速进行比较后，发出调整发动机节气门开度的指令。

4）调整节气门开度，从而调节动力输出，控制车速，使其稳定在驾驶人预先设置的车速上。

5）根据实时路况不断变化导致的行驶阻力的变化，不断地调整节气门开度，以保持恒定的车速。

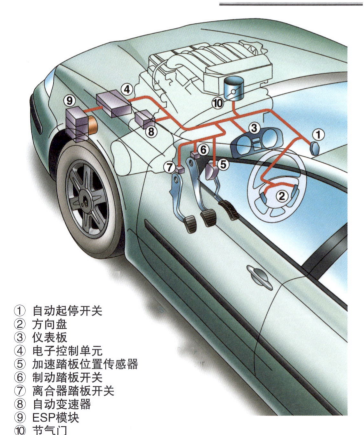

① 自动起停开关
② 方向盘
③ 仪表板
④ 电子控制单元
⑤ 加速踏板位置传感器
⑥ 制动踏板开关
⑦ 离合器踏板开关
⑧ 自动变速器
⑨ ESP模块
⑩ 节气门

自动巡航控制系统

高级驾驶辅助系统（ADAS）是怎样工作的？

高级驾驶辅助系统（Advanced Driving Assistance System，ADAS）大致可以分为三个部分：环境感知、运算决策和控制执行。

环境感知是在汽车行驶过程中利用安装在车上的各种传感器（毫米波雷达、激光雷达、单/双目摄像头以及卫星导航等传感器）实时感应周围的环境，收集行车数据，进行静态、动态物体的辨识、侦测与追踪。

运算决策是对感知到的信息进行系统的运算与分析，输出执行指令。

控制执行系统是提醒驾驶人或者主动控制车辆的前进、制动和转向。

ADAS常见功能包括：自适应巡航控制系统（ACC）、自动紧急制动系统（AEB）、变道警告系统（LCW）、车道保持系统（LKA）。

自适应巡航控制系统（ACC）

自适应巡航控制系统（Adaptive Cruise Control，ACC）是一种智能化的自动控制系统，它是在定速巡航技术的基础上发展而来的。在车辆行驶过程中，安装在车前部的车距传感器（毫米波雷达）持续扫描车辆前方道路，同时轮速传感器采集车速信号。

当本车与前车的距离小于设定值时，ACC控制单元通过与防抱死制动系统、发动机控制系统协调动作，使车轮适当制动，并使发动机的输出功率下降，保证与前方车辆始终保持设定的车距。

当本车与前车之间的车距超过设定值时，ACC控制单元就会控制车辆按照设定的车速巡航行驶。当前车停止时，本车可跟停，并跟随起步。

扫码观看自适应巡航控制系统视频

自适应巡航控制系统（ACC）示意图

自动紧急制动系统（AEB）

　　自动紧急制动系统（AEB）利用毫米波雷达、摄像头和其他感知传感器，实时检测本车的速度以及与前方车辆的距离和前车速度，并将与前车距离与设定的距离进行比较。当监测到与前车距离小于设定值时，将发出警告声以提醒驾驶人注意距离。如果驾驶人不响应，距离继续变小时则将主动施加制动，以防止本车与前车碰撞。

扫码观看自动紧急制动系统视频

监测到与前车距离小于设定值，汽车发出警告

如果驾驶人没有采取措施，汽车开始制动

如果驾驶人还没有反应，汽车将紧急制动

自动紧急制动系统（AEB）示意图

变道警告系统（LCW）

　　行车中的许多危险都发生在变道并线中，因为此时在车辆的两侧后方都存在盲区，如果驾驶人没有仔细观察就匆忙变道并线，就很可能与侧后方车辆撞在一起。当驾驶人打开转向灯准备变道时，变道警告系统（Lane Change Warning，LCW）借助雷达波束监控车辆两旁和后方的行驶区域，如果监控区域内有车辆或者有车辆正在高速驶近，就通过点亮后视镜上的警告灯来提示驾驶人。如果此时驾驶人没有注意到这些情况并打开了转向灯准备变道，变道警告系统就会发出高亮度闪烁警告，提醒驾驶人此时变道会非常危险。变道警告系统也称换道辅助系统、盲点监测系统、并线提醒系统等。

扫码观看变道警告系统视频

变道警告系统可以监测到车辆侧方及后方的来车情况，及时提醒驾驶人注意来车

当装在车尾部的雷达监测到侧后方有来车时，车外后视镜上的LED警示灯就会发出亮光，提醒驾驶人注意来车

变道警告系统（LCW）示意图

车道保持系统（LKA）

车道保持系统的功能是当行车轨迹偏离车道中心线时会自动给予纠正，但在驾驶人打开转向灯时则不予以纠正。

车道保持系统应用的前提是车辆必须配用电动助力转向系统（EPS），另外还要在前风窗玻璃上端安装数字式摄像头，实时拍摄前方道路上的车道线。拍摄的图像由电子控制单元进行实时处理分析。如果发现行驶路线偏离车道中心线并超过设定的偏离值，而且又没有打开转向灯，电子控制单元就会向EPS发出指令对方向盘施加一定的力（这要依靠电动助力转向系统），从而对车辆的行驶方向进行纠正，让车辆保持在车道中间行驶。

扫码观看车道保持系统视频

当车辆偏离车道时，车道保持系统会向方向盘施加一个较小的转向力，从而纠正行驶方向，让车辆回到正道上。

车道保持系统（LKA）示意图

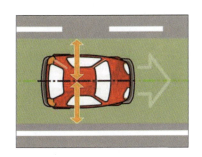
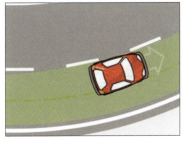
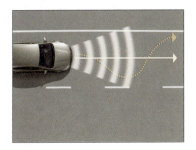

1）摄像头拍摄车道线影像，经过软件的分析，寻找车道边界线。
2）识别出两侧的车道边界线，计算车道宽度和车道曲率，得出一个虚拟车道。

3）虚拟车道的宽度取决于车道线的实际宽度，但它始终小于车道线的宽度（图中绿色部分）。
4）在弯道上，虚拟车道更接近弯道内侧的车道线。

5）如果驾驶人未开启转向灯而驶离虚拟车道，车道保持系统就会自动施加转向修正动作。
6）施加转向修正的转向力矩的大小取决于车辆偏离车道线的角度。

车道保持系统工作过程图解

14.3　智能座舱

什么是智能座舱？

智能座舱技术是建立在人工智能和车联网基础上的智能化人机交互技术，而智能座舱是指可以与人、路、车本身进行智能交互的座舱。智能座舱技术构成主要包括：人机交互系统、环境控制系统、影音娱乐系统、信息通信系统、导航定位系统等。目前智能座舱的主要硬件配置包括：流媒体后视镜、抬头显示（HUD）、电子后视镜等。智能控制系统主要包括：语音识别、人脸识别、触摸识别、生物识别等系统。

主要硬件配置

流媒体后视镜：通过车辆后置的一枚摄像头，实时拍摄车辆后方的画面，能够将无损、无延迟的画面在车内后视镜显示屏上呈现出来。

抬头显示（HUD）：可以把重要的信息映射在风窗玻璃上，使驾驶人不必低头就可以看清重要汽车信息，包括导航、车速等。

智能控制系统

车载操作系统：车载操作系统是管理和控制车载硬件与车载软件资源的系统软件。就像 Windows、安卓以及 iOS 系统一样，车载操作系统是用户操作驾驭汽车的接口，同时也是让车载硬件与控制软件、相关数据及第三方应用连接的平台。

远程升级（OTA）：通过网络自动下载升级包并安装，实现对车辆功能和性能的升级。

驾驶人监测系统（DMS）：检测驾驶人是否出现疲劳及其他异常驾驶状态的辅助设备。

语音操作助手：利用人工智能技术，识别驾驶人的语音后按指令完成操作。

手势操作助手：利用人工智能技术，识别驾驶人的手势动作后，完成指定操作。

远程升级（OTA）是怎么回事？

智能汽车上的 OTA 是英文 "Over-the-air Technology" 的缩写，意为"空中下载技术"。具备 OTA 功能的汽车，可以通过网络传输系统对软件进行远程管理、对硬件功能进行远程修补等。而这些升级和修补的必须到汽车制造商指定的 4S 店才能完成，而现在就像是计算机或手机升级一样，只要上网下载安装包并安装，就可以完成各种升级，享受网络服务。

OTA 升级和更新范围涉及人机交互界面、自动驾驶功能、动力系统控制、电池管理系统等模块，可以提升续驶里程、提高最高速度、提升乘坐舒适度、修补软件漏洞等。

OTA 最早出现在汽车上是在 2012 年，特斯拉 Modes S 率先采用 OTA，开始对地图、音乐等车载信息系统进行升级。从 2015 年开始，特斯拉 OTA 开始对电子器件功能进行升级，包括动力系统、自动驾驶系统，以及多个域控制器和域控制器之下的 ECU 等。

汽车 OTA 分为软件升级（SOTA）和固件升级（FOTA）两种方式。SOTA 像是为计算机操作系统"打补丁"做迭代升级，多应用于多媒体系统、车载地图以及人机交互界面等模块。而 FOTA 是通过网络升级，下载一个新的固件镜像或修补现有的固件，从而达到改善汽车硬件功能的作用。

OTA 的升级方式和手机更新 App 以及系统升级一样。第一步：下载升级包；第二步：传输更新包；第三步：安装更新。当驾驶人停车并且关闭点火开关时，信息娱乐系统显示屏上会弹出一条消息，以通知用户更新并询问用户是否要立即安装（同时会给出大约安装的时间）。大多数升级都声称可以在几分钟内完成，但也有可能时间长达一夜的升级。就像手机更新一样，一些车型要求电池电量至少为 50%。OTA 升级过程和手机升级系统一样，按对话框操作即可。在升级完成后，信息娱乐系统上会显示一条消息，告诉您更新是否安装成功。

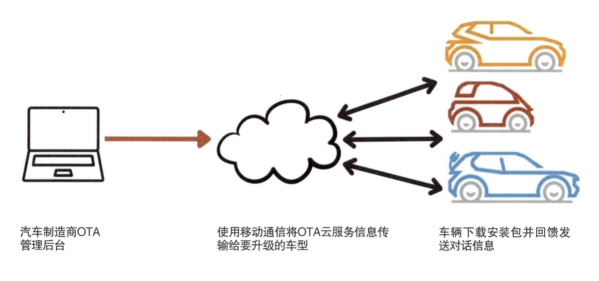

| 汽车制造商OTA 管理后台 | 使用移动通信将OTA云服务信息传输给要升级的车型 | 车辆下载安装包并回馈发送对话信息 |

远程升级（OTA）方式示意图

抬头显示（HUD）是怎样工作的？

抬头显示（Head-Up Display，HUD）也称平视显示系统，它默认显示行车速度、导航、转向以及自适应巡航（ACC）等相关信息。驾驶人几乎不需要低头观看仪表板就能了解行车和导航信息，极大地提高了行车的安全性。

HUD的构造主要包括两个部分：资料处理单元与影像显示装置。资料处理单元将行车各系统的资料如车速、导航等信息整合处理之后，转换成预先设定的符号、图形、文字或者数字的形态输出；影像显示装置安装在仪表板上方，接收来自资料处理单元的信息，然后投射在前风窗玻璃的全息半镜映射信息屏幕上。如下图所示，显示内容先被投射在固定矫正镜上，然后反射到旋转矫正镜，再投射到前风窗玻璃上，最后在驾驶人面前一定距离显示模拟图像。

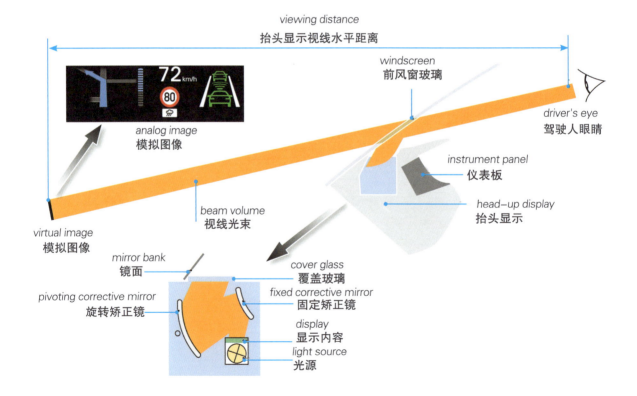

抬头显示系统工作原理示意图

14.4 车联网

车联网能帮助汽车实现什么功能？

车联网技术主要是指车与云平台（V2I）、车与车（V2V）、车与路（V2R）及 V2X（vehicle to everything）等全方位的网络链接、信息交流与共享。

车联网利用传感技术感知车辆的状态信息，并借助通信网络与现代智能信息处理技术，可以实现交通的智能化管理以及车辆的智能化控制。比如，车联网实现车与车之间的信息交流与信息共享，包括车辆位置、行驶速度等车辆状态信息，可用于判断道路车流状况，引导车辆选择最佳行驶路径。

车联网还能够为车与车之间的距离提供保障，降低车辆发生碰撞事故的概率。车联网技术主要包括：识别传感技术、网络通信技术、大数据云计算技术和卫星定位技术等。

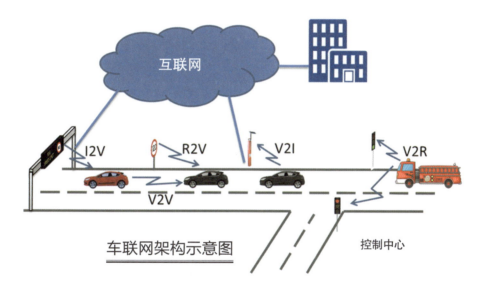

车联网架构示意图

车路协同是怎么回事？

车路协同是指依托最新的信息通信及互联网技术，实现人、车、路、云实时交互、协同控制的智能交通系统，从而提高道路行车安全性、降低事故发生率、提高道路的通行效率等。与车路协同相对应的是单车智能，它完全依靠车载系统实现自动驾驶功能。

第15章 车身构造与设计

15.1 车身构造

为什么车身要由面板和骨架组成？

你看到的车身面板只是汽车的"皮肤"，其实它的厚薄甚至强度如何，对汽车的安全性没有太大影响。你看到的所有车身面板，只是起到防风挡雨和美观的作用，它们都焊接固定在特别设计的钢铁骨架上。骨架的形状基本决定了车身的造型。

为了使车身更加安全，分散来自各方向的撞击力，现在的汽车厂商在设计汽车时往往都要把车身做成像一个鸟笼子那样，也称为"网状交叉式设计"。这种钢制安全车厢，能按照设计师预先设计的方向传递撞击力，从而将强大的外力分散到多个钢梁上，帮助驾乘人员抵抗极大的撞击力，使他们免受伤害。

鸟笼车身骨架图

轿车车身骨架和钣金件构造示意图

- roof cover 车顶盖板
- decklid 行李舱盖
- rear bumper 后保险杠
- quarter panel 侧围板
- engine hood 发动机舱盖
- roof front crossmember 车顶前横梁
- C-pillar C柱
- B-pillar B柱
- A-pillar A柱
- rear door 后车门
- front door 前车门
- radiator grille 进气格栅
- front bumper 前保险杠
- front wing 前翼子板

什么是承载式车身和非承载式车身？

根据车身骨架的不同，可以把车身分为承载式车身和非承载式车身两大类。

承载式车身的汽车没有刚性车架，发动机、前后悬架、传动系统的一部分总成部件都装配在车身上，车身负载通过悬架装置传给车轮。承载式车身就是整个车身为一体，没有所谓的大梁，悬架直接连在车身上。现在，普通轿车几乎都采用承载式车身。打开发动机舱盖，就可看到前悬架连在了前翼子板内侧的车身上。

承载式车身的优点是：公路行驶非常平稳，整个车身为一体，振动固有频率低，噪声小，重量轻，比较省油。缺点是：底盘强度远不如有大梁结构的非承载式车身，当四个车轮受力不均匀时，车身易发生变形。

非承载式车身的汽车有一刚性车架，又称底盘大梁，发动机、传动系统、车身等总成部件都固定在车架上，车架通过前后悬架与车轮连接。也就是说，非承载式车身就是有大梁的车身结构，发动机、传动系统、悬架，甚至车身等都固定在车架上。如果你弯下腰看看车底，就会发现有贯穿前后的两个纵梁。

非承载式车身的优点是：底盘强度较高，抗颠簸性能好；四个车轮受力即使再不均匀，也是由车架承担，而不会传递到车身上去，因此车身不易扭曲变形。缺点是：车身比较笨重。非承载式车身多用在货车、客车和越野车上，但也有部分高级轿车使用，这是因为非承载式车身具有较好的平稳性和安全性。

承载式车身更像是甲虫，车身承担更大的重量；而非承载式车身更像是大象，它的骨架承载主要重量。也正因如此，承载式车身只适用于小型车辆，如普通轿车等。而大型轿车、越野车、货车和大客车等，则一定要采用非承载式车身形式。

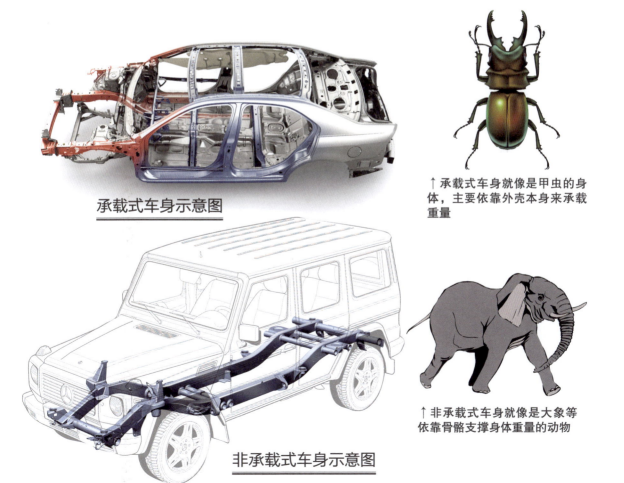

承载式车身示意图

↑承载式车身就像是甲虫的身体，主要依靠外壳本身来承载重量

非承载式车身示意图

↑非承载式车身就像是大象等依靠骨骼支撑身体重量的动物

为什么说车门防撞杠非常重要？

当汽车受到侧面撞击时，车门很容易受到冲击而变形，进而直接伤害到车内人员。汽车厂商为了提高汽车的安全性，便在车门夹层中间放置一两根非常坚固的钢梁，即车门防撞杠。这样，当汽车受到侧面撞击时，可减轻车门的变形程度，从而起到对驾乘人员的保护作用。

车中的驾乘人员在受到侧面撞击时更危险，因为驾乘人员的身体与车门间没有多大空隙，不像受到正面撞击时，至少驾乘人员前方还有一定的空间作为缓冲，侧面受到撞击时几乎没有什么可缓冲的余地，驾乘人员的胸部直接就会受到外力的侵害。因此，车门防撞钢梁就成为最重要的防线，是驾乘人员的贴身保镖。

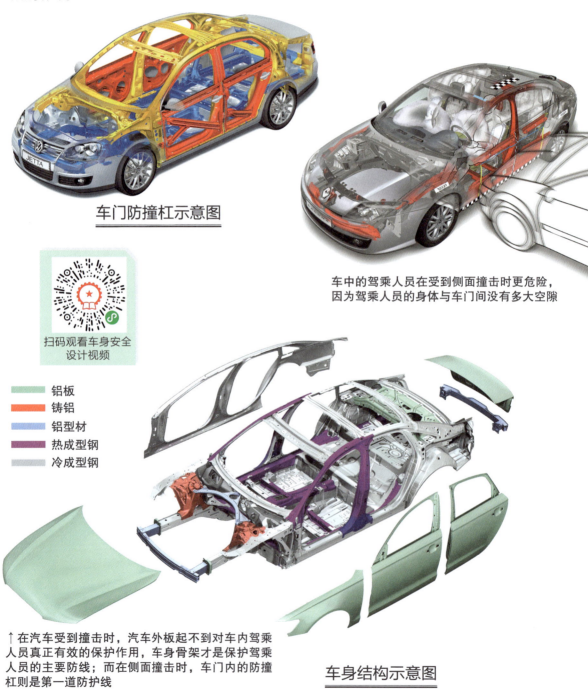

车门防撞杠示意图

车中的驾乘人员在受到侧面撞击时更危险，因为驾乘人员的身体与车门间没有多大空隙

扫码观看车身安全设计视频

- 铝板
- 铸铝
- 铝型材
- 热成型钢
- 冷成型钢

↑在汽车受到撞击时，汽车外板起不到对车内驾乘人员真正有效的保护作用，车身骨架才是保护驾乘人员的主要防线；而在侧面撞击时，车门内的防撞杠则是第一道防护线

车身结构示意图

什么是NVH特性？

NVH是Noise（噪声）、Vibration（振动）和Harshness（声振粗糙度，通俗地称为不舒适性或不平顺性）的缩写。噪声是由振动引起的，通过振动波来传递，因此噪声、振动和声振粗糙度三者在汽车等机械的振动中是同时出现且密不可分的，通常把它们放在一起进行研究，并简称为汽车的NVH特性。简单地讲，驾乘人员在汽车中的一切触觉和听觉感受都属于NVH研究的范畴。此外，NVH还包括汽车零部件由振动引起的强度和寿命等问题。

车辆在行驶时的振动源主要有三个：发动机、传动系统和不平的路面。

车辆在行驶时的噪声主要有四个：发动机产生的噪声、空气流过车身时的噪声、轮胎滚动和振动时的噪声以及车身和底盘结构振动时产生的噪声。

汽车NVH设计示意图

发动机噪声

发动机噪声主要包括燃烧噪声、机械噪声和排气噪声。燃烧噪声是指气缸燃烧压力通过活塞、连杆、曲轴、缸体等部件向外辐射产生的噪声；机械噪声是指活塞、齿轮、配气机构等运动件之间机械撞击产生的振动噪声；排气噪声是指发动机排气产生的声音。一般情况下，低转速时燃烧噪声占主要地位，高转速时机械噪声占主要地位。

轮胎噪声

轮胎噪声主要来自泵气效应和轮胎振动。泵气效应是指轮胎高速滚动时引起轮胎变形，使得轮胎花纹与路面之间的空气受压挤，随着轮胎滚动，空气又在轮胎离开接触面时被释放，这样连续的"压ädi释放"，空气就发出噪声。轮胎运行时的振动也会产生噪声，而且刚性越大或阻尼越小的轮胎，其振动噪声越大。

空气噪声

汽车上的空气噪声主要包括风阻噪声和风笛噪声。风阻噪声是指空气流过车身时与车身之间的摩擦声，而且风阻越大的汽车，其风阻噪声越大，因此现在轿车都要设计成流线型，以减少空气噪声；风笛噪声是指空气进入或流出车身钣金缝隙时的噪声。车门、车窗等密封性越好的汽车，其风笛噪声越小。

车身和底盘结构噪声

汽车在运动时，尤其是行驶在不平路面时，车身会产生一定的扭曲，此时车身钣金件在各种力的作用下就会产生一定的扭曲和振动，从而产生一定的噪声。底盘中的部件，尤其是传动和悬架结构等运动部件，在运行时也会因转动、扭动或振动而产生一定的噪声，尤其是汽车行驶在不平路面或高速行驶时，底盘噪声可能更大。这些噪声可能会通过底盘而传入车内。

15.2 车身材料

什么是车身刚性?

刚性是指物体受力后抗变形的能力。车身刚性则是指在施加不至毁坏车身的普通外力时车身不容易变形的能力。高刚性车身具有极高的抗扭曲和抗弯曲的能力,反之亦然。当汽车行驶在凹凸不平的地面时,刚性差的汽车车身会发出"嘎吱嘎吱"的响声,因为这样的车身此时扭曲较严重,从而使一些装配部位产生摩擦。

在汽车高速转弯时,车身刚性的优劣也会暴露无遗。车身刚性好的车辆在过弯时,其行驶稳定性会比较好,反之亦然。

为了保证车身具有较高的刚性,最可靠的手段就是采用高强度钢材来打造车身的关键部位,而在对刚性没有影响或影响较小的部位,则采用普通钢材或材质来制作。

扫码观看车身结构视频

- 普通钢
- 高强度钢
- 中高强度钢
- 超高强度钢
- 铝
- 合成材料
- 镁压铸件

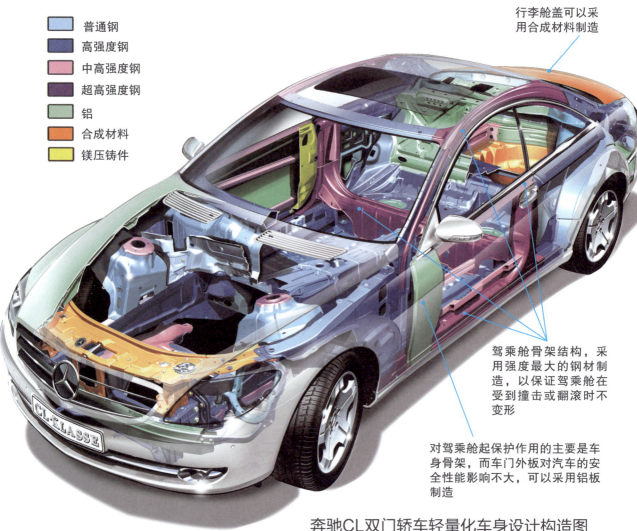

行李舱盖可以采用合成材料制造

驾乘舱骨架结构,采用强度最大的钢材制造,以保证驾乘舱在受到撞击或翻滚时不变形

对驾乘舱起保护作用的主要是车身骨架,而车门外板对汽车的安全性能影响不大,可以采用铝板制造

奔驰CL双门轿车轻量化车身设计构造图

怎样减轻车身重量？

车身上的钢板并不是越厚越好，因为更厚的钢板会增加车身重量，而这对于汽车安全并不一定是好事，因为车身越重，其制动能力和操控能力可能受到的影响越大。因此，为了提升车辆的安全性、加速性和燃油经济性，现在汽车厂商越来越重视汽车轻量化。

在车身的一些部位，可以使用强度较高但重量较轻的材料，以此来减轻车身重量；而一些部位（如车前和车尾部）可以采用强度较小、重量也较轻的钢板，以吸收撞击力。

由于保险杠、前后翼子板的强度对驾乘人员的安全防护基本没什么影响，为了减轻车身重量，一些轿车已开始采用塑料等非金属材料来制作保险杠和翼子板。塑料弹性较好，还能起到保护行人的作用。

对车身轻量化起作用最大的还是广泛采用铝质材料。对一些不太重要的部件，如发动机舱盖、行李舱盖、减振器顶座、车门内板等，可以使用重量较轻的铝材。

轿车的前翼子板可采用重量更轻的材料替代钢材，不仅对行人保护有好处，而且还可减轻车身重量

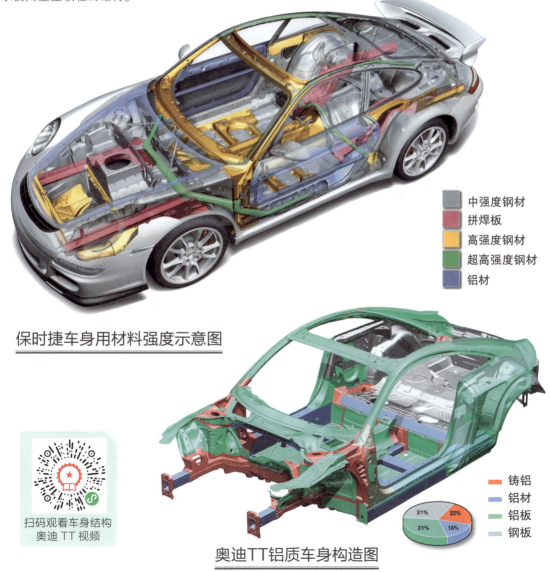

保时捷车身用材料强度示意图

奥迪TT铝质车身构造图

扫码观看车身结构奥迪TT视频

15.3　车身空气动力学设计

为什么说汽车行驶时是穿过一个洞？

当汽车在道路上飞驰时，它实际上是要在空气中钻过一个洞。空气虽然看不见，但它确实存在。空气对汽车会产生阻力，这种阻力会消耗汽车的能量或燃油，并影响汽车的速度。

当高大的汽车穿过空气时，它自然必须钻过一个比较高的洞，这就要付出更艰辛的努力和消耗更多的燃油。如果汽车的外形棱角分明，在棱角的前面和后面还会扰乱空气的流动顺序，形成所谓的"紊流"。"紊流"会影响空气流过车身的速度，增加汽车行驶时的阻力。

而跑车等追求高速度的车型，一般都会把车身设计得很低，这样在行驶时只需要在空气中钻过一个较矮的洞即可。跑车造型师还会把车身设计得非常平滑、流线，这样空气可以很顺畅地流过车身，尽量减小空气对汽车行驶的影响。

由此看来，汽车的外形会影响汽车的速度和油耗。因此，在设计汽车外形时，不仅要考虑它的美观性，而且还要研究空气对它的影响。

悍马H2车身高大，车头呈方形，前风窗玻璃比较陡直，因此它受空气阻力的影响比较大

兰博基尼Rebenton跑车的车身呈楔形，低矮而扁平，流线型极高，因此它受空气阻力的影响相对较小

汽车行驶时车身周围气流示意图

什么是空气动力学？

空气动力学是流体力学的一个分支，是研究空气或其他气体与飞行器或其他物体发生相对运动特性的学科。它是在流体力学的基础上随航空航天技术的发展而形成的一门学科。

在空气动力学实验中，工程师们最关注两大方面内容：空气阻力和行驶稳定性。

通过空气动力学测试，可以不断修改汽车的外观造型，降低汽车的风阻系数，减小汽车行驶中遇到的空气阻力，从而减小能量消耗。据宝马的空气动力学专家称：每减少10%的空气阻力，就会降低2.5%以上的能量消耗。

空气动力学在汽车上的另一个重要应用就是提高汽车的行驶稳定性。一辆汽车在行驶时，会对相对静止的空气造成不可避免的冲击，空气会因此向四周流动，而蹿入车底的气流便会被暂时困于车底的各个机械部件之中，空气会被行驶中的汽车拉动，所以当一辆汽车飞驰而过之后，地上的纸张和树叶会被卷起。此外，车底的气流会对车头和发动机舱产生一股上升力，削弱车轮对地面的抓地力，影响汽车的行驶稳定性和操控表现。

另外，合理应用空气动力学测试，还可以让汽车在行驶中较为洁净，使进入车内的空气量较为合适，还能引导空气对制动系统进行冷却等。

空气动力学测试示意图

测试人员手持"烟枪"在车身周围，在巨大风力中即可看到气流流过车身周围的情况

扫码观看空气动力学视频

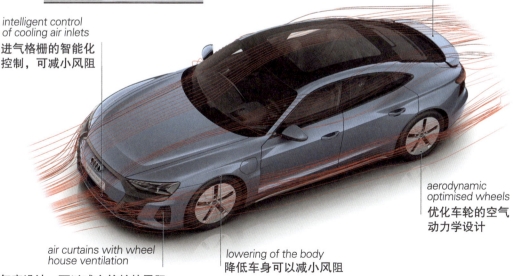

adjustable rear spoiler
自动调节后尾翼

intelligent control of cooling air inlets
进气格栅的智能化控制，可减小风阻

aerodynamic optimised wheels
优化车轮的空气动力学设计

air curtains with wheel house ventilation
空气帘设计，可以减小轮舱的风阻

lowering of the body
降低车身可以减小风阻

通过空气动力学设计，可以改善车身空气动力学特性，降低车身风阻系数，减小汽车行驶中遇到的空气阻力，从而减小能量消耗

空气动力学设计效果示意图

什么是风洞测试?

汽车公司在进行汽车开发时,都要先制作1:5、1:2或1:1的汽车油泥模型,然后在风洞中做试验,测试汽车模型在空气中快速行驶的性能表现,然后不断进行修改和完善。汽车风洞就是用来研究汽车空气动力学的一种大型试验设施,是用来产生人造气流(人造风)的管道。本书作者曾在2009年参观过宝马新落成的空气动力学测试中心。宝马共有两个风洞:在Aerolab风洞内,可以测试1:2的汽车油泥模型;在"主风洞"内,则可以测试1:1的汽车油泥模型和实车。

进行风洞试验后,可以根据试验情况对车身各部分进行细节修改,使风阻系数达到设计要求,再用三维坐标测量仪测量车身外形,绘制车身图纸,进行车身冲压模具的设计、生产等技术工作。

其实,风洞不是个洞,而是一条大型隧道或管道,这与它的英文名 Wind Tunnel 的原意比较相符。风洞里面有一个巨型风扇,能产生一股强劲气流。气流经过一些风格栅,减少涡流产生后才进入试验室。风洞的最大作用是可以测量汽车的风阻,风阻的大小用风阻系数 C_d 表示,风阻系数越小,说明汽车受空气阻力的影响越小。当然,除了用来测量风阻外,风洞还可以用来研究气流绕过车身时所产生的效应,如升力、下压力,并可以模拟不同的气候环境,如炎热、寒冷、下雨或下雪等情况。这样,工程师们便可以知道汽车在不同环境下的工作情况,特别是散热器散热、制动器散热等问题。汽车风洞有模型风洞、实车风洞和气候风洞等。

目前,世界上的实车风洞还不多,主要集中在日本、美国、德国、法国、意大利等国的大型汽车公司。目前,我国最大型的风洞是中国航空动力研究所的风洞试验室。它主要承担中国航天和航空机械的风洞试验任务,也可用于汽车、建筑物、运动设备的风洞试验。

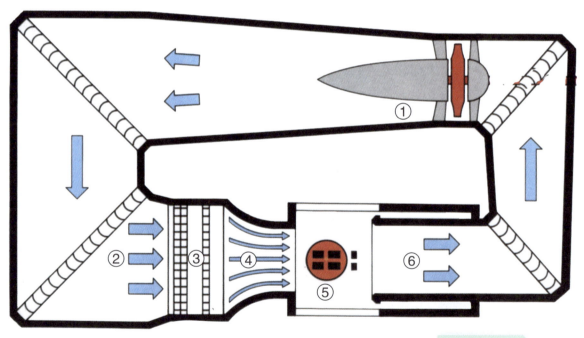

① 风机
② 风洞在此由圆变方
③ 导风格栅,让空气分布更均匀
④ 气流在此收紧,以增强风速
⑤ 放置被测试物的位置
⑥ 气流又循环流向风机入口

风洞结构和原理示意图

扫码观看风洞测试视频

怎样测量空气阻力系数？

一般来讲，汽车在正常行驶中所受到的力大致来自三个方面：一是由发动机输出的前进力量；二是来自地面的摩擦力；三是空气阻力。空气阻力可以通过空气阻力系数计算出来。

空气阻力俗称风阻，空气阻力系数俗称风阻系数。风阻系数一般用 C_d 表示，它是衡量一辆汽车受空气阻力影响大小的一个值。风阻系数越小，说明它受空气阻力影响越小，反之亦然。一般来讲，流线型越强的汽车，其风阻系数也越小。

风阻系数不是凭空算出来的，它是根据风洞测试结果计算出来的。当车辆在风洞中测试时，借由风速来模拟汽车行驶时的车速，再以测试仪器来测知该车需要花多少力量来抵挡这风的阻力，使车不至于被风吹得后退。在测得所需之力后，将其再减去车轮与地面的摩擦力，就是空气阻力，也就是风阻了，然后再根据空气动力学的公式算出风阻系数。

$$风阻系数 = \frac{空气阻力 \times 2}{空气密度 \times 正面面积 \times 车速平方}$$

一辆车的风阻系数是固定的，根据风阻系数即可算出车辆在各种速度下所受的空气阻力。一般来讲，我们看到的大多数轿车的风阻系数在 0.30 左右，流线型较好的汽车如跑车等，其风阻系数可在 0.28 以下，一些赛车可以达到 0.15。

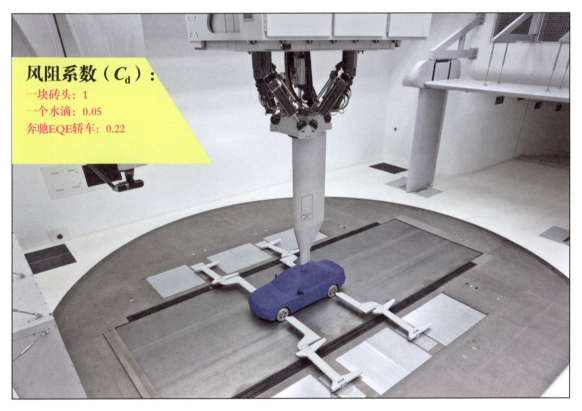

风阻系数（C_d）：
一块砖头：1
一个水滴：0.05
奔驰EQE轿车：0.22

车模所受的空气阻力就是通过车顶上的压力传感器测得的。风洞中的精密电子秤可以测得一枚硬币的重量。车模下面是模拟道路行驶状态的传送带，它甚至可以模拟汽车在转弯时遇到空气阻力的状况

为什么汽车行驶时会受到升力?

汽车在行驶时会受到一种向上升的力,即升力。升力是飞行的基本要素,但就陆地行驶来说,升力却是不利因素,因为车轮要紧贴路面才能产生抓地力。

流线型的车身与飞机机翼有一个共同点:在它们上部表面掠过的空气,其流程比在它们底部掠过空气的流程长。掠过汽车上面的空气在相同时间内流程较长,那么这部分空气的流速也就较快。根据流体力学中伯努利(Bernoulli)定律:等高流动时,流体速度越快,压力会越小。因此,汽车上部所受的空气压力要比底部小,这种压力差便会产生升力。

也可以这样理解升力产生的原因:当汽车前进时,气流与车头互相碰撞后,有一部分气流会从车顶流过,一部分则从车底流过,而从车顶流过的气流行程较长,因此气流密度也就降低了;而从车底流过的气流,则有点被"压缩"的情形,压力较上部气流大。因此,每辆汽车多少都会受到升力,而且汽车的行驶速度越高,升力越大。

升力虽然有利于减小滚动阻力,但升力太大后,就会使轮胎与地面的摩擦力降低。但汽车就是依靠轮胎与地面的摩擦力前进的,这种摩擦力实际上就是我们常说的轮胎抓地力。抓地力减小后,汽车的驱动力就很容易突破抓地力的极限而使车轮打滑,从而影响汽车行驶时的稳定性。同时,抓地力减小,还会影响驱动力的发挥。因此,在后驱型的跑车或赛车上,会加装扰流板来增强车尾的下压力,从而提高后轮的抓地力,保证跑车和赛车的操控性和动力性。

根据伯努利(Bernoulli)定律:等高流动时,流体速度越快,压力就越小。通过汽车顶部的空气速度较流过汽车底部的空气速度快,因此汽车上面受到的压力较底部受到的压力小。这种压力差造成空气对汽车有一个升力。飞机就是靠这种升力而起飞上天的

汽车升力形成示意图

扰流板起什么作用?

扰流板是安装在汽车车身上的一些板类件，以增大汽车的下压力，改善和平衡汽车高速行驶时的动力与稳定性能。

为了减小轿车在高速行驶时所产生的升力，汽车设计师除了在轿车外形方面做出改进外，还在轿车行李舱盖上后端做一个像鸭尾似的凸出物，将从车顶冲下来的气流阻滞一下，形成向下的作用力，这种凸出物称为扰流板。

扰流板是人们受到飞机机翼的启发而设计的。在汽车尾端上安装的这个平行板的横截面与机翼的横截面相同，只是反过来安装，平滑面在上，抛物面在下，这样车辆在行驶中会产生与升力同样性质的作用力，只是方向相反。利用扰流板向下的力，来抵消车身上的升力，从而保障了行车的安全。

汽车上的扰流板有多种式样。如赛车上的扰流板较高，这是为了充分发挥扰流作用，使没有乱流的气流直接作用在扰流板上，而且使它产生的下压力不致作用于车身而抵消其效应。因此，必须将扰流板离开车身表面安装。

两厢车的顶盖后缘常常安装一个像鸭尾那样的扰流板，使顶盖上一部分气流被引导流过后窗表面。这样既可使后窗后部的升力降低，也可引导气流将后窗表面浮尘消除，避免尘污附着而影响汽车后视野。

在许多普通轿车上也装有扰流板。其实，这些车的速度都不是很高，因此扰流板难以发挥实际作用，而美化车身外观则成了装扰流板的最大目的。

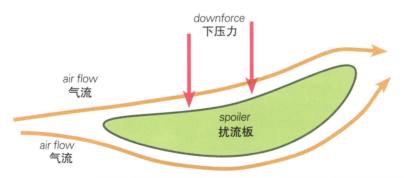

↑扰流板的形状和飞机机翼相似，但却是上下反过来放置的，目的则与飞机机翼产生升力的作用相反，而是产生下压力，以增强后轮的下压力，保证汽车高速行驶时的稳定性

扰流板作用示意图

为什么两厢车要装后刮水器？

气流在通过汽车时并不是一帆风顺，不仅要遇到阻力，而且在车尾还容易形成"紊流"，也就是乱流。它甚至会伴随车辆前进，从而影响其他气流流过车身，无形中也会增加一些风阻。尤其是两厢车，尾部"紊流"更严重。因为两厢车的车顶气流到后风窗顶端时突然下降，在后风窗处形成负压，从而形成较大的涡流，以致后风窗玻璃更容易蒙上尘土。因此，两厢车一般都会装备后刮水器，以及时清除后风窗玻璃上的尘土。

一些两厢车在车尾顶部安装车顶扰流板，这样可以使气流更顺利地流过车顶。

三厢车的车顶气流一直到行李舱盖后端时，才会突然下降而形成涡流。但是，在流过后风窗玻璃时，由于气流所受压强仍然较大，它会快速"扫过"后风窗玻璃，从而能使三厢车的后风窗玻璃较两厢车保持更干净的状态。

由于两厢车的尾部容易形成涡流，没有风从风窗玻璃上快速"扫过"，使后风窗玻璃上的尘土不容易被扫除，容易阻挡后方视野。因此，多数两厢车的后风窗玻璃都要装备刮水器，以随时清除后风窗玻璃上的尘土

两厢车尾部气流示意图

气流通过三厢车车身时的情景

第16章 车轮和轮胎

16.1 轮胎造型

轮胎胎块和沟槽分别起什么作用？

轮胎上的每个胎块和沟槽都不是随便设计的，每个胎块都是有分工的，它们各司其职。

最中间的胎块和两侧的肋肩形成轮胎摩擦地面的主要区域，它们的作用就是要紧紧地抓住地面。

胎块和肋肩之间的沟槽起到排水的作用，当在雨水中行驶时，道路上的雨水可以通过这些沟槽及时排出去，以免在轮胎和地面之间形成一层水膜。一辆以100km/h的速度行驶的汽车，每秒钟从轮胎下面要排出8L的雨水。

轮胎边沿上的细沟槽的作用则是可以让轮胎变形弯曲，以保证汽车的操控性能。

胎肩的作用是当汽车转弯时保证轮胎有足够的抓地性，因为此时胎肩也要接触地面。

轮胎上有非常细的沟槽，汽车在干燥路面上行驶时，它可以提高汽车的舒适性；而汽车在雨水道路上行驶时，它可以及时切破水膜，提高汽车的安全性。

因此，如果轮胎花纹比较细腻，沟槽也比较浅，而且比较扁平，那么它可能就是偏重运动特性的干燥轮胎；如果轮胎花纹较大，沟槽较深，那么就可能是雪地或冬季轮胎了。

轮胎噪声是怎样产生的？

轮胎的噪声来源于两个方面：一是轮胎凸起部分撞击路面的声音；二是轮胎沟槽内的空气先是被压缩，当辗压过后又被释放，这相当于爆破的气球，因此也会产生一个个爆破声。由于轮胎转速较快，听起来就是连续不断的声音。

16.2 轮胎构造

为什么轮胎里会有许多钢丝？

轮胎的最外层是特别耐磨的厚厚橡胶层，正是它与地面直接接触，依靠它与地面的摩擦力，汽车才能灵活前进和转弯。

轮胎上面的花纹主要是为了增进轮胎的排水功能，保证轮胎的抓地力。

在橡胶层下面是坚固而有弹性的钢丝带束层，它能防止轮胎发生突然爆破现象。

在钢丝带束层下面是支撑轮胎并起骨架作用的胎体，它对减小轮胎变形起较大的作用。它一般也是由钢丝和其他材料制成的。

轮胎的标识主要有胎宽（mm）、扁平比（%）、轮辋直径（in，1in=25.4mm）、负载指数和速度指数等。

轮胎结构示意图

$$\frac{胎高}{胎宽} = 扁平比$$

16.3 轮胎性能

轮胎的接地面积有多大？

汽车轮胎着地时的印迹大小，与成人一个鞋底的印迹差不多。

人们走路时，就是依靠两个鞋底与地面的摩擦力前进的，因此鞋底都设计成花纹状，以增加与地面的摩擦力。当你向前走路时，实际上是在往后蹬地面。如果地面较滑，或者说鞋底与地面之间的摩擦力非常小，那么你就可能滑倒，不能前进。正是因为鞋底与地面有一个向后的较大的摩擦力，在作用力与反作用力的原理之下，地面给你一个同等大小的向前的反作用力，使你能够向前移动。

汽车行驶时也一样，每个汽车轮胎与地面的接触面只有一个鞋印大小，总面积是成人鞋底面积的两倍。但是，它们要承受相当于 20 个成人的重量，行驶速度则是成人的 10 倍以上。

一个轮胎的着地面积和成人的一个鞋印面积相当

为什么不同的车辆要采用不同花纹的轮胎？

单导向花纹
轮胎的花纹具有明显的方向性，一般为V字形，其特点是排水性能较佳，适用于中高级别轿车。

非对称花纹
轮胎的花纹左右不对称，对高速过弯时的操控性能极为有利，适用于运动性车型。

条形花纹
轮胎花纹呈条状，其特点是不易侧滑，噪声小，但制动性能一般，适用于普通轿车。

块状花纹
轮胎花纹相互独立，其特点是抓地力强，适用于越野车辆。

羊角花纹
轮胎花纹像是羊角，具有极强的抓地力和制动力，适用于工程车辆。

| direzionale pattern | asymmetric pattern | stripe pattern | block pattern | croissant pattern |
| 单导向花纹 | 非对称花纹 | 条形花纹 | 块状花纹 | 羊角花纹 |

轮胎及轮胎花纹

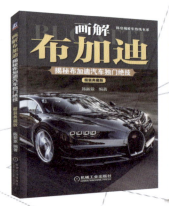
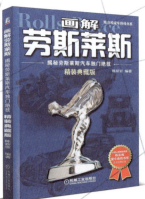

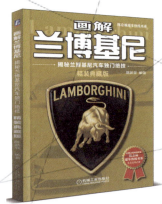

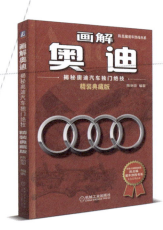

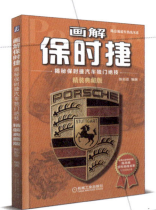